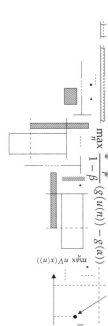

人口問題の正義論

松元雅和　井上彰　編

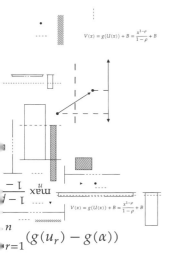

世界思想社

序章　人口問題の正義論——研究動向の道案内　松元雅和　1

一　学説史的概観　2
二　人口問題の哲学的基礎　7
三　人口規模の問題　13
四　生殖と家族計画の問題　16
五　人口移動の問題　20
六　世代間正義の問題　23

第Ⅰ部　人口問題の哲学的基礎

第1章　いとわしさと嗜虐のあいだ——「正負《プラスマイナス》場合分け功利主義」の挑戦　鈴木　真　30

一　いとわしい結論と功利主義　31
二　平均功利主義にとっての二つの問題——（一）福利水準が正の人口の追加　33
三　平均功利主義にとっての二つの問題——（二）「地獄」　34
四　正負《プラスマイナス》場合分け功利主義の導入　37
五　正負場合分け功利主義の理念と、ほかの理論的選択肢との比較　39
六　ラムジーの問題と非対称性　43
七　結語——残る課題　45

第2章　充分主義の検討——人口倫理学の観点から　井上　彰　49
はじめに　49
一　人口倫理学と理論X　50
二　充分主義の独自性——閾値とシフト・テーゼ　55
三　充分主義の価値論的定式化　60
四　複数の閾値を設定する充分主義　64
結語　69

第Ⅱ部　人口規模の問題

第3章　人口問題と功利主義——最適人口規模と世代間評価への拡張　釜賀浩平　72
はじめに　72
一　功利主義的な人口問題の評価方法　74
二　創世記問題で考える最適人口規模　81
三　功利主義的評価方法の世代間拡張　88
おわりに　91

第4章　人口抑制の道徳的是非　松元雅和　93

一　人口抑制策の論点　95
二　危害の問題　98
三　責任の問題　101
四　人口抑制策の比較　105

第Ⅲ部　生殖と家族計画の問題

第5章　子どもをもつ権利
——生殖とリベラルな社会の接続を考えるために　野崎亜紀子　112

はじめに　112
一　社会政策としての生殖——現状と経緯　113
二　子ども・子育て支援としての生殖補助医療助成制度——量と質　116
三　生殖の権利規制——社会的価値とプライバシー　120
四　リベラルを支える〈承継〉の観念　124
おわりに　126

第6章　生殖の正義と人口問題　鶴田尚美　130
はじめに　130
一　将来世代の人々に関する道徳的な問い　132
二　ベネターの議論――反出生主義　137
三　「生きるに値する生」とはどのような生か　140
おわりに――私たちはこれ以上子どもをつくってもよいのか　142

第Ⅳ部　人口移動の問題

第7章　人の移動と国境管理――参入、離脱、受容可能性　福原正人　148
はじめに　148
一　予備的な整理　149
二　移動者の自由　152
三　居住者の自由　156
四　理に適った受容可能性　161
おわりに　163

第8章　人口減少時代への対応としての外国人家事労働者の受け入れ——相互行為と構造という二つの観点からの規範的考察　岸見太一　167
一　ヤングにおける相互行為的観点と構造的観点　170
二　相互行為的観点からの評価と対処策　173
三　構造的観点からの評価と対処策　174
結論　181

第Ⅴ部　世代間正義の問題

第9章　人口問題における世代間公正　宇佐美誠　188
一　世代間問題としての人口問題　188
二　将来世代の意味・区分・特徴　190
三　環境問題の公正説　193
四　人口をめぐる逆理　197
五　人口問題の公正説　202
結論　208

第10章　互恵性は世代間正義の問題を解決するか？　森村　進　211
はじめに　211
一　互恵性と契約主義道徳　212
二　三種類の互恵性　215
三　短期的な世代間正義――年金　219
四　長期的な世代間正義――投資と環境　221
五　遠く離れた世代間の直接の互恵性　226
あとがき　井上　彰　230
引用・参考文献　232
索　引　254
執筆者紹介　256

序章　人口問題の正義論
――研究動向の道案内

松元　雅和

「人口《ポピュレーション》」は私たち自身から成り、かつ私たちに立ちはだかる最大の難題でもある。近年の世界や日本を見れば、直面する問題の多くが、明に暗に人口問題に関連していることがわかる。食糧・土地・資源・エネルギー不足、環境破壊、気候変動といった古典的問題に加えて、少子高齢化問題、移民・難民問題、世代間問題など、多種多様なテーマが、人口という要素をいわばハブとして相互につながっている。こうした事情から、人口論あるいは人口学は、これまで経済学、環境学、統計学、地理学、社会学など、多様な学術分野が交差する学際的な研究領域として発展してきた。

本書の特徴は、人口問題を正義論の観点から論じることである。正義論とは、個人の選択や判断、社会の政策や制度など、個人や社会のありように関して、規範的に考察する学問分野である。正義論はその考察対象として、「今ある」社会よりも「あるべき」社会を探求する。[1] そこで、人口問題について正義を論じるとは、あるべき人口規模、あるべき人口政策といった規範的問いに中心的に取り組むということである。本章第一節で概観するように、人口論は過去から現在まで、すぐれて正義の問題でもあり続けてきた。

とはいえ、正義論の一テーマとして、人口問題が独立した位置を占めてきたわけでは必ずしもない。むしろ、多くの研究者がそれを重要なテーマと捉え、研究を重ねてきたにもかかわらず、これまで「人口正義論」としてその体系的な知の蓄積はなされていないのが現状である。その結果、人口問題についての考察はこれまで、環境倫理学、生命医療倫理学、グローバル正義論、世代間正義論といった各テーマの一部分として、倫理学者、法哲学者、政治哲学者らによって、同時並行的に進められてきた(2)。

こうした問題意識のもと、私たちは各テーマ、各領域を横断する新たな学際的領域を切り開くような、国内の知の蓄積を結集する編著を企画した。本書の刊行により、正義論研究者にとっても、同様に人口問題に関心を抱く他分野の研究者や一般の読者にとっても、「人口正義論」に関する最良の知の手引きができるものと信じている。本章ではまず、学説史的展開および本書全体を構成する各論テーマを順次取り上げ、次章以降への橋渡しとしよう。

一　学説史的概観

人口問題に関する「べき」論は、個人行動から政策・制度まで、多様な観点で人口論の一角を占めてきた。本書を構成する諸章は、いわばこうした歴史的蓄積の最前線に当たる。本節では、最前線の各論テーマに分け入るに先立ち、今日の人口正義論に連なる学説史的展開を回顧的に――ただし網羅的というよりは選択的に――一瞥してみよう(3)。大雑把に言えば、重要な歴史的起点は二つある。第一に、ヨーロッパで人口が急増した一八世紀後半に始まる産業革命期、第二に、地球環境問題や資源・エネルギー問題に関心が集まった二〇世紀後半である。

マルサス

産業革命期の只中にあった一八～一九世紀のイギリスが、同時に急激な人口増加を経験していたことはよく知られた事実である。イングランドおよびウェールズの人口は、一七四一年の六〇〇万人から一八五一年の一七九〇万人まで約三倍に急増している（ラングトン、モリス　一九八九、第二章）。人口統計は必ずしも十分ではないものの、こうした人口変動は、出生率の上昇よりは死亡率の低下によってもたらされたようである。人口転換理論においては一般に、多産多死の第一段階を脱し、栄養状態や医療・公衆衛生が改善する結果、高出生率と低死亡率のズレが生じ、人口が増大する第二段階が生じる。

この時期、人口論に決定的な影響を与えたT・R・マルサス『人口の原理』が刊行された（マルサス　一九六二）。イギリス国教会の牧師であったマルサスは、理想主義者W・ゴドウィンに対する反論としてこの本の初版（一七九八年）を匿名で出版した。すなわち、貧困問題は社会変革によって解決されるとするゴドウィンの平等社会論に対して、マルサスは厳然とした自然法則としての人口原理を突きつけたのである。その後、加筆修正を盛り込んで最終的に六版を重ねるまで、本書はマルサス自身のライフワークとなった[4]。

マルサスによれば、人口は幾何級数的（1、2、4、8……）に増加するのに対して、食糧は算術級数的（1、2、3、4……）にしか増加しないため、必然的に人口過剰が生じる。この問題に対するマルサスの答えは、（第二版以降では変化があるが）問題をそのまま放っておくことである。人間の歴史が示しているごとく、戦争が、次に疫病が、最後に飢饉が、増えゆく人口を絶えず食糧と同水準に戻すであろう。マルサスは、人口はこうした自然の摂理を通じた調整弁によって維持されると考え、安価な穀物の国内流入を阻止する穀物法を支持し、逆に救貧法には反対した。

経済学における人口論

マルサスが撒いた人口論の種子は、——本人ものちに東インドカレッジで経済学を担当することになるが——一九世紀経済学のなかに引き継がれていった。その一人が、それを「公理」として受容したJ・S・ミルである（ミル　一九五九—六三、第一篇第一〇章二）。ただし彼は、人口問題の解決として、マルサス流の生存権の制限ではなく出産権の制限を提案している（ミル　一九五九—六三、第二篇第一二章二）。また、人口抑制によって収穫逓減の法則を緩和し、生産ではなく分配によって高賃金を達成できるとし、当時の定説とは裏腹に、経済と人口の停止状態を積極的に評価している（ミル　一九五九—六三、第四篇第六章）。

逆に、K・マルクスは口を極めてマルサスを批判した。マルサスは人口問題を自然法則の問題として片づけているが、マルクスに言わせれば、過剰人口は資本蓄積とともに不変資本（生産手段）部分が増大、可変資本（労働力）部分が減少し、産業予備軍が生じるという社会現象である（相対的過剰人口論）。こうして「むしろ資本主義的蓄積が、……過剰な労働者人口、または追加的な労働者人口を、たえず生産する」のであって（マルクス　一九六九、二〇七）、その解決は共産主義革命に直結していたのである。ただし、資本主義以後の経済体制のもとでなお人口問題が生じうるかは、マルクス主義者の間でも意見の相違がある。

二〇世紀に入り、工業化が進んだ結果、低出生率と低死亡率が均衡する人口転換の第三段階に差しかかったヨーロッパ諸国では、第一次世界大戦により各国に多大な人的損失が生じたこともあり、一転して人口減少を憂う声が生じた。マルサス伝を残すほどその影響を受けていたJ・M・ケインズは、最初過剰人口を危惧していたが、一九三〇年代に入り、マルサスが予言した悪魔P（人口）の脅威を抑えることは、別の悪魔U（失業）の脅威を高めることになると分析した（ケインズ　二〇一三）。そこで彼は、不況の原因となる有効需要不足の一因に人口減少を挙げ、政策的に対処しようとしたのである。

ハーディン

第二次世界大戦を経て、人口問題がふたたび世界大の問題として叫ばれるようになったのは一九七〇年前後である。生態学者のP・エーリックが『人口爆弾』（一九六八年）を出版して世界的ベストセラーになると、ローマ・クラブの報告書『成長の限界』（一九七二年）では、地球環境が近未来中に限界を迎えることがショッキングに示された。問題意識の背景には、途上国も含む世界人口の統計が整備されてきたこと、ヨーロッパの酸性雨など、地球環境問題に注目が集まったことがある。その結果、環境問題や資源問題を引き起こす過剰人口予測に対して、深刻な懸念が投げかけられるようになった。

生物学者のG・ハーディンは、「共有地の悲劇」（一九六八年）と「救命艇上に生きる」（一九七四年）の二論文で人口問題の正義論に論争的な足跡を残した（ハーディン 一九七五）。「共有地の悲劇」では、自己利益を最大化しようとする人間の合理性が、限られた資源を早期に使い果たすという帰結を招いてしまうことが、牧草地の仮想的事例を通じて示される。同様の現象は、天然資源や海洋資源、自然環境などについても生じることになる。人口問題に関連しては、子どもを産む自由もまた同種の共有地の悲劇を招くため、それを制限する必要があるという。

「救命艇上に生きる」では、宇宙船地球号という比喩が、地球の共有地化を推し進めるものであるとして批判される。むしろ、ここでより適切な比喩は、地球という海にそれぞれ浮かぶ救命艇としての国家である。あらゆる救命艇には乗員の限界があり、そこからこぼれ落ちた人に対して、ほかの救命艇が救いの手を差し伸べるかどうかという倫理的問いが生じる。ハーディンの答えは、地球環境を長期的に維持するためには一時的救命は有害無益であり、他国への食糧援助も結局人口増加というさらなる悲劇を招くだけだというものである。

二論文に代表されるハーディンの問題提起は、自然科学者のみならず社会科学者や哲学者の幅広い関心を集め、人口抑制の道徳的是非を問うことが人口論の重要テーマになった。また一九七〇年代以降、いわゆる応用倫理学の一環として、人口問題、世代間正義、自然・動物の権利、環境と経済、エネルギー問題などの実践的論点に取り組む、「環境倫理学」という独自の学問領域が成立している（シュレーダー＝フレチェット 一九九三）。J・ロールズ『正義論』（一九七一年）の刊行と相まって、人口問題に関する「べき」論がこの頃活況を呈した。

パーフィット

ところで、D・パーフィット、J・ナーヴソン、P・シンガーといった哲学者は、こうした実践的論点の背後で、人口問題と功利主義の間の興味深い結びつきに早くから気づいていた（Bayles 1976: pt. 2）。その後、パーフィットが『理由と人格』（一九八四年）で一連の強烈な問題提起を行い、人口問題をめぐる論争状況を一変させる。ハーディンを含め、従来の人口論では、人々の生活水準を下げるような人口増大を避けるべきだとの想定は自明視されていた。しかしながら、貧しい多数者が暮らす世界と豊かな少数者が暮らす世界のどちらが望ましいかという価値判断は、考えてみれば決して自明ではないのである。

パーフィット以降、人口正義論は人口の多寡を規範的にどう評価するかという難題を携えて、まったく別のステージに進むことになり、現在まで百花繚乱の成果が生み出されている。現在人口問題は、私たちが価値を付与するものの内実や性質について議論する、「価値論」と呼ばれる哲学分野の一部分としても位置づけられている。生殖の正義や世代間正義のような本書を構成する各論テーマも、パーフィット以降の成果を抜きにしては始まらない。それゆえ本書では、こうした哲学的議論を取り扱うことから始める。

以上駆け足で概観してきたように、人口正義論は、それぞれの時代背景を踏まえながら、哲学、倫理学、経済学など、諸分野の研究のなかで、多様な論者によって、また多様な仕方で蓄積されてきた。次節以降では、本書の五部構成を辿りつつ、今日の人口正義論を織り成す各論テーマを紹介することにしたい。

二　人口問題の哲学的基礎

人口問題を考えるにあたっての根源的な問いは、そもそも、人口の多寡をめぐる価値判断はどのように決定されているのかという問いである。例えば、少数の豊かな人々が暮らす世界と、多数の貧しい人々が暮らす世界は、はたしてどちらが望ましいと言えるのか。一方で、悲惨な境遇の人間をこれ以上この世界に増やすべきではないとしたら、他方で、恵まれた境遇の人間をこの世界に増やす義務もあるのか。そもそも人間の存在は、なぜ、またどのように価値をもつのか。こうした問題群は、「人口倫理学」や「人口価値論」と呼ばれて独自の発展を遂げている。(5)

非同一性問題

こうした発展の契機となったのが、パーフィットが『理由と人格』で示した一連の問題提起である。私たちは日常的に、ある政策を実施することの効果を、実施しなかった場合と比較することで測ろうとする。しかしはたして、こうした手法がどれほど妥当であろうか。例えば、現在世代が天然資源を無計画に浪費することと節約することを比べてみよう。現在世代が資源を浪費することは節約することよりも、将来世代にとって悪いことであろうか。一見すると、浪費によって環境は汚染され、資源は減少するのだから、悪いことは自明であるように思われる。しかしこの直観にメスを入れることから、パーフィットの洞察が始まるのだ。

資源の浪費と資源の節約は、それぞれ現在世代の生活環境や生活パターンを変え、それは現在世代から生まれる将来世代に影響を与えるであろう――もし二世紀前の産業革命が歴史的になかったとしたら、もし鉄道も自動車も飛行機も発明されなかったとしたら、その世界の「私」は今の「私」のままでありえたであろうか。このように、異なる政策は別の世界、別の人々をつくり出す。現在世代が資源を浪費する選択をしたとしよう。その結果生まれる将来世代は、もし現在世代が資源を浪費しなければ決して生まれなかったであろう（パーフィット　一九九八、第一一九節）。

さて、現在世代が資源を浪費することは、将来世代にとって悪いことであろうか。将来世代は、その水準はともかく、何らかの生きるに値する生を営むであろうとする。もし現在世代が資源を浪費しなければ、その将来世代は決して生まれなかったのだから、資源の浪費はかれらにとって利益を与えることはあっても、いっそう悪いことはありえない。要するに、いかなる政策を選んでも、その政策はその将来世代にとって悪いことにはならないのである（パーフィット　一九九八、第一二三節）。以上の問題を、パーフィットは「非同一性問題」と名づけた。

パーフィットの問題提起は、いくつかの段階に分けられる（パーフィット　一九九八、第一二〇節）。第一に、現在世代の政策は別個の将来世代を生み出す。これは、〈異なる人々の選択〉を私たちに迫ることになる。ここでは単純化のため、異なる人々は人数において同一であると仮定しておこう。第二に、現在世代の政策は将来世代の人口規模にも影響を与える。これは、〈異なる人数の選択〉を私たちに迫ることになる。ここではじめに第一の問題を、次いで第二の問題を取り上げる。

人格影響説と無相違説

パーフィットの非同一性問題には前史がある。それは、功利主義が唱える「最大多数の最大幸福」を人口問題の文脈でどのように理解するかという問題である。もし「最大多数の最大幸福」を文字どおり捉えるなら、悲惨でない人間をより多く産むことで幸福の最大量は増えるのだから、功利主義はできるだけ多くの人間を産む義務を生じさせてしまうのではないかという批判が考えられてきた（Sidgwick 1981: 415–416）。この批判に対して、功利主義者はどのように答えられるであろうか。

ナーヴソンはこの批判に対して、重要なのは現存する人格の幸福の最大化であり、幸福そのものの最大化ではないと考えた（Narveson 1967; 1973）。人が新しく生まれることは、世界を善くも悪くもしない。私たちは、人を幸福にすることについては賛成するが、幸福な人を産むことについては中立的なのである。もしそうだとすれば、人口が増えた場合と増えない場合を比較して、できるだけ多くの人間を産む義務は生じないことになる。これは「人格影響説」[6]、あるいはシンガーの表現では「存在先行説」と呼ばれる（シンガー　一九九九、四三一－四三二）。

先述したパーフィットの非同一性問題は、人格影響説に対する批判となっている。人格影響説に基づき、もし重要なのは人格の幸福であり幸福そのものではないとした場合、私たちはいかなる政策をなそうとも、それは別々の人格を生み出すのだから、その政策はその結果生まれる人格にとって悪くないという結論に陥ってしまう。要するに、人格影響説は非同一性問題に囚われてしまうため、問題を回避するためには別の説をとる必要があるということだ（パーフィット　一九九八、第一二五節）。

人格影響説に対して、パーフィットは「無相違説」と呼ばれる別の説を採用する。すなわち、事態の善し悪しの評価においては幸福そのものが重要であり、人格の違いそれ自体は道徳上の相違をもたらさないということだ。人格影響説をとるか無相違説をとるかは、〈異なる人々の選択〉にあたって大きな分岐点となる。すなわち、人格の幸福に基礎を置く前者は異なる人々を比較できないが、幸福そのものに基礎を置く後者は異なる人々を比較できる。こうして無相違説は、非同一性問題を回避することができるのだ。

総量功利主義と平均功利主義

このように、無相違説は〈異なる人々の選択〉にあたり、人格影響説よりも魅力的な立場である。しかしながら、

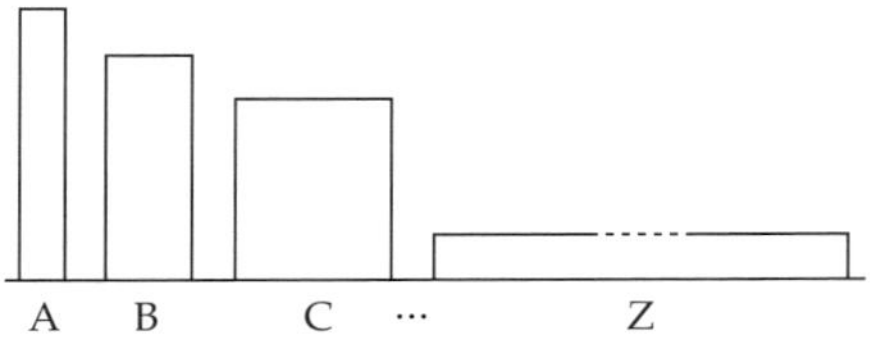

図序−1　世界人口の状況

これが万能薬になるわけではない。なぜなら、現在世代の政策は、同時に将来世代の人口規模にも影響を与えるからである。ある政策を選ぶことで、将来世代の人口は増加したり減少したりする。これは、〈異なる人数の選択〉を私たちに迫る。そして、とりわけ人口問題に関連しては、この問題の深刻さこそ、パーフィットが行った問題提起の本丸である。出発点として、功利主義と人口問題の接点について確認しておこう。

〈異なる人数の選択〉に取り組むにあたり、はじめに区別すべきは二種類の功利主義である。功利主義が唱える「最大多数の最大幸福」は、少なくとも二種類に解釈できる。すなわちそれは、関係者全員の幸福を単純集計した総効用を最大化する意味にもとれるし（総量功利主義）、関係者全員の幸福を平均した平均効用を最大化する意味にもとれる（平均功利主義）。これら二つの功利主義は、人口が一定であることを想定する場合、同一の結論を導くが、人口が可変的であることを想定する場合、別々の結論を導きうる。

以下のような事態を考えよう（図序−1）。現在世界をAとする。底辺は人口規模を、高さは平均効用を表している。それゆえ、底辺×高さが総効用である。人口政策によって将来世界をAからBにすることができるとしよう。BはAよりも人口が増えるが、平均効用が下がる。総効用はAよりもBの方が多いとしよう。さて、この人口政策を採用すべきであろうか。総効用の水準を重視する総量功利主義の観点では、この政策は望ましいが、平均効用の水準を重視する平均功利主義の観点では、この政策は望ましくない。

いとわしい結論

問題はここからである。同様に、人口政策によって将来世界をBからCにすることができるとしよう。総量功利主義の観点では、総効用が増加するかぎり、この政策もまた望ましい。このような政策を繰り返し続けていったらどうなるであろうか。人口規模（底辺）はきわめて大きいが、平均効用（高さ）はきわめて低い将来世界Zが出来上がるであろう。総量功利主義は、こうした世界が出現することもまた是としなければならない。これが、パーフィットが言うところの「いとわしい結論」[7]である（パーフィット 一九九八、第一三一節）。

平均効用の水準を重視する平均功利主義を採用すれば、この結論は避けられるのではないか。そうかもしれないが、平均功利主義には別の問題がある。現在世界をBとし、人口政策によって将来世界をBからAにすることができるとしよう。例えば、平均効用よりも暮らし向きの悪い人々をこの世から淘汰することで、人口規模は減るが平均効用は上がる世界を生み出すことができる。この政策を繰り返せば、最も暮らし向きの良いただ一人を除いて、ほかの全員を淘汰することが最も望ましいということになってしまう（パーフィット 一九九八、第一四三節）。

加えて、平均功利主義には「嗜虐的な結論」と呼ばれる別の反直観的な含意もある（Arrhenius 2000）。世界が住民にとって幸福に値しない悲惨な状況にあるとしよう。もしそこに、同様に幸福に値しないが、相対的には悲惨な状況が改善された人々を新たに追加するならば、平均的な状況の悲惨さは若干改善する。すると平均功利主義は、幸福に値しない人々を新たに追加することも望ましいと判断してしまうであろう。これもまた、私たちの直観的理解と大きく齟齬をきたしている。

非対称性問題

それでは、人格影響説に立ち戻ってはどうか。人格影響説によれば、人が新しく生まれることは、世界を善くも悪くもしない。その変化は単純に無視できるのである。すると、総量功利主義を採用したとしても、人口政策によって世界がAからBに変化することは、既存の人々の平均効用を下げると同時に総効用も下げることになり、望ましくない。いとわしい結論を避けられるのである。さらに、既存の人々をこの世から淘汰することは、たとえ平均効用を上げるとしても総効用を下げるので望ましくない。平均功利主義が陥った結論も回避できるであろう。
ただし、先述した非同一性問題に加えて、この方針は「非対称性問題」と呼ばれる別の派生的問題を生み出す。ナーヴソンが言うように、私たちが、人を幸福にすることについては賛成するが、幸福な人を産むことについては中立的であるとしよう。ところで、同じことが不幸についても言えるであろうか。一見すると私たちは、そうなるとわかっていながら不幸な人を産むことについては、中立的であるどころか反対するであろう。ここでは、幸福と不幸に関する二つの直観が互いに整合していないように思われる（パーフィット　一九九八、第一三二節）。

理論Xを求めて

本節で紹介した論点のほかにも、人口問題は突きつめると様々なパラドクスを生み出す大変厄介な哲学的領域である。パーフィットによれば、こうした問題を解くためには、いまだに発見されていない理論Xが必要である。理論Xは『理由と人格』の時点ではまだ提示されておらず、次の著書『何が問題かについて』（Parfit 2011）で体系的に考察されている。パーフィットが生涯をかけて取り組んだこの問題は、その解決可能性も含めて、今なお人口正義論の未完の主要課題として残されているのである。

鈴木論文（第1章）は、いとわしい結論を導くとされる総量功利主義、嗜虐的な結論を導くとされる平均功利主義の双方の問題点を克服すべく、福利水準がゼロの点で双方の功利主義を使い分ける「正負《プラスマイナス》場合分け功利主義」を提案している。この提案は、私たちの直観的判断に最大限沿う人口倫理の理論を案出できるという点で有利であるが、その分理論が複雑になる可能性も考えられる。鈴木論文は、ほかの代替理論との比較も交えながら、功利主義の立場から人口問題にどこまで整合的な理論が提出できるかを問うている。

井上論文（第2章）は、いとわしい結論に代表される人口倫理の逆説的性質を踏まえつつ、分配的正義論における分配原理がこうした問題を伴わないかどうかを検討している。優先主義や平等主義と区別される「充分主義」の分配原理は、一定の福利水準を閾値として、それ未満の福利を保障しようとする考え方である。充分主義には、閾値の設定として自律に注目するものや、複数の閾値を設定するものなどいくつかの構想があるが、いずれもあるパラドクスの回避が別のパラドクスを導いてしまうなど、理論Xとしての資格を満たすものではない。

三　人口規模の問題

人口正義論の入り口に入った辺りで、すでに議論は迷宮に迷い込んでしまったかのように感じられるかもしれない。ただし、こうした哲学的議論が進展する一方で、世界人口が増大し続けているという事実は変わらない。国連統計によれば、一八〇七年にはじめて一〇億人を突破した世界人口は、一九二七年に二〇億人、一九五九年に三〇億人と、増加のスピードを速めながら着実に増大し、二〇一一年に七〇億人を突破した。今後、二〇二五年に八〇億人、二〇四三年に九〇億人、二〇八三年に一〇〇億人に達すると見込まれている。こうした現実に対して、私たちはどのように向き合えばよいであろうか。今日、最適人口論（あるいは適度人口論）と呼ばれてきたテーマに、前節の哲学的議論を踏まえた新しい光が照射されるようになっている。

最適人口規模

政治や経済の規模に対応していかなる人口規模が最適かを考える研究は、古代ギリシアの時代から論じられてきた古典的トピックである。当時は小規模の都市国家（ポリス）が各地に点在しており、人口面でも規模が大きすぎず、小さすぎないことが理想的な国家形態の特徴とされていた。例えばプラトンは、土地・家屋・財産を保有する市民の定数を、土地および近隣諸国との関係を考慮しつつ、あらゆる目的のためのあらゆる分割に適した五〇四〇（＝1×2×3×4×5×6×7）として具体的に割り出している（プラトン　一九九三、三〇二―三〇三）。

最適人口論が経済学を携えて急速に発展したのは、ヨーロッパが少産少死社会への人口転換に差しかかった一九世紀末以降のことである。経済学者のE・キャナンやK・ヴィクセルは、人口増加を単純に経済にとって有利とも不利とも断定せず、より複合的な現象として捉えようとした。具体的には、（労働と人口の関係を別途仮定する必要があるが）労働の追加が生産物の追加にもたらす有利な影響（収穫逓増）から不利な影響（収穫逓減）への変化を示す限界生産物曲線――総生産物曲線の傾きに等しい――と、総生産物を総人口に配分した結果の平均生産物曲線――総生産物曲線上の各点と原点を結ぶ直線の傾きに等しい――の交点に対応する人口（Po）を、最適人口とみなすことができる（図序―2、中山・南　一九五九、第一章）。

もちろん、最適人口をめぐって今日議論を進めようとすれば、前節で概観した哲学的議論を無視するわけにはいかない。例えば、キャナンやヴィクセルは平均功利主義を採用している――その源泉は最適人口論の先駆者ミルに遡る（ミル　一九五九―六三、第一篇第一三章二）――が、逆に総量功利主義を採用すれば、最適人口は平均生産物曲線ではなく総生産物曲線の頂点に近づくであろう。実際、H・シジウィック、F・エッジワース、A・ピグーといった同時代の経済学者は総量功利主義を支持していた。

総量功利主義に基づく最適人口論者として、J・E・ミードがいる。総厚生の最大化を究極的基準とするミードは、（生産と消費の関係を別途仮定する必要があるが）平等な分配のもとで、最後の一個人を追加することの利得と現存する諸個人が被る損失が一致する点（総厚生最適）を最適人口として定義しなおした（中山・南　一九五九、第二章）。

ちなみに、P・ダスグプタはこの定義を「シジウィック＝ミード・ルール」と呼び、「最低限度福祉対応水準」を想定すれば、総量功利主義の枠内でもいとわしい結論に陥らないと指摘している（ダスグプタ　二〇〇七、第一四章）。

釜賀論文（第3章）は、最近の功利主義諸理論が最適人口問題に対してもつ含意を探っている。具体的には、いとわしい結論を克服すべくこれまで提案されてきた「臨界水準による功利主義」「減衰換算人口による功利主義」「ランク割引による功利主義」を取り上げ、それぞれの評価方法がどのような最適人口規模を指し示すかを、創世記問題を手がかりに提示している。さらには、人口規模が無限でありうる場合を考慮した臨界水準による追い越し基準を導入し、臨界水準による功利主義が世代間正義の評価方法としてどのように拡張されるかを検討している。

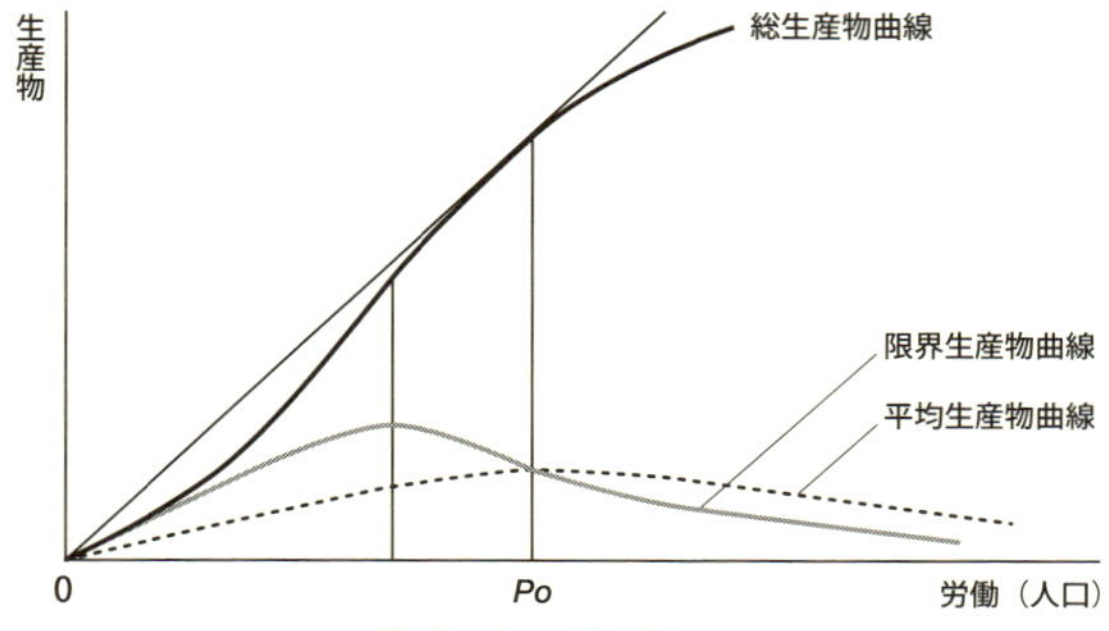

図序－2　最適人口

出典：日本人口学会　二〇〇二、七七五

人口抑制策

何らかの最適人口規模がわかったとしよう。かりに現在あるいは将来予測される人口規模が、その最適点を超過していたらどうであろうか。その場合、マクロな政策決定として、人口規模を人為的に管理・調整することの規範的是非が問題となる。人口抑制策は、戦後にインドやシンガポールなど、複数の国で試みられてきた。とりわけよく知られた政策事例は、中国で一九七九年に導入され、二〇一五年に改廃されたいわゆる「一人っ子政策」である。世界人口会議（一九七四年）や国際人口会議（一九八四年）でも、「人口増加率の抑制」を含む世界規模の行動計画が採択されている。

問題は、人口抑制というマクロな課題が、生殖や家族計画というミクロな課題と衝突しかねないことだ。個人とりわけ女性が、産む、産まないといった自己決定の一環として、性と生殖に関する権利（リプロダクティブ・ライツ）を有することは、国際文書のなかでも度々確認されてきた。例えば、国際人口開発会議（一九九四年）で採択された行動計画では、「すべてのカップルと個人が自分たちの子どもの数、出産間隔、ならびに出産する時を責任を持って自由に決定でき、そのための情報と手段を得ることができるという基本的権利」が確認されている（カイロ国際人口・開発会議 一九九六、三五）。

松元論文（第4章）は、人口抑制策に伴う規範的諸問題について扱っている。人口抑制策は不可避的に、基本的人権の一角をなす生殖の自由を制限することになる以上、その制限を支持するに足る道徳的根拠が必要になる。本論文は、「累積的危害」や「集合的責任」の観念がこうした根拠になりうるかを問い、その妥当性に疑問符を付けている。加えて、各国で実施されてきた人口抑制策が、生殖の自由にどのように、またどの程度抵触するかを分類し、経済・社会開発も含めて自由の制限を伴いにくい政策指針の可能性を示唆している。

四　生殖と家族計画の問題

前節でも言及したように、人口抑制のようなマクロな課題は、突きつめれば子どもを産み育てる人々のミクロな選択決定に由来する。はたして世界的過剰人口が危惧されるなか、「子どもをもつ権利」はありうるのか。逆に、少子化の社会にあっては、子どもをもち、将来世代を持続させる義務はあるのか。価値観やライフスタイルの変化の結果、少子化が進み社会が縮小することは、規範的にどう評価されるのか。生殖や家族計画は、私的領域にありながら、人々が夫婦関係や親子関係、社会関係を取り結ぶ機会でもあるがゆえに、それ自体様々な正義の主題を喚起するのである。

リプロダクティブ・ライツ

かつては世界でも日本でも、優生学に基づき生殖の自由を制限する時代があった。優生学とは、特定の人間的性質を付加あるいは排除するよう医学的に働きかけることをめざす思想や運動、科学のことを言う。その後、戦後から現在まで、先述のとおりリプロダクティブ・ライツの保障が――十分とは言えないにせよ――徐々に進められてきた。これは、人口政策の主軸が、マクロな政策決定から、徐々に個人の基本的人権を基礎とするミクロな選択決定に転じたことを意味している。

とはいえ、生殖と家族計画は、ミクロな選択決定としても正義論の火種がある。例えば、生命医療倫理学分野では、遺伝子検査や遺伝子操作のような生殖技術の発展とともに、人々が性と生殖に関して、どのような自由をもつかについて見直しが進んでいる。はたして、生殖補助医療は「子どもをもつ権利」「親になる権利」の内実にどこまで影響を与えるであろうか（Robertson 1994; Warnock 2002）。また近年では、社会改良ではなく個人の人生を改善するための措置として、リベラルな観点から優生学を見直そうとする動向もある（桜井 二〇〇七）。

あるいは、家族論分野でも、生殖の正義が再検討に付されている。世界的人口爆発の只中で、また親の庇護を欠く子どもたちが世界中に多数残されているなかで、はたして私たちは、生物学的つながりによる子どもを産むことと養子をとることのどちらを優先すべきであろうか（Friedrich 2013; Gheaus 2012）。また、虐待やネグレクトのような家庭問題が生じているなか、どのような親であっても親になる権利を無条件に認めてよいものであろうか。あるいは運転免許証のように、何らかのライセンス制度も考えられるのではないか（LaFollette 1980; 2010）。

野崎論文（第5章）は、少子化が進む現在の日本で、生殖に関する社会政策を取り上げつつ、子どもをもつこと、もたないことの私的・公共的意味について議論している。個人的自由を最大限に尊重しようとするリベラルな社会において、子どもをつくることは高度に私的な問題とされる一方、子育てには一定の公共的価値もある。加えて、親子関係や家族関係はそれ自体関係的側面をもつ領域であり、著者はそれを「関係的プライバシー」と呼ぶ。子どもをもつ権利のこうした側面は、リベラリズムの思想を再検討するプロジェクトの一環として位置づけられる。

子どもをもつ義務？

ところで、各国が直面する人口問題には人口減少という側面もある。世界的人口爆発の一方で、先進諸国は共通して、人口の静止状態を超えて人口減少の局面に向かいつつある。保険や年金のような直接給付サービスのみならず、経済・科学・交通・医療・文化等々、私たちの社会生活全般は、次世代が成人し、独立した社会人になることにかかっている。こうした次世代育成の側面を主に担うのが親であり、その便益は社会全体が享受する。そこで、子育て負担の社会的公平化も含めた、生殖の権利ではなく義務を問う規範的議論も一部にある（Gheaus 2015; Smilansky 1995）。

倫理学者のH・ヨナスは、人類の生存がもつ存在論的価値から、私たちは未来に対して責任を負っていると主張する。その責任とは、いかにして存在するかという条件付きの命法（仮言命法）に先行して成立する、「人類をあらしめよ」という無条件の命法（定言命法）である。これは現在世代に、（必ずしも個々人にではないが）将来世代を産出する義務を命じるであろう。ちなみにヨナスは、未来の見通しが不確実であることから、科学技術のあり方について、好ましい予測よりも好ましくない予測を優先しなければならないという一種の予防原則を唱えている（ヨナス 二〇一〇、第二章）。

反出生主義

ヨナスの議論を裏返せば、そもそも人類が絶滅するという事態を規範的にどう評価するかという問題に突き当たる。例えば、現在世代が自由を謳歌した結果、一〇〇年後の世界が人間の生活に適さない環境になることがわかっているとき、現在世代はその行動を変えるべきであろうか。環境倫理学ではしばしば、人類絶滅を避けることがデフォルトの前提になって議論が進められるが、もし誰も苦しまない緩やかな絶滅という選択肢がありうるなら、その前提も問いなおされることになるかもしれない（小林 一九九九、佐野 二〇〇六、森岡・吉本 二〇〇九）。

これと関連して、D・ベネターは、「反出生主義」と呼ばれるいっそう挑戦的な議論を提起している。ベネターによれば、苦痛の観点では主体は存在するよりも存在しない方が善いのに対して、快楽の観点では主体は存在する方が善いとも、存在しない方が悪いとも言えない。それゆえ、必ずや快苦を経験する主体は、存在するよりも存在しない方が善いのである。人間の出生、人類の存続には無条件で価値があるという常識的意見に反して、この議論を敷衍すれば、人々は子孫を産むよりも産まない方が望ましく、人類は速やかに（ただし苦痛の少ない方法で）絶滅する方が望ましいという驚くべき結論が導かれる（ベネター 二〇一七、第六章）。

鶴田論文（第6章）は、生殖の正義の観点から非同一性問題と反出生主義を取り扱っている。パーフィットは非同一性問題においてかろうじて生きるに値する生を想定し、ベネターは反出生主義において存在することは当人にとって常に悪いという結論を導く。しかし、個々の生が生きるに値するかどうかは、個々の経験に対する考慮抜きに本当に割り切れるものであろうか。例えば、不快や苦痛を感じることがより豊かな人生につながることもあるのではないか。こうした人生経験の多面性を指摘することで、著者は生殖の正義をパーフィットとベネターの間に見出そうとする。

五　人口移動の問題

ここからは、ふたたびマクロな人口動態に目を向けよう。ところで、人口問題においてはしばしば、あたかも地球全体や人類全体が一つの単位として描かれてきた。しかし、ハーディンの救命艇の比喩（本章第一節）が示唆していたように、実のところ人口問題は、全世界的に均一ではなく不均一に生じている。一般的に、人口転換の少産少死段階に至った先進国では人口減少が進み、多産少死段階にある途上国では人口増大が続く。その結果、人口圧により人口流出が続く地域と、逆に人口流入を受け容れる地域が偏在し、世界的な人口移動が生じることになる。

実際、国際人口移動は増加の一途を辿っている。国際移住機関（ＩＯＭ）の報告によると、世界中で出生地以外の国に暮らす人々の数は、一九七〇年の約八四〇〇万人から、一九八〇年には一億人、一九九〇年には一・五億人を超えた。二〇〇〇年には一・七億人、二〇一〇年には二・二億人、二〇一七年には二・五億人を超え、世界人口全体の三・四％を占めている。かつて正義論研究に先鞭をつけたロールズは、「他の社会から孤立している閉鎖系として差し当たり見なされた〈社会の基礎構造〉」を正義の主題とした（ロールズ　二〇一〇、一二）。こうした想定の非現実性が見直されるなかで、特に一九八〇年代以降、移民正義論がグローバル正義論の一部として発展してきた。(8)

移民正義論の展開

問題は、現実の国際社会では、主権国家による厳格な国境管理のもと、人々の国際移動が厳しく制限されていることである。地球という海にそれぞれ浮かぶ救命艇としての国家というハーディンの比喩は、まさにこうした慣行を反映していた。しかしながら、ヒト・モノ・カネ・情報が国境を超えて行き来するグローバル化の進展は、事実上も規範的にも人々の国際移動の制限と齟齬をきたしつつある。既存の国境管理は、そもそもなぜ、またどこまで正当なのであろうか。

はじめに、自由の観点から人々の国際移動を支持する議論を取り上げよう（Carens 1987: 258; 1992: 27–28）。世界人権宣言第一三条が規定するように、自らの善の構想を自由に追求できることの一部として、人々には国内移動の自由が保障されている。ただしこの点で、国内社会と国際社会を区別する本質的な違いはない。それゆえ各国は、基本的人権として国際移動の自由を保障する——すなわち、国境を開放する——一応の義務を負う。ほかにもC・クカサスといったリバタリアン（自由至上主義者）が、国境開放に肯定的である。

あるいは、平等の観点から既存の国境管理が批判的に評価されるかもしれない（Carens 1987: 261–262; 1992: 26–27）。周知のとおり、国際社会では先進国と途上国の間に巨大な格差が存在する。ところで、私たちはどの家族のもとに生まれるかを選んだわけではないように、どの国の住民として生まれるかを選んだわけでもない。こうした偶然性に鑑みれば、グローバルな不平等の主要因となる国籍や出生地の違いは道徳的に恣意的であり、前近代の封建制にも通じるような、人々の機会の平等を脅かす生得的な特権にすぎないとみなされる。

ただし、——必ずしも現状の慣行を追認するものではないが——人々の国際移動を制限する議論も、有力な規範理論家によって唱えられている。例えばコミュニタリアン（共同体論者）の一人とされるM・ウォルツァーによれば、成員資格《メンバーシップ》は自分自身をも規定する財の一種であり、成員はその分配に対する決定権をもっている。「入国許可と排除は共同的自治の核である。……それなしでは特性をもった共同体はありえない」（ウォルツァー 一九九九、一〇六）。これは、クラブや教会のような私的結社との類比から、結社の自由の一環として移民選別を許可するC・ウェルマンとも近い（Wellman 2008）。

また、いわゆるリベラル・ナショナリストも、国境開放に否定的であることが多い。D・ミラーはナショナリティ（国民性）の維持という観点から、移民を制限することを正当化する。ミラーによれば、私たちは連帯心や社会正義、特別な責務の基礎としてのナショナリティを必要としており、自国民と一定の領土・領域を共有することはその不可欠の要素である。国際移動の自由は確かに人々の人生計画にとって有益かもしれないが、ほかの何を差し置いても優先すべき基本的人権であるとまでは言えない（Miller 2016a; ミラー　二〇一一、第八章）。

移民正義論の現在

こうした大きな対立軸を踏まえつつ、現在の移民正義論は論点のさらなる拡充を見せ、今後の議論の進展がいっそう期待される。その一例として、不法移民の問題がある。人々にどこまで移動の自由を認めるかとは別個に、何らかの非合法な経緯で現在すでに外国に居住している人々やその家族をどのように処遇すべきであろうか（カレンズ　二〇一七）。あるいは、頭脳流出の問題がある。医者やエンジニアなど、途上国の高度技能者が先進国に移住するという現象は、移動の自由に根差す一方で、必要な人的インフラを枯渇させるものであり、途上国の衰退を促進する逆機能をもちかねない（白川　二〇一七）。

福原論文（第7章）は、移動の自由（移住権）と、それを受け入れ国が排除する権利（排除権）のどちらに相対的な重みを見出すかを扱っている。一方で移住権については、論理的一貫性に基づく従来の議論よりも、自律性や正義感覚に寄与するという道具的価値からの議論の方が有望である。他方で排除権については、結社・所有・同意の観念に訴えることでそれを基礎づけられるが、社会的な平等のような別の理由によって無効化されうる。本章では最後に、「理に適った受容可能性」に照らして、正統な国家が移住権を制限しうる余地を検討している。

岸見論文（第8章）は、人口移動の実態の一部である外国人家事労働者問題について扱っている。先進国でますます増え続ける外国人家事労働者は、その特殊な法的・社会的地位から、移民問題として別個の考察を必要とする。

本論文で著者は、はじめにI・ヤングに則りつつ、周辺化された人々が置かれる不正義の状況として「相互行為的観点」および「構造的観点」を区別する。続いて、双方の観点から今日外国人家事労働者が直面している問題を具体的に考察し、そこから導かれる私たちの責任とそれに対応する政策的対処策を提言している。

六　世代間正義の問題

正義論は、これまで国内社会、国際社会とその射程を空間的に広げてきた。加えて、正義論の課題を時間的に広げるとき、「世代間倫理」や「世代間正義」の問題が立ち上がる[9]（ここでの「世代」は、同一時代に生きる年齢集団というよりも、過去・現在・未来の時間的隔たりをもった人間集団を指している）。わが国の環境基本法は、「この法律は、……環境の保全に関する施策を総合的かつ計画的に推進し、もって現在及び将来の国民の健康で文化的な生活の確保に寄与するとともに人類の福祉に貢献することを目的とする」ことを規定している（第一条、傍点筆者）。しかしよく考えれば、現在の国民が、まだ生まれてさえいない「将来の国民」の健康で文化的な生活の確保に寄与すべき積極的理由とは何であろうか。

将来世代の権利？

J・ファインバーグは、権利の観念から将来世代に対する義務を導出する（ファインバーグ　一九九〇）。いわく、ある存在が権利をもつことができる条件は、その存在が何らかの利益《インタレスト》をもつことができるということである。なぜなら、そもそも利益がなければ他者から危害を受けることもないし、その存在を代表することもできないからである。将来世代の人々は、確かに存在として不確定ではあるものの、何らかの利益をもつことができる存在であるとは想定される。それゆえ、一定の程度で想定される将来世代の請求権に対応して、現在世代は将来世代に対して義務を負うことになる。

以上の権利論的立論が孕む最大の問題は、それがパーフィットの非同一性問題を引き起こしてしまうことである。すなわち、現在世代が採用する異なる政策は別の世界、別の人々をつくり出すがゆえに、いかなる政策を選んでも、その政策はその将来世代にとって悪いことにはならない。ある政策（例えば資源の浪費）の結果生まれる人々と、別の政策（例えば資源の節約）の結果生まれる人々は別人格なので、たとえ二集団の間に福利水準のギャップが生じたとしても、その人々の権利が侵害されたと主張することはできないのである。

宇佐美論文（第9章）は、権利説、功利説に基づく世代間正義論の不十分性を批判し、代わりに「公正説」の観念から世代間正義を再定位したうえで、それを人口問題に応用するものである。将来世代には、属性の不可知性や影響の一方向性、存在の生物的依存性といった独特な性質が含まれ、これらは非同一性問題やいとわしい結論といった周知のパラドクスを導く。著者は、公正説がこうした問題を克服しうると指摘し、加えて公正説を人口問題に応用した際の「生殖型公正説」「環境型公正説」の二つのバリエーションを説明し、そのうち後者を擁護している。

世代間の互恵性？

世代間正義を語る際のさらなる躓きの石は、人々が相互に受益者とも負担者ともなる「互恵性《レシプロシティ》」（または相互性・互酬性）が世代間関係には欠けていることである。将来世代はいまだ存在していないので、現在世代との間に利益を供与したり、そこから利益を得たりするような通常の社会関係が成り立たない。例えば、ロールズの正義原理は、社会的協働とそれに伴う便益と負担の公平な分配を律すべく要請される（ロールズ 二〇一〇、第一節）。こうした社会的協働が想定できない世代間関係を律する正義は、世代内関係を律する正義とは別種のものにならざるをえない。ロールズ自身は、世代間正義として「正義にかなった貯蓄原理」を構想した。すなわち、どの世代に属するかという情報を遮断された無知のヴェール下の社会契約の当事者は、「各家系を代表し」、「少なくともより身近な子孫を大事に思う」との想定のもと（ロールズ 二〇一〇、三八六）、遠い世代ではなく直近の将来世代に対して、自然環境や天然資源を含む公正な貯蓄を残す貯蓄原理を採択する。ただしこの構想は、当事者が相互に無関心であるという当初の想定からは逸脱しており、ロールズ正義論の全体像からは唐突で場当たり的だとの批判もある。

一つの代替案は、別の正義原理に解決の糸口を探ることである。例えばB・バリーによれば、互恵性の観念はかりにその間口を広く解釈しても、国家間や世代間の正義を構想するには不十分である。そこで彼は、（ロールズも第二原理で言及していた）平等な機会の観念に注目する。すなわち、資源への公正なアクセスの保証を空間的にも時間的にも拡張することで、将来世代に対する現在世代の配慮を根拠づけられるという（バリー 一九八九）。互恵性に代わる正義構想と世代間正義への適用は、その後「不偏性《インパーシャリティ》」の観念のもとに体系化されている（Barry 1989: sec. 24）。

森村論文（第10章）は、こうした問題の前史を踏まえ、互恵性の観念から世代間正義が成立するかどうかを改めて検討の俎上に載せている。前述のように、互恵性はしばしば世代間正義を語るうえで扱いづらい観念であると考えられてきた。ただし、それを「二重モデル」のみならず「下降モデル」や「上昇モデル」として捉えなおせば、世代間で何らかの直接的・間接的な互恵性を想定することはできる。著者は、人口が変動する可能性も加味した短期的視点（年金）および長期的視点（投資・環境）から、互恵性に基づく世代間正義を描き出すことの可能性を問うている。

＊＊＊

以上概観してきたように、人口問題の正義論はマクロな政策決定からミクロな選択決定まで、空間的・時間的広がりを備えた広範にわたるテーマを射程に含んでいる。本書がそのすべてを網羅しているわけではないし、ましてそれらの相互関係を体系化し、一つの「人口正義論」として提出するのは容易な課題ではない。本章冒頭で述べたように、人口正義論はまだ緒に就いたばかりであり、本章で示した道案内の先には、いっそう魅力的な未開拓の論点が私たちを待ち受けているはずである。前置きはこのくらいにして、読者諸氏には人口正義論の広大な領野に歩を進めてもらうべく、早速次章以降にバトンタッチしよう。

注

〈1〉「正義論」の名を冠する著作は事欠かない。近年の研究動向を踏まえた網羅的概観としては、例えば宇佐美・児玉・井上・松元 近刊、瀧川・宇佐美・大屋 二〇一四、第一部を参照。

〈2〉海外のまとまった著作としては Fishkin & Goodin 2010 がある。国内でこれに比肩する体系的考察は、小林 一九九三―九四まで遡るほかない。また、刊行予定の Arrhenius et al. forthcoming は今後人口正義論の基本文献となるであろう。

〈3〉充実した参考文献リストも含めて、まずは日本人口学会 二〇〇二、第七―八章を参照すべきである。

〈4〉マルサスの人口論についても、きわめて多数の先行研究が存在する。そのなかでも、マルサス学会 二〇一六は包括的である。

〈5〉概観としては、さしあたり Greaves 2017; Roberts 2015 などを参照。

〈6〉原語の person を「人格」と訳すことについては生命倫理学分野を中心に異論があるが、本書では人口倫理学関連文献の慣例に倣って表記を統一した。

〈7〉「いとわしい」という表現の初出はナーヴソンであろう（Narveson 1973: 80; cf. Parfit 1976: 100/68）。

〈8〉概観として、Higgins 2013; Sager 2016; 浦山　二〇一一－一二を参照。また、カレンズ　二〇一七に付された訳者による解題、同じ著者による論争の概説（横濱　二〇一五）も有益である。

〈9〉概観として、Gosseries & Meyer 2009; 吉良　二〇〇六を参照。関連文献については吉永　二〇一二が有益である。

第Ⅰ部　人口問題の哲学的基礎

第1章　いとわしさと嗜虐のあいだ

──「正負《プラスマイナス》場合分け功利主義」の挑戦

鈴木　真

D・パーフィットは『理由と人格』（Parfit 1984）で様々な問題に対して解決を示しながら、一つの問題に対して満足な回答を呈示することに成功しなかった。その問題が人口倫理の問題であり（pt. 4）、いとわしい結論（ch. 17）を回避することはその核心にある。(1) この問題が難しいのは、いとわしい結論を回避する理論は、それと同じほど直観に反する結論を含意してしまうようにみえることである（Arrhenius 2000）。

人口倫理の問題、特にいとわしい結論に関しては多くの解決の試みがなされてきたが、本章も新たな試案を提出する。具体的には、功利主義の一形態が人口倫理の問題に関して擁護可能だ、と暫定的に論じる。

本題に入る前に一言断っておくと、本章で「人口」という場合、人類の成員だけで構成されたものを意味しているわけではない。私たち以外の存在にも、感情価を伴う心的状態をもつ能力があり、したがって福利を享受しうるものはいる。本章では、これらの可感的個体を成員とするものも「人口」と呼ぶ。これは、福利が考慮されるに値するのは、福利を享受できるあらゆる存在であるという現代の倫理学において広まりつつある見解──功利主義の伝統的立場でもある──に対応した措置である。

一　いとわしい結論と功利主義

パーフィットによる「いとわしい結論」の定式化は以下のものである。

> きわめて高い生の質をもっている、少なくとも一〇〇億人のいかなる可能な人口についても、次のような、ずっと多数の人口が必ず想像できる。その人口の存在は、もしほかのことが等しいならば、そのメンバーがかつかつに生きるに値する生を送っているとしてさえも、［右の一〇〇億人の存在よりも］よいことである。（Parfit 1984: ch. 17 sec. 131）

多くのもっともらしい想定の集合が、そして多くのもっともらしい規範理論が、いとわしい結論を含意する。例えば、この一〇〇億人の人口P_1よりも福利の水準が少しだけ下がるがより頭数の多い人口P_2の方がよい、P_2よりも福利の水準が少しだけ下がるがより頭数の多い人口P_3の方がよい、……という判断を受け入れ、よりよいという関係が推移的だとしよう（xRy――xがyともつ関係R――が推移的ということは、必然的に、三つの事物a、b、cに対して、aRbかつbRcならばaRcということである）。すると、P_1よりも、福利の水準はすごく低い（かろうじて正だ）が非常に頭数の多い人口の方がよい、といういとわしい結論に至ってしまう[2]。

総量功利主義について考えてみよう。この説によると、善さ、正しさを決定するのは、事態に含まれる効用の総量、そしてそれだけである。一〇〇億をはるかに超える非常に大きな人口において、かろうじて生きるに値する生を送る人が享受する効用をすべて足し合わせれば、一〇〇億の人口に含まれる効用の量を上回ってしまう。したがって、総量功利主義はいとわしい結論を含意する。

しかし功利主義には総量型以外にもう一つ代表的な形態がある。それが平均型である。この説によると、善さ、正しさを決定するのは、事態に含まれる効用の総量そのものではなく、それを頭数で割ったものである。この説の場合、かろうじて生きるに値する生を送る人をどれだけ含んでいようと、その人口がきわめて高い生の質をもつ一〇〇億人の人口よりも善いものになることはない。なぜなら、前者の人口の効用の総量が勝るとしても、頭数で割って出された効用の平均はより小さくなるからである。こうして、平均功利主義はいとわしい結論を回避できる。(3)

これまで「平均」と言ってわかったような書き方をしてきたが、実際は平均をとる集団が特定されなければ値は定まらない。この平均をとる集団をどのようにするかという問題はかなり悩ましい(Parfit 1984: ch. 19 sec. 143)。例えば、行為の後で存在する集団の平均を基準とみなすとしよう。R・ノージックが指摘しているように(Nozick 1974: 41)、この立場は、行為の前に存在する者のうち、一番福利水準の高い生を送る者だけを残して全員を抹殺すれば、平均が最も上がってよいことになる、という問題に直面する。

本章で十分に論じるスペースがないが、平均をとる集団は当該の行為によって影響を受ける可能性がある存在者すべての集団であるべきであり、これはそれぞれの帰結において生じる各世界で現在(行為の時点)から未来に生きるすべての可感的個体だ、と私は考える。かれらの生涯における福利の平均が最大になる帰結が最善の帰結なのである。この集団は、行為の時点で存在する者を含む。一番効用水準の高い生を送る者だけを残して全員を抹殺する場合には、抹殺される存在の生涯における福利が低くなるが、その人たちの福利も勘定に入るので、全体の平均も低くなる。ノージックの批判は回避される。

もちろんこの説も、現在から将来までどれだけの人口が存在するのか知りうるのか、という問題を喚起する。だが、いかなる倫理的見解であれ、将来への帰結を考慮に入れるなら類似の認識論的問題を避けられないので、これは大きな問題とは言えない。

もう一つ、人口がいない（分母が0の）ときの値をどう考えるかという技術的な論点がある。以下では、この値は0であるとみなして話を進めることにする。

二　平均功利主義にとっての二つの問題――（一）福利水準が正の人口の追加

人口倫理において平均功利主義に対して向けられる批判は二つある。一つは、福利の水準が正だが平均以下の人（あるいはほかの可感的個体）が追加的に存在した場合[4]の帰結に対する反発である。平均以下の人が追加的に存在する場合には、平均が下がってしまうから、より悪くなることになってしまうのだ（Parfit 1984: ch. 19 sec. 143）。

この直観の一つの解釈は、世界における善の総量が増えているのになぜよりよい事態ではないのか、という総量功利主義を反映した見解とみなすことである。これに対する反論の第一歩は、道徳的観点からみた善と誰かにとっての善、つまり福利を区別することである。「道徳的観点からみた善」とは、事態（人口の状態）の道徳的価値を直接的に決定するものとしての善である。福利の水準が正の人が増えることは、もちろん誰かにとっての善が増えることを含意するが、必ずしも道徳的観点からみた善が増えることを含意しない。第二に、福利水準が低い個人が増えることは道徳的観点からみて善いことではない、なぜなら道徳的観点からみて善いこととは人口の福利水準――平均功利主義によれば、これは各個体が享受する福利の平均――が向上することだからである。いとわしい結論が示しているように、福利水準が低い個人・個体がどれだけ増えようと、それは道徳的観点からみて善が増えることではないのである。

とはいえ、上記の直観は総量功利主義に基づく必要はないのかもしれない。それは個別の例に基づいて動機づけることもできる。例えば、きわめて高い福利水準の人が少数——例えば一人——いる場合と、それに加えて数多くの福利水準が少しだけ低い人がいる場合を比べてみよう（少しだけ低い、というのは、例えば、ちょっとだけ寿命が短いとか、ちょっとだけいやなことが多いとか、ちょっとだけ喜びが少ないとかといったように考えてほしい）。この場合にも平均功利主義は、きわめて高い福利水準の人が少数いるだけの方がよい、ということを含意する。批判者によれば、これはおかしい。

私自身は、単に世界に存在する福利の量を増やすことというよりも、個々人の生がより善い——福利に満ちた——ものになることが重要だという考えにはもっともなところがあり、きわめて高い福利水準の人が少数いる方がよいという判断はそれほどおかしくないと思う。ここで検討している立場は、ノージックの考えるような平均説と違って、福利水準が高くない人は抹殺すべきだという含意はない、ということを確認すれば、上記の判断の「おかしさ」にみえるものは大いに減ると思われる。

それでも平均型原理では、同じ福利の平均をもつ少数の人口と多数の人口の選択が価値的に相違がないことになってしまう点はおかしいようにみえるかもしれない。この点については第二の批判への対応とともに第五節で検討する。

三　平均功利主義にとっての二つの問題——（二）「地獄」

平均型原理に対するより深刻な第二の批判は、福利の水準が負の場合に焦点を当てたものである（Parfit 1984: ch. 18 sec. 139, ch. 19 sec. 143）。皆が等しく地獄のような暮らしをしている人口があったとして、かれら全員の福利水準がひどい負《マイナス》であるとしよう。かれらは自殺できるなら自殺するだろうが、そうできないでいる。ここに少しだけ福利がましな生を送る人が追加でいる場合を比べた場合、どちらがましだろうか（後者で追加される人というのは、地獄のような暮らしをするのは変わらないのだが、皆がアイスをまったく食べられないのに一生に一回だけ食べられるとか、皆が痛くても鎮痛剤が手に入らないのに一生に一回だけ使えるとか、そういった人だと考えてほしい）。ほとんどの人が、追加で不幸な人がいない方がましだと考えるだろう。しかし平均を考えると、後者の方がましということになる。例えば、前者に福利水準が−100の人が100人いて、後者にはそれに加えて−99の人が1人いるとすると、前者の平均は（−100×100）/100＝−100だが後者は（−100×100＋−99×1）/101≒−99.99なので、後者の平均の方が大きい。平均功利主義は、地獄にもう一人加える方がましだという結論を含意してしまう。

この嗜虐的な結論（Arrhenius 2000: 248–251）は平均功利主義にとって破滅的なものだとみえる。どんなまともな理論も、不幸な人を増やす方がよいという結論を含意しないだろう。

平均功利主義にはこの批判に対してできる反論がないわけではない。ただしそれはかなりラディカルで、人口倫理以外にも様々な波及効果をもつものである。それは、絶対的な意味における負の福利の存在を否定することである。先ほど、「前者に福利水準が−100の人が100人いて、後者にはそれに加えて−99の人が1人いるとすると……」といった事態の記述をしたが、こうした記述そのものが絶対的な意味ではできない、ということである。できるのは、前者の福利の状態が後者の福利の状態と比べて総和として99大きいとか、平均して約0.01小さいとかいった記述だけである。

これは二つの仕方で可能になる。一つは、福利の水準に絶対的な正とゼロの存在は認めるが、負はないという立場をとることであり、もう一つは、福利の比較に絶対的な尺度はなく、すべて相対的なものであるという立場をとることである。後者では、例えば現状より善いとか過去の状態より悪いとか誰それの状態より悪いといった発言はできるが、絶対的な水準の話はできない（それを可能にする尺度がないから）、ということになる。どちらの立場をとっても、上記の例で想定されていた福利が（絶対的な意味で）負という事態がありえないことになるから、平均功利主義はこの批判を回避できる、という反論はできる。

どちらも多くの人の考えから外れるところがあるが、前者の方が甚だしい。前者によると、どんな人や動物の生も絶対的な意味では幸福《プラス》でしかありえない（違いは程度の差でしかない）ことになる。福利の水準に絶対的な尺度があるのなら、一生虐待や拷問を受け続けるという事態を想定すると、全体として不幸《マイナス》な生は可能なように思われる。そこで平均功利主義がとりうる対応で最も説得力があるのは、幸福と不幸（どちらでもない）という絶対的な区別はなく、福利の水準には相対的な違いがあるのみである、とする立場だと思われる。この立場は、絶対的な区別をなしで済ませるという意味で理論的により単純であり、正と負（といずれでもない水準）の区別をどうやって恣意的でなくつけるか、という難問を回避できるという意味でも推奨できる。(5)

だがこの立場は、本当に平均功利主義に対する批判を回避できるのだろうか。それは難しい。「地獄のような境遇にいる人」について福利の水準は絶対的な意味で負だということはできないかもしれないが、だからといってその人の状態が私たちの状態より恐ろしく悪いことに変わりはなく、自殺できるならするだろうというのも変わりはない。このような人を増やす方がましだという理論はやはりおぞましい。絶対的な意味における福利の尺度があろうとなかろうと、平均功利主義への反論はほとんど威力を失わないであろう。

福利の総量を決定因とする総量功利主義をいとわしい結論を含意するために退けたが、平均功利主義はさらに悲惨な結論を含意する。功利主義に望みはないのだろうか。

いとわしい結論は人口の福利の状態が総和として正《プラス》であるときに総量功利主義に生じ、嗜虐的な結論は人口の福利の状態が総和として負《マイナス》であるときに平均功利主義に生じる。ここでいう総和としての福利の量は、ある行為をとった際に影響を受ける者の福利の量を合算したものを意味すると解釈できる。これは、平均功利主義における平均の分子である。すなわち、ここでいう平均は算術的平均なので、総和としての福利の量を人口の頭数で割ったものであり、人口は正の数だから、総和としての福利の量が正のときは常に正で、ゼロのときは常にゼロ、負のときは常に負である（人口が0のときは値は0になる）。したがって、先に言ったことを言い換えると、いとわしい結論は人口の福利の状態が平均として正であるときに総量功利主義に生じ、嗜虐的な結論は人口の福利の状態が平均として負であるときに平均功利主義に生じる。

こう考えていくと、一つの自然な反応は、比較される人口の対ごとに適用される功利主義の型が変わると考えることである。つまり、いとわしい結論の場合のように、福利の総和（と平均）が正の人口同士が比較されるとき──正・正のとき──には、よりよい人口は平均功利主義によって決まり、地獄の場合のように、福利の総和（と平均）が負の人口同士が比較されるとき──負・負のとき──には、よりよい人口は総量功利主義によって決まると考えることである。負・正（正・負と考えてもよい）のときには、いずれの功利主義においても正の人口の方がよいと判定されるので、どちらが適用されるかということを考える必要はない。三つ以上の人口の比較は、対となる人口の比較から構成され、「よりよい」「より悪い」「等しい」といった関係は推移律をまもる。

別の理論の描き方は、ある事態（人口の状態）の道徳的観点からの善・悪は、福利の総和が負のときはそれに正比例する一変数関数の解であるが、正のときは福利の総和に正比例するのみならずその福利を享受する人口の頭数に反比例する二変数関数の解だということである。すなわち、人口の状態の道徳的観点からの善悪Wは以下の関数なのである。

$T \leqq 0$ のとき $W=T$

$T \geqq 0$ のとき $W=T/N\ (N \geqq 1),\ W=0\ (N=0)$

　Tは福利の総和、Nは福利を享受する存在の頭数

T=0のときはいずれにしてもWは0になることに注意されたい。

この理論は総量功利主義の問題――いとわしい結論――と平均功利主義の（第二の）問題――嗜虐的な結論――を回避する。したがって、この立場は直観的には少なくとも総量功利主義や平均功利主義よりはもっともらしい。より直観的にもっともらしくと考えるなら、人口状態の道徳的観点からの善悪Wは常に福利の総和と平均によって決まり、総和（と平均）が正か負かによって総和と平均のプライオリティが変わるだけだ――正の場合には、平均が優先性をもち、負の場合には総和が優先性をもつ――とみなすのがよいだろう。この形態では、福利水準が正の場合には、人口の福利の平均が等しいなら、その総和が多い方がよいということがいえるため、福利の水準が等しいなら人口が多い方がよいという判断を擁護できる。これは平均功利主義に対する第一の批判に部分的に回答することになる。また福利水準が負の場合には、人口の福利の総和が等しいなら、その平均が高い（負なのだが0に近い）方がよいといえるため、福利の総和が等しい（どちらも同じく負）なら人口は多い方がよい――少数が非常に苦しむよりは多数が軽く苦しむ方がよい――という判断を擁護できる。

いずれの定式化をとるにせよ、このタイプの功利主義——以下「正負《プラスマイナス》場合分け功利主義」と呼ぶ——は様々な課題に答えなければならない。

五　正負場合分け功利主義の理念と、ほかの理論的選択肢との比較

総量功利主義や平均功利主義の方が単純だから、正負場合分け功利主義は場当たり《アドホック》的にみえるかもしれない。これが一つの大きな問題である。

しかし、福利の水準に絶対的な正、負（そしてゼロ）があると考えるのであれば、それが大きな違いをもたらしてもおかしくはないだろう。これが正負場合分けの背後にある発想である。このような絶対的な違いがないところで福利の基準が入れ替わるなら変であろうが、そのような違いがあるところではそうした入れ替えはおかしくない。そもそも私たちは、福利水準が低いにせよ生きるに値する場合と、低すぎて生きるに値せず自殺をしても仕方が無いと考える者がいる場合では、違う反応をする。これが福利水準の総和が正の場合と負の場合で、いとわしい結論と嗜虐的な結論という別々の問題が現れてくる原因である。だから、福利の総和の水準が正か負かによって道徳的な価値の基準（あるいはそのプライオリティ）が入れ替わっても不思議はない。

いとわしい結論を避けようとして採用される多くのほかの理論的選択肢と比較すれば、場当たり的ではないという印象は強められる。そうした選択肢のうち主なものとしては、（一）価値関係において推移律が成り立たないと論じたり、（二）生きるに値する価値はありえないと主張したり、（三）福利尺度に不連続性を設定したり、（四）福利水準が正であっても低い場合には、人口状態の道徳的観点からの価値尺度Wでは負ないし0として算入してみ

たり、（五）人口の頭数の影響の仕方を変えてみたりといったことが挙げられる（代替理論のより網羅的な批判については、Arrhenius, Jesper & Tännsjö 2017: sec. 2; Arrhenius forthcoming を参照。下記の批判的コメントもアレニウスに多くを負う）。

（一）価値関係に推移律が成り立つということを否定する（e.g. Temkin 2012）のは、いとわしい結論に至る推論がそれに依存しているということに対する劇的な対応である。この対処法は、価値の理論とそれに基づく規範理論一般に深刻な影響をもたらす。一番もっともらしい推移律の否定の仕方は、あるペアに関してせいぜい大まかな比較可能性しか認めない——推移的な関係として理解されたところの、よりよい、等しい、よりわるい、のどれもが成り立たない（大まかに同じ、といった非推移的な関係は成り立つかもしれないが）とみなす——ことである。(6) しかしそうすると、そのペアについて、どちらを選ぶべきかという問題に答えることができなくなるか、あるいは「価値ポンプ」の問題に直面する。すなわち、A、Aより少しだけよいA^+、AやA^+とは大まかに同じB、というものの間の選択を考えると、AないしA^+とBの間で合理的に選べなくなるか、あるいはまずA^+とBの選択に直面してBを選び、次にBとAの選択に直面してAを選ぶことが合理的だとされてしまう——段階的な選択において劣った方を最終的に選ぶことが正当化されてしまう——ようにみえる（Chang 1997）。推移律の否定という選択肢を、いとわしい結論を避けるためだけにとるのは、やはり場当たり的であろう。

（二）生きるに値する価値はありえない——すべからく生まれてこない方がよかった——（e.g. Benatar 2006）というのが正しければ、いとわしい結論が想定するような福利水準が高い人口が存在しえないので、いとわしい結論は生じえない。しかし、生きるに値する価値がありえないというのは非常に反直観的であり、その擁護論にも納得のいくものはない現状で（Bradley 2010）、この選択肢をとるのは場当たり的としか言いようがない。

（三）福利水準に不連続性を設定するということも、いとわしい結論を避ける手段ではある。（ある一定量の）非常に高い水準の生には非常に低い質の生をいくら集めても及ぶことがないとか、(ある一定量の)一定の種類の福利の構成要素を含む生にはそれ以外の福利の構成要素(だけ)を含む生が及ぶことはない、といった主張をする(e.g. Parfit 1986)と、いとわしい結論を避けることはできよう。なぜなら、いとわしい結論が想定するような非常に高い福利水準の人口の価値には、頭数だけ多い低い福利水準の人口の価値は及ばない、と論じられるからだ。しかしこのエリート主義的な回避策は、福利水準の尺度のアルキメデス性――0でない任意の対について、いずれも互いに対して無限小量ではない――を退けることになり、そのため福利の加法性を否定することになる。またなぜこのような極端な差がありうるのかということを説明することも難しい。いとわしい結論を避けるためだけに福利に不連続性を認めるのは、やはり場当たり的であろう。

(四)福利の水準が正であっても低い場合――kを以下としよう――に人口状態の道徳的観点からの価値尺度Wに負として算入する理論――臨界値理論(Critical Level Theories)――には様々なものがある(e.g. Broome 2004)。kのような臨界値を設定すれば、いとわしい結論は避けられそうにみえる。なぜなら、いとわしい結論が成り立つのは、いくら福利の水準が高い人口があっても、福利の水準が正であっても低い生をもつ人が数多くいる人口に、価値において上回られてしまうからだが、上記の立場では後者の価値は負になるためである。しかしその代わり、福利の水準が負の人がいくらいようと、福利の水準が正であっても低い生をもつ人が非常に多くいれば、前者の方がましだ――不幸な人生を送る人がいた方がよい――という帰結をもつことになってしまう。またそもそも、福利が正なのに負と勘定することや、その負と勘定しだす水準をどこか特定の点kに設定するということが恣意的にみえる。

いとわしい結論を避けつつ、福利が正なのに負と勘定するということをやめたければ、0以上k以下の生の道徳的観点からの価値をゼロと見なすこともできる(cf. Kavka 1982 on "restricted life")。こうすると右の反直観的な帰結は生じない。[7] だが、0より高いがk以下の福利水準の生だけで構成された人口は、全然生きる価値がない生だけで構成された人口と同じだけの価値（ゼロ）しかもたなくなる。また、kという値の設定に関わる恣意性も解消されない。

（五）頭数の影響の仕方を変えてみる、という対応もある。これはアレニウスら（Arrhenius, Jesper & Tännsjö 2017: sec. 2.1.2）が可変的価値原理（variable value principles）と呼ぶものである。たとえば、黄有光（Ng 1989）の理論は

$$W = f(n)T/N,\ f(n) = \sum_{i=1}^{n} k^{i-1},\ 0<k<1$$

とする。kが0より大きく1より小さいので、その累乗はどんどん小さくなっていく。f(1)=1, f(2) = 1+kでf(n)=1/(1−k)に漸進的に近づくが、kは0より大きく1より小さいので、これは有限の値にしかならない。このため、非常に福利水準が高い少数の人口の価値を非常に多数の福利水準の低い人口の価値が上回ることは避けられ、いとわしい結論を回避できる。しかし、平均功利主義と同様、「地獄」の状況では、不幸だがほかの人よりはましな人を加えた人口の方が道徳的観点からしてましだと判断してしまう場合が出てくる（例えば、k=0.1として、人口1を福利水準が−100の人が1人の人口とし、人口2をそれに加えて−80の人が1人いる人口だとすると、f(1)=1、f(2)=1.1なので、W1= 1×(−100) =−100, W2=1.1×(−100 −80)/2=−99となり、人口2の方がましになる）。またそもそも、f(n)を定数N（単純な総量功利主義の場合）でなくて既存の人口規模に影響を受ける関数としたり、kを定数1（単純な平均功利主義の場合）でなくて$0<k<1$の範囲で特定したりする理由を、いとわしい結論を回避するためということ以外に見出すことは困難であり、やはり場当たり的にみえる。可変的価値原理にはほかの定式化もあるが（e.g. Sider 1991）、同様の恣意性を抱えている。

このように、いとわしい結論に対するほかの選択肢と比較すると、正負場合分け功利主義はさほど場当たり的で

はない。私たちが福利が負の場合と正の場合で違った反応をすることを踏まえると、0のところで基準を変えるのはおかしなことではないのだ。なお、前節の最後に述べたより洗練された形態では、基準は同じ――同じ二つの関数でWが決まる――で、その関数に与えられた優先順位が福利の総和が正の場合と負の場合で異なるだけである。この形態の方がより統合的で自然な立場にみえるかもしれない。

いずれにせよ、場合分け功利主義は以下のような整合的な理念を表すものとして理解することができる。それは、頭数の増加は、人口の福利水準が絶対的にみて負のときには、福利水準が絶対的に正の存在を加える場合にしか状況を改善せず、さらに、人口の福利水準が絶対的にみて正になると、福利水準が平均を上回る存在を加える場合しか状況を改善しない、とみなすという考え方である。この理念に魅力を見出すなら、場合分け功利主義はよい理論的選択肢だろう。

六　ラムジーの問題と非対称性

ここでは、正負場合分け功利主義が二つの問題に関して望ましい含みをもっていることを指摘しておく。

まず、いとわしい結論と関連した問題について述べておく。それは、F・ラムジー以来の総量功利主義にとっての問題である、将来世代の頭数が可能性としては非常に多くなりうるため、現在世代の利害の影響力がほとんどなくなり、現在世代は将来世代の利益のために一方的に奉仕させられてしまうのではないか、という懸念である。経済学者は福利の時間割引をすることによって通常これに対応するが、将来の利益であろうと現在の利益であろうと同様に重要であるという、多くの哲学者に共有されるラムジーの直観には反する（Ramsey 1928; Dasgupta 2001: ch. 6）。

正負場合分け功利主義は福利水準が正の場合には平均型と回答が同じになるが、そうすると将来の人口を増やすことには意味がなく、焦点は福利水準を上げることだけになる。将来の人口の福利水準が負にしかなりえないという場合には、将来の人口を生まれさせない方がよいという総量功利主義と同じ結論が出るが、これは問題ではない（地獄をつくり出した方がよいという理論の方がよほど問題である）。したがって、正負場合分け功利主義は、上記の懸念に対してはもっともらしい対応ができる。

正負場合分け功利主義は、みじめな子どもを生み出すことを避けられるとしたらそうすべき義務はあるが、幸福な子どもを生み出すことができるとしてもそうする義務はない、という非対称性の主張（Parfit 1984: ch. 18 sec. 132）もある程度正当化できる。みじめな子どもというのは、人生における福利水準が負の存在とみなすことがもっともらしい。すると正負場合分け功利主義は、全体の総和（と平均）が負であるときには、（他者の福利、例えば、子孫の福利への影響を考慮に入れなければ）そうした存在を生み出すのは総和を押し下げるので避ける方がよく、全体の総和（と平均）が正であるときには、そうした存在を生み出すのは平均を押し下げるので避ける方がよい、といえる。幸福な子どもというのは、人生における福利水準が正の存在とみなすのがもっともらしい。すると、正負場合分け功利主義は、総量功利主義のように常にそのような存在を生み出す方がよいとは言わない。全体の総和（と平均）が正のときには、その福利水準の平均を押し上げるのでなければそのような存在を生み出すことはよいとみなさない。[8] こうして、直観がもつ非対称性の構造についても正負場合分け功利主義はある程度説明できる。

ただしこの功利主義も、全体の総和（と平均）が負のときには、少しでも福利水準が正なら（他者の福利、例えば、子孫の福利への影響を考慮に入れなければ）生み出すことがよいことになるという点は総量功利主義と同じである。しかしこの含意が直観に反するかどうかは疑問である。人間の歴史においては（あるいはもしかしたら現代の貧困地域において）福利水準の総和（と平均）が負のときがあったかもしれないが、その際に少しでも福利水準が正の子どもが生み出せるなら、両親は生み出すであろうし、それが倫理的に問題であろうとは思われないからである。

七 結語――残る課題

本章は正負場合分け功利主義を暫定的に擁護してきた。しかし、人口倫理には様々な問題があり、本章ですべてに対処できたわけではない。

一つの懸念は、平均功利主義がいとわしい結論に似た結論を含意する場合があり、正負場合分け功利主義もこれを避けられないということである。例えば、福利水準が1の人が一万と100の人が十いる人口と、福利水準が1の人が一万と3の人が千いる人口では、福利水準が低い人ばかりいる後者よりは前者の方がよいようにみえるかもしれない。しかし平均は（総和も）後者の方が高い（前者の平均は約1.10、後者は約1.18）。したがって、平均功利主義は（総量型も）後者をよりよいとみなすし（Anglin 1977: 746–747）、正負場合分け功利主義も福利の総和が正の場合なので同じ判断を下す。これが問題だという指摘[9]に対する応答は二つある。まず、前者は福利水準が高い人たちが人口全体に占める割合が相対的に非常に小さく、後者の方がより平等なので、後者の方がよいという判断はそれほどおかしくない（頭数が変わるケースにおいては、平均功利主義は総量型よりも福利の平等配分に感応的である）。次に、総量功利主義に比べて、上記のように福利水準が高い人たちがいる人口が推奨されないケースは限定的である。この応答で正負場合分け功利主義の擁護として十分かどうかという点は、今後検討しなければならない。

正負場合分けをするなら、正の場合は平均型、負の場合は総量型、という特定の様態をとらなくてもいとわしい結論と嗜虐的な結論を回避できる可能性は残る。つまり、正の場合ないし負の場合（あるいは両方）で別の関数を指定しても人口倫理の主要な問題を回避できるかもしれない。さらに、前段のようなケースや、ほかの人口倫理の諸問題を考慮に入れるなら、正負場合分けという抽象的な考え方は別の仕方で理論に取り込んだ方が適切だ、という可能性は残る。この可能性の追究は、本章ではできなかった。

別の外在的な関心は、純粋な功利主義をやめて配分に関する考慮を入れたらどうなるか、というものである。正負場合分け功利主義は、福利の総和と平均しか考慮に入れないため、配分に関して標準的な功利主義が受けるのと同じ批判を受けるだろう。そこで、平等主義、優先主義、充分主義といった配分原理を、説得力のある形で――特に人口倫理の問題、特にいとわしい結論や嗜虐的な結論を避ける仕方で――組み入れられるかどうか、という問題意識もありうる。この論点についても本章は触れることができなかったが、次章・井上 二〇一九aを参照してほしい。

さらに、本章における正負場合分け功利主義の擁護が、価値論上の大きな前提と問題含みの方法論に依存していることも指摘しておく必要がある。

価値論上の大きな前提とは、福祉の尺度に絶対的な意味で正と負とゼロがあるということである。これは人口倫理でも多くの規範理論でも前提されていることではあるが、決して論争の余地がないわけではない。平均型原理を検討している際（第三節）にみたように、そのような絶対的な質の差はないという理論の方が単純であり、このような質の差があるという理論は何にそのような質の差が存するのか、という問題に答えられなければならない。正負場合分け功利主義は右の絶対的な三分法に依存するので、この検討は避けがたい。

問題含みの方法論とは、直観に依存した理論構成である。いとわしい結論や嗜虐的な結論を避けるべきであるというパーフィット式の人口倫理上の枠組みも、これを回避する正負場合分け功利主義がよいという議論も、すべて直観に依拠している。直観に頼って規範倫理学を行うことに対しては根強い批判があるが（e.g. Brandt 1979）、本章ではこの問題に取り組むことはできなかった。

こうした課題については別の機会に考察してみたい。人口倫理のような重要な哲学的問題について正答にたどり着くことは、すべからく稀であるとともに困難である。

注

〈1〉もう一つの大問題である非同一性問題については、Parfit 1984: ch. 16や本書の序章・松元 二〇一九と第6章・鶴田 二〇一九を参照。非同一性問題といとわしい結論の関連については、Arrhenius 2015を参照。

〈2〉パーフィットは別の、彼が直観的により退けがたいとみなす議論を提出している。その一つは「単純追加」という考え方を用いるものである。「二つの結果の片方において、(一) 生きるに値する生活をしており、(二) ほかの誰にも影響を及ぼさず、(三) その存在が社会的な不正義を含まないという、余分な人々が存在する場合に」単純追加があるとパーフィットは定義する (Parfit 1984: ch. 19 sec. 142)。AにAの人々がもつ福利の水準よりも少しだけ低い一〇〇億の人が単純追加でいる人口A^+があるとする。話を単純にするために、元からいる人口の福利水準はその間で等しく、追加された人口の福利水準もその間で等しいと想定してほしい。そうすると、A^+はAと少なくとも同じだけよい。また、A^+と同じだけの頭数がいて、その福利水準はA^+で追加された人口よりは高いが、Aに元からいる人よりは低い人口Bがあるとする。その場合Bは、福利の平均水準も平等さも勝るので、A^+よりよい。つまり、BはAよりよい。今度はBに単純追加をした人口B^+を考え、さらにそこで追加された人口よりは福利水準が高いがBに元からいる人よりは低い人口Cを考えて、CはAよりよいという結論をえる。これを繰り返すと、最終的にいとわしい結論に至る (Parfit 1984: ch. 19)。この議論でも、人口の間に推移性のある価値関係が成り立つことが想定されている。

〈3〉ただし本章第七節を見よ。

〈4〉注2で説明された意味における単純追加だと考えてほしい。

〈5〉筆者も別の論文 (Suzuki 2017: sec. 1) ではこの立場にある程度の共感を示した。

〈6〉推移性を否定するには、よりよい、等しい、よりわるいといった比較関係が非推移的に当てはまる事例があると主張するという仕方もあるが、これはもっともらしくない。A、B、Cという三つの事態について、例えば、AよりBがよく、BよりCがよいが、AとCは等しいとすると、明らかに矛盾しているようにみえるし（例えば、AはBよりよくBよりわるいようにみえる）、これらについての合理的な選択は不可能になりそうである。

〈7〉筆者はこの立場を肯定的に提示したことがある（Suzuki 2017: sec. 8）。

〈8〉この特徴のために、正負場合分け功利主義を前提すると、注2で挙げた、いとわしい結論を導くパーフィットの議論の前提を否定することになる。元の人口と、それに福利の平均水準は正（だが元の人口のものには届かない）の人口を単純追加した人口とを比較すると、後者の方がよいという前提が、人口全体の福利の平均水準が下がるという理由で否定されるわけである。私はパーフィットの議論のなかでこの前提が最も疑わしいと思う。いとわしい結論を否定するためには、それを導く議論を批判せざるをえないのだから、正負場合分け功利主義は適切な反応を含意している。

〈9〉元原稿を読んだ編集者の方から、前者の人口の方がよいということがわかりにくいという感想を頂いた。要点の提示の仕方が悪かったかもしれないので、数字を小さくしたりしてわかりやすくした。これでも読者が直観的に前者の方がよいと思わないなら、平均型ないし正負場合分け功利主義にとってこの種の事例は問題をそもそも提起しないのかもしれない。

追記

本稿を脱稿した後で、共著者と編者の方から、本稿で論じられている「正負場合分け功利主義」がBlackorby, Bossert & Donaldson 2005が検討している原理の一つに近似しているのではないか、というご指摘を頂いた。確認したところ、同書の第四章が限定付減衰換算人口功利主義（Restricted Number-Dampened Utilitarianism、ＲＮＤＵ）の一種として限定付平均功利主義（ＲＡＵ）に触れており、これが本稿の原理に近い（p. 144f., esp. pp. 146–150 and p. 173; なおブラッコビーらはこの原理ではなく臨界値功利主義の一種を擁護している）。ただし、平均をとる集団の定義や可感的動物の扱いなどが異なるため、限定付平均功利主義についてのブラッコビーらの議論と評価をそのまま「正負場合分け功利主義」に当てはめることはできない。（この場を借りて、共著者と編者の方の重要なご指摘に御礼申し上げます。）

第2章　充分主義の検討
——人口倫理学の観点から

井上　彰

はじめに

分配的正義の理論において、昨今関心を集めている理論がある。「充分主義（sufficientarianism）」がそれである。充分主義とは、その名が示すとおり、充分な暮らし向きをすべての人に保障することを、分配的正義の目標とする考え方である。充分主義は、福利水準が等しくなるような資源分配を求める「平等主義」と、より低い福利水準に甘んじている人により多くの利益が供与されるべきだとする「優先主義」とともに、分配的正義の三大理論として位置づけられている。より精確には、従来平等主義とされてきたものを分節化する一環として、（優先主義とともに）充分主義が提起されてきた（井上 二〇一七a、第一章）。今日充分主義は、各種各様に構想化・定式化されるに至っている。

本章の目的は、そうした充分主義がはたして人口倫理学（population ethics）の観点から支持しうる分配的正義の理論であるのかどうかについて、批判的に検討することである。人口倫理学とは、人口の構成員も人数も違うなかで、事態の善し悪しを評価しうる説得的理論の提示・彫琢を目的とする学問領域である。人口倫理学は、事物の価値や善さを直截に扱う価値論（axiology）が主題となることから、「人口価値論（population axiology）」と呼ばれることも多い。地球環境問題が深刻化する昨今、資源の使用や二酸化炭素の排出について、私たちはどのような取り決めを行うべきか。少子化が現行の社会保障制度を維持困難にすると言われるなか、子どもを産むという行為やその結果についてどのように考えるべきか。こうした先鋭化する倫理的問題を前に、人口規模も構成員も異なる事態間の比較評価が求められている。

以下本章では、充分主義を代表する三つの洗練された構想ないし定式化を、主に人口倫理学の観点から批判的に吟味する。結論を先取りすれば、三つの構想とも、充分主義が人口倫理学の観点から説得的理論であることを示すことに失敗している。

一　人口倫理学と理論X

すでに確認したように、人口倫理学は人口規模やメンバーが異なる集団を伴う事態間で、その善し悪しを比較評価する理論について検討する学問分野である。人口倫理学が注目を浴びるきっかけをつくったのは、D・パーフィットの『理由と人格』である（Parfit 1984）。パーフィットは『理由と人格』第Ⅳ部で、私たちとは人数も構成員も異なる将来世代に対し現在世代の私たちがなすべきことを考えるにあたって、既存の理論が説得的な議論を提供するものとなっていないことを明らかにした（Parfit 1984: pt. Ⅳ／第Ⅳ部）。例えば、構成員の合意によって規範性が担保される契約論は、構成員が異なる集団に対しては規範的指針を示しえない（Parfit 1984: 391–393／五三四–

五三六）。実際、契約論者であるJ・ロールズも、将来世代への分配的正義の原理として構成員の互恵性を前提にしない正義に適った貯蓄原理（the just saving principle）を提示しているが（Rawls 1971: 289-290）、後継世代への自然なつながりに突如訴えるなどして、その正当化には失敗している（井上 二〇一九b（近刊））。

それでは既存の理論のなかに、人口規模もメンバーも異なる事態間での規範的評価を行いうる理論は存在しないのだろうか。功利主義は、そうした理論のなかでもいまなお有力視されているものである。周知のように功利主義は、幸福（快）や不幸（苦痛）の集計および差引勘定によって事態の善し悪しを判定する理論である。功利主義に照らせば、特定の構成員の幸福や不幸ではなく、端的に人々（あるいは動物）の幸福や不幸が勘定に入れられ、事態が評価される。功利主義には、その差引勘定の総量で事態を評価する「総量功利主義（total utilitarianism）」と、その平均値で事態を評価する「平均功利主義（average utilitarianism）」とがある。総量功利主義にしても平均功利主義にしても、構成員の同一性や人数を問わない点で、一定の人口倫理学的な強みを発揮する立場であると言えよう。

それでは功利主義は、私たちの直観に適う説得的な人口倫理学的理論たりうるのだろうか。多くの人口倫理学者が示しているように、二つの功利主義の立場とも説得的な理論とみなすことは困難である。まず、総量功利主義は「いとわしい結論（the repugnant conclusion）」を導いてしまうことで有名である（Parfit 1984: ch. 17／第一七章）。例えば、非常に高い福利水準を享受する小規模の集団のみが存在する事態（A）と、人口規模では比較にならないほど大きいものの、かろうじて生きるに値する集団のみが存在する事態（Z）のどちらかが実現可能な事態だとしよう。話を単純化するために、各集団とも集団内では同水準の福利を享受しているとしよう。総量功利主義はAがZよりも望ましくないと結論づけてしまう。図2－1を見てほしい。高さが福利水準を示し、横幅は人口規模を表している。私たちのほとんどは、ほかの事情が等しければ、Aの方がZよりも望ましいと判定する。だが、幸福の総量で評価する総量功利主義は、Zの方がAよりも望ましいと結論づけてしまう。それゆえ、総量功利主義は私たち

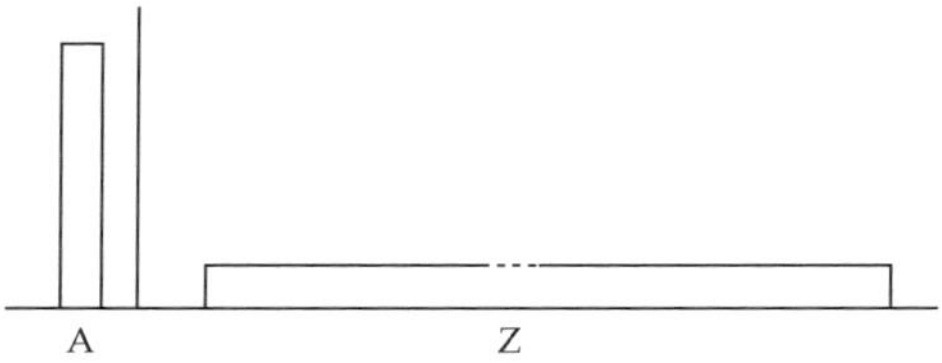

図２−１

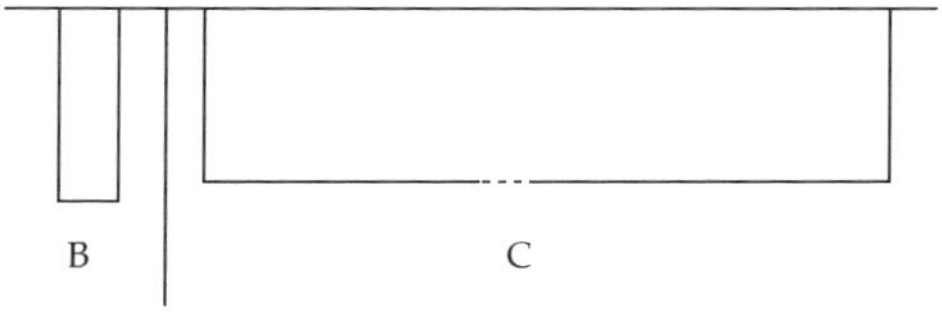

図２−２

の直観に適う理論ではない。

それでは、平均功利主義の場合はどうか。平均功利主義の場合は、集団の福利水準の平均で事態評価するがゆえに、Ａの方がＺよりも望ましいと結論づける。それゆえ平均功利主義は、「いとわしい結論」を回避しうる。しかし平均功利主義は、生きるに値しないレベルの福利水準よりはるかに低い不幸な人間が少数存在する事態（Ｂ）と、それよりは幾分マシだが、不幸であることに変わりはない人間が数多存在する事態（Ｃ）で、ＣよりもＢの方が悪いと結論づけてしまう（図２−２参照）。つまり平均功利主義は「嗜虐的な結論（the sadistic conclusion）」を導いてしまうのだ。それゆえ、平均功利主義は総量功利主義と同様、人口倫理学的観点から支持しうる理論ではない（Arrhenius 2000: 248–251; Greaves 2017: 3)。

以上から功利主義は、「いとわしい結論」と「嗜虐的な結論」を回避しえない理論であることがわかる。それでは、契約論とも功利主義とも違う人口倫理学的理論はありうるだろうか。その点を探るうえで検討すべきなのは、契約論のような互恵的関係はもとより、比較する集団同士が同一の人間・人数であることを前提にはしないものの、功利主義とは異なり、幸福で示される福利を享受する人々への影響、すなわち、誰かにとって（より）善いか（より）悪いかを無視しない理論がありうるのかどうか、である。なぜなら、「いとわしい結論」にしても「嗜虐的な結論」にしても、その反直観性は、きわめて低いもしくは負の福利水準に甘んじる人が出てくることの道徳的問題性に帰されるからだ。となれば、低（マイナスの）福利による個人への影響があるかぎりで事態の善し悪しを図ることができるようにすればよいのではないか。人格影響的アプローチ（the person-affecting approach）は、その線で説得的な人口倫理学的理論の提出を目論む考え方である（Parfit 1984: 393–401／五三六―五四七）。

しかし人格影響的アプローチには、厄介な問題がつきまとう。例証しよう。私たちの多くは、自分の子孫を幸せにする道徳的理由があると考えている。しかし、幸せな子どもをつくる道徳的義務があるとは考えないだろう。例えば、私たちの多くは、これからたくさんの（そこそこ幸せな）子どもを（とにかく）つくることができるのであれば、そうすべきであるとは言わない。こうした私たちの直観は、将来世代に対する現在世代の義務を考えるうえで無視することはできない。例えば私たちは、福利が高水準な集団から成る将来世代をもたらすために、現在世代が大きく犠牲になるのは行きすぎだと考えるように思われる（Broome 2010: 27–35）。それゆえ、可能な存在者である将来世代の福利を評価するにあたっては、評価対象に制約を設ける観点なり、存在をもたらすことの評価自体を慎重に考える必要がある（Roberts 2015: 400–415; Greaves 2017: 7–12; Arrhenius forthcoming: ch. 9）。

それでは、既存の分配的正義の理論のなかで、人々への影響を踏まえた人格影響的アプローチはありうるだろうか[1]。優先主義（prioritarianism）はその代表格である。優先主義は福利が低ければ低いほど、その福利水準の者への利益を与える方が、それよりも高福利な者に同じサイズの利益を与えるよりもより善い、とする理論である（Temkin 1993: ch. 9; 2000; Parfit 2000; Holtug 2010: ch. 8）。この理論には利点がある。優先主義は一方で、福利の評価をその絶対的水準に基づいて行うがゆえに、きわめて低いもしくは負の福利水準に喘ぐ人への道徳的配慮を織り込める理論である。それゆえそれは、平等主義のようにあくまで境遇差だけを規範的な評価対象とする立場とは異なり、水準が等しく低下する事態をより善い事態とはみなさない（cf. 井上 二〇一七b、六九―七四）。他方で優先主義は、功利主義と同様、福利の集計的価値を踏まえることから、低福利者が少々いるが、圧倒的多数の高福利者が存在する場合、低福利者の数がそれより少ない集団から成る事態が比較対象であっても、高福利者の福利水準やそれを享受する者の数次第では、その事態より前者の方が善いと判定しうる（Holtug 2010: 206）。この点は優先主義が、私たちの直観に適う分配政策を単独で指令しうる理論であることの証左となっている。

それでは、優先主義は「いとわしい結論」と「嗜虐的な結論」を回避しうるだろうか。まず後者からみると、優先主義は「嗜虐的な結論」を回避しうる。なぜなら、優先主義は集計的価値に集団の福利水準に従って重みづけを行うアプローチであるがゆえに、非常に低い福利水準の者がごく少数存在する事態よりも、それよりは若干高いものの同水準の低福利者が数多存在する事態の方が悪いと判定しうるからだ。[2] では「いとわしい結論」についてはどうだろうか。実は優先主義の難点はこの結論を、総量功利主義よりもいっそう直観に反するかたちで導いてしまうところにある。総量功利主義の場合、Zにおけるかろうじて生きるに値する水準の福利の総量が、Aにおけるかなり高い水準の福利の総量と比べて大きいとき、「いとわしい結論」を導く。優先主義の場合、かりに福利の総量で前者が後者を上回らなくても、総量功利主義と同様の事態評価をしてしまう。なぜなら優先主義は、福利の集計的価値を福利水準の低度に応じて重みづけするがゆえに、福利の総量で上回っていなくても、多くのかろうじて生きるに値する低福利者が存在する方の事態を高く評価しうるからだ。すなわち優先主義は、「超いとわしい結論（the super-repugnant conclusion）」に陥ってしまうのだ（Holtug 2010: 253–255）。

以上からも推察できるように、人数も構成員も異なるケースに適用しうる「いとわしい結論」と「嗜虐的な結論」（そのほかの直観に反する結論や問題）を回避しうる理論——パーフィットが言う「理論X」——は見つかっていない状況にある（Parfit 1984: 416–417／五六五–五六七）。優先主義も、（少なくともそのままでは）理論Xであるとは言えない。それゆえ、人口倫理学の観点から、それとは別の分配構想——充分主義はその一つ——に関心が集まるのは自然な流れとも言える。

二　充分主義の独自性――閾値とシフト・テーゼ

先に見たように、充分主義とは、福利にかかわる何らかの指標に照らして、充分な暮らしができる状態を確保することに特段の道徳的重要性がある、とする分配的正義の理論である。この理論を有力な分配的正義の理論として認識させたのは、H・フランクファートである（Frankfurt 1987）。フランクファートは平等主義を「すべての人が所得や富（まとめて「お金」）を同じ量だけもつことは望ましいとする原理」として捉えたうえで、それは分配にかかわる事態の評価を見誤らせる原理であると批判する（Frankfurt 1987: 21）。重要なのは、格差の不在ではなく、人々が尊厳ある生を送っているのかどうか、もしくは、衣食住といった基本的ニーズが充たされているのかどうか、である。充分主義者と平等主義者の意見が、より低い福利の者を救うという点で一致したとしても、それは表面的な一致にすぎない。充分主義は平等主義とは異なり、平等――より精確には、分配パターンの均等性――に内在的価値を見出さない。

しかしフランクファートの充分主義には、二つの論理的に独立したテーゼの混在がみられる。その点を指摘したのが、P・ケイサルである（Casal 2007）。一つは、充分な福利水準が保障されてしかるべきだとする「ポジティヴ・テーゼ（the positive thesis）」、もう一つは、充分とされる福利水準を上回る部分での格差やそれに応じた分配には、なんら道徳的にみて重要な要素はない、とする「ネガティヴ・テーゼ（the negative thesis）」である。この二つのテーゼは、充分主義と平等主義とが論理的に独立であるのと同様、それぞれ論理的に独立である。またそれぞれのテーゼを改訂したり、ほかの原理によって補強あるいは結合したりすることも可能である。例えば、ネガティヴ・テーゼと、運と選択の区別を核とする運の平等論（luck egalitarianism）とを結びつけて、個人の選択による結果責任に一定のウェイトを置く一方で、選択責任を理由にした貧者の境遇の放置を回避する正義構想を提示することも可能である（Casal 2007: 321–323）。

それでは、ポジティヴ・テーゼとネガティヴ・テーゼは充分主義を構成するテーゼとして、ともに不可欠かつ擁護可能なものだろうか。実は、充分主義にとってネガティヴ・テーゼが不可欠だとする見方には、疑問が提起されている。すなわち、いったん充分な暮らし向きが確保されれば、それ以上の利益や負担の分配が本当に道徳的に問題にならないのだろうか。例えば、大金持ちと、それほど財産をもっていないがいかなる指標に照らしても満足のいく生活を送っている人がいるとしよう。どちらにより重い税負担を課しても、両者ともに充分な暮らしができる。だが、その場合、どちらに重い負担を課すかは道徳的に無差別だろうか。私たちは大金持ちにより重い負担を課す方が、もう一方の人に課すよりも正義に適っていると考えるのではないか（Shields 2012: 104）。

となると、ネガティヴ・テーゼを組み込まずに充分主義を規定しうるのかどうか、そしてそれがはたして擁護可能かどうかが問われてくる。より具体的には、ポジティヴ・テーゼとそれを補強ないし結合する原理やテーゼだけで、充分主義が平等主義や優先主義とは別個の、擁護可能な構想として成立しうるのかどうかが問われてくる。L・シールズは、充分主義はポジティヴ・テーゼと後述する「シフト・テーゼ（the shift thesis）」によって規定されると主張する。そのうえで充分主義が、平等主義や優先主義とは独立に成立しうる説得的な正義構想であると主張する。以下検討しよう。

まずシールズはポジティヴ・テーゼを、充分主義の重要な構成要素として位置づける。それは、「何らかの財（善）を少なくとも充分に確保する、一定の重みがある非道具的（non-instrumental）理由がある」とするテーゼとして構成される（Shields 2012: 106; 2016: 28; 2017: 97）。このテーゼが充分主義にとって欠かせないのは、単なる「理由」ではなく「（一定の重みがある）非道具的理由」となっていることとかかわっている。それが意味するのは、何らかの財や善の内在的価値以外にも、分配構想として充分主義を支持する独自の規範的要素がある、ということにほかならない。言うまでもなく、そうした財や善を充分に保障しうる原理は、充分主義に限らず、平等主義や優先主義、それどころか功利主義さえも考えられる。(通常は限界効用逓減則が働くことから)功利主義の観点からも、人の暮らしに必要な財は貧しい人々に行き渡らせる方が望ましい。

もっとも、充分な暮らし向きを確保する非道具的理由を明らかにするだけでは、優先主義の構想は排除されない。優先主義は人々に付与しうる利益の大きさが同じでも、より恵まれない人に付与する方がより価値があるとする見方である。したがって、利益の等しい配慮をベースとする功利主義とは異なり、より恵まれない人への分配に、それ自体としての価値を見出す立場である。すなわち優先主義も充分主義と同様、より恵まれない人に(限界効用逓減といった経験則に訴えることなく)道徳的に重みづけする構想なのだ。それゆえポジティヴ・テーゼだけでは、充分主義の構成要素としては不十分である。

そこでシールズは、充分主義には備わっているが、優先主義にはない要素として「閾値(threshold)」の観念に注目する。閾値は、過剰要求にも過小要求にもならない、まさに充分な暮らしを保障する何らかの福利の基準を意味する観念である。その閾値を隔てて、人々の利益を供与する非道具的理由に変化が起こる点に焦点を当てる。その変化は、仮に暮らし向きのよくない人に利益を与えることに一定のウェイトを付す場合でも、閾値を隔ててその付し方に決定的な違いをもたらす。優先主義はその違いを否定するが、充分主義はその違いを重視する。シールズはこの、閾値をまたいでの変化率の違いを強調するテーゼを「シフト・テーゼ」と名づけ、ポジティヴ・テーゼとともに充分主義を構成する必須要素として位置づける(Shields 2012: 108; 2016: 30; 2017: 87)。

次に問われてくるのが、この二つのテーゼから成る充分主義が、本当に説得的な正義構想であるのかどうか、である。その際、閾値が利益供与理由のウェイトのシフトを正当化しうるものでなければならないのと同時に、その理由自体、平等な分配パターンの実現によってのみ充たされるものであってはならない。もちろんこれは、充分主義が平等な社会を支える特定の理想と両立しうることを否定するものではない。しかし充分主義は、利益の平等なシェアに内在的価値を見出す平等主義と区別されるものでなければならない（Shields 2016: 37–38）。それゆえ、充分主義の正義構想が、平等主義とは区別される構想として説得的かどうかが問われてくる。

シールズは、そうした閾値を隔てて重みづけが非連続的に変化する理由のあり方――充分主義的理由（sufficientation reasons）を正当化するものとして、充分な自律（autonomy）の保障を挙げている。このとき自律は、自らの熟慮の実践を経て行為に移す能力として理解される。それゆえ、強制や選択の真正性が疑われるような状況――例えば洗脳状態――にあれば、自律は損なわれていることになる。自律は、有意義な選択行為のスペースを確保するための「自由の社会的条件」を保障するものでなければならない。その点に鑑みてシールズは、充分に情報が与えられた信念を保持し、そのうえで（自らの見解に基づく決定に）理由を付与する能力を有するという条件に加え、他者と公共的熟議のプロセスにおいて意見交換する姿勢を有していることを自律の条件として挙げている。他者との意見交換によって理由のシェアを行う機会があり、その姿勢を有することが自律のための必要条件となる、と（Shields 2016: 62–64）。

重要なのは、この自律に基づく充分主義的理由が閾値の非連続性を決定的に裏づけるものとなるのかどうか、である。特に私たちがもし充分な自律よりも平等な自律が保障されることを求めるのであれば、閾値を裏づける充分主義的理由ではなく平等な分配パターンの重要性が浮かび上がることになる。それゆえ、その場合には充分主義ではなく平等主義――シールズが念頭に置くのは、厚生（welfare）を基準とした自律の平等に基づく考え方――が擁護されるべきものとなる。

シールズはその可能性には否定的だ。なぜなら、厚生をベースとする平等主義的議論は、ピルを服用して厚生が充たされるとすれば、自律的な能力を行使できない状況でもそれを善いこととみなしてしまうからだ。厚生をベースとした構想では、ピルを服用しない意思や選択に価値を見出す「私たちの直観を説明しうる、自律に関する特定の非道徳的な正当化」を提供しえない、と（Shields 2016: 73）。

しかしながら、第一に、厚生を主観主義的にだけでなく客観主義的にも捉えられる多元的指標として位置づけるならば、ピルで充足される主観的な要素だけで厚生を捉える必要はない（Arneson 2000）。第二に、厚生への機会を平等化する考え方に照らせば、ピルを服用するかどうかの機会の有無が重要になる（Arneson 1989; 1990）。それゆえ厚生には、ピルを服用しない意思や選択の価値を排除する要素は何もない。以上を踏まえると、自律の条件が厚生への機会平等主義とは区別される充分主義的理由を提示しうるものかどうかについては、疑わしいと言わざるをえない。

この私の見立てに対し、厚生を多元的指標として捉えることで充分主義的理由を論点先取的に取り込んでしまっている、との反論が提起されるかもしれない。しかしその反論が成立するのならば、自律に充分に情報が与えられていることや、理由付与能力のほかに、他者との意見＝理由交換することの可能性条件まで組み入れるシールズの議論にも、類似の批判が当てはまる。すなわち、他者との対話性を自律の条件に入れることによって（自律の価値と相容れるのかどうか不分明な）客観的・非個人的価値の要素を組み入れてしまっている、との批判である（Segall 2016a: 49）。もちろん、自律には個人的価値のみならず、そうした客観的・非個人的要素が不可避にかかわってくるとの議論は可能である（Nielsen 2016: 203–211）。しかし、それは先に見たように厚生概念にも当てはまる。少なくとも厚生にも同様の議論が当てはまることを否定する積極的論拠を提示しなければ、右記の反論は成立しないだろう。それゆえ、自律が平等主義を斥ける充分主義的理由を提出しうるとのシールズの見立ては疑わしい、との結論は揺るがないように思われる。(3)

三　充分主義の価値論的定式化

もちろん、充分主義の特定の構想——充分な自律の保障を謳う原理——の問題点を指摘するだけでは、充分主義が理論Xの要件を充たさない立場であると結論づけることはできない。右記の議論だけでは、充分主義が理論Xの価値論的要件を充たさないかどうかは完全には示されないからだ。

そうしたなか、充分主義の価値論的定式化を図ったのが広瀬巌である（Hirose 2017）。広瀬による充分主義の定式化は、充分主義の価値論的定式化として一定の完成度を誇るものとなっている。そこで広瀬の定式化を踏まえて、はたして充分主義が理論Xの価値論的要件を充たすのかどうかについて検討したい。

なお広瀬の議論は四つの仮定から成る。第一に、人々の福利のみを考慮する。第二に、特定の福利の構想を前提としない。第三に、閾値の単一性を前提とする。第四に、閾値の非恣意的な設定は可能であると想定する。これらの諸仮定を置くことの是非について後に問われてくるが、とりあえず広瀬の議論を以下で確認したい。

広瀬は充分主義を、閾値を下回る人々の福利の負の価値（disvalue）の算入方法と、閾値を上回る人々の福利の価値の算入方法を完全に分離する理論として定式化する。これは充分主義の要とも言うべき、シールズのシフト・テーゼに代表されるような、閾値を境に道徳的考慮が非連続的になるという充分主義の特性を価値論的に反映したものである。

まずは広瀬が定式化する、閾値未満の福利の負の価値の算入の仕方から検討する。最も理に適った負の価値の算入方法として広瀬が提起するのは、閾値よりも福利が低ければ低いほど負の価値により大きく重みづけされる方法である（Hirose 2017: 55–60）。この構想は、閾値未満の人の数によって負の価値を算出する人頭説（the head-count view）も、閾値未満の人の福利の総和によって負の価値を算出する不足説（the total-shortfall view）も、理に適った説明をもたらさないことを背景に定式化されたものである。なぜなら人頭説でも不足説でも、閾値未満の福利水準の位置について（十全には）考慮しないからである（Hirose 2015: 124–127／一五三―一五七、2017: 55–56）。

この重みづけの手法は、集計された福利の負の価値がより小さい事態により善い評価を与える構想を導くものとして位置づけられている。もっともこの構想における福利の重みづけの方法には、二つのヴァージョンがある。一つは非関係的（絶対的）アプローチに基づくもので、もう一つは関係的アプローチに基づくものである。前者は、福利と閾値の絶対的な差によって重みづけを行うアプローチである。後者は、閾値未満の福利の相対的格差（不平等）によって重みづけの程度を決定するアプローチである（Hirose 2017: 57–59）。

それでは、非関係的アプローチと関係的アプローチで、どちらの方が望ましいのだろうか。まず言えることは、関係的アプローチの場合、閾値未満の福利水準を享受する集団の福利が上昇することでその負の価値が低下すると、ほかの集団の福利の負の価値にも影響を与えてしまうことである。よく考えてみると、この関係的アプローチの特性は直観に反する。ほかの事情が等しければ、ある集団の福利水準が改善されればされるほど、その負の価値はその改善度合いに応じて低くならないとおかしいからである。それゆえ、ほかの集団の福利水準が価値の算入にかかわってくるのは説得的とは言えない。となると、相対的格差に重みづけが規定されない非関係的アプローチの方が望ましいことになる（Hirose 2017: 59）。

ところが、非関係的アプローチの場合、福利の基数的指標（cardinal measure）を採用しなければならなくなる。なぜなら、ほかの集団の福利水準と無関係に重みづけされるためには、その絶対的評価を可能にする基数性という特性を備えていなければならないからだ。対照的に関係的アプローチの場合、相対的格差を割り出す福利のランキングのみでウェイトを規定するがゆえに、序数的指標（ordinal measure）で事足りる。問題は、基数性は序数性と比べ、充足困難な特性である点だ。経済学の知見を出すまでもなく、福利の特定の構想について、温度における華氏や摂氏のような基準を見出すことは困難である。さらに、そうした構想がありうるとしても、それが説得的な構想たりうるのかが問われてくる（Hirose 2017: 59–60）。

管見のかぎり、どちらのアプローチが望ましいかについての総合的な判断は、説得的な福利の構想を提示しうるのかどうかにかかっている。先にみたとおり広瀬の議論では、仮定によりその論点は予め排除されている。しかし、充分主義が価値論的にみて妥当な理論であるのかどうかを知るためには、特定の福利の構想を提出しうるのかどうかという論点は無視できない。さもなければ充分主義者は、福利の序数的指標という貧弱な情報的基礎でも成立しうる関係的アプローチの反直観的含意を抱え込まなければならなくなる。となれば、充分主義が理論Xどころか、ほかの理論と比べて魅力ある理論であるとは言えなくなるだろう。

次に閾値を上回る福利の価値をどう算入するか、という論点に目を移そう。閾値を上回るケースについて、広瀬は総量功利主義と同様、福利の単純加算に基づく最大化を主張する。この主張は、充分主義者のなかでも必ずしも同意が得られているものではない。先のシールズや次節で検討するR・ヒューズビーは、（最低位の）閾値を上回る福利の価値の算入方法としては、優先主義に類するものを支持している。しかしここでは、その点については不問に付そう。広瀬が定式化する充分主義に従えば、閾値未満の福利の負の価値を集計したものを最小化することが、閾値を上回る福利の集計的価値の最大化よりも辞書的に優先される。この優先性は辞書的優先性なので、例えば、閾値を上回る福利を享受する人のうち誰の利益を閾値未満の者に割り当てるかは、利益が差し引かれた後にも閾値を上回るかぎりにおいては無差別である。それゆえ充分主義は、その利益が閾値を大きく上回る福利を享受する人間の利益かそれとも少し上回る人間の利益かは問わない理論として定式化される（Hirose 2017: 61–63）。もっとも、この点が直観に適合的かどうかは、閾値の設定次第である。しかし先の、閾値の非恣意的な設定が可能であるとの仮定により、その問題が巧みに回避されている。この点については後で立ち戻ることになる。

広瀬は自らが定式化した充分主義には、人口倫理学の観点からみて強みがあると主張する。それは、「いとわしい結論」を回避しうることである。総量功利主義にしても優先主義にしても、非常に高い福利水準を享受する小規模の集団のみが存在する事態（A）の方が、人口規模が比較にならないほど大きいものの、かろうじて生きるに値する生を送る集団のみが存在する事態（Z）よりも悪いと判定してしまう。その一方で充分主義は、私たちの直観に適合的な事態評価、すなわち、ZよりもAの方が善いと判定する。なぜなら、閾値はかろうじて生きるに値する福利水準よりも高いと想定しうるからだ。かりに閾値を上回る人々をZ′にしたケースを想定したら、Z′がAよりも善いとする判定は「いとわしい」ものとはならない。それゆえ広瀬は、充分主義が「いとわしい結論」を避けることができると公言する（Hirose 2017: 66–67）。

しかしその点を保証するのは、閾値の存在である。繰り返すが広瀬は、閾値の非恣意的設定問題を仮定により論点から外している。しかし「いとわしい結論」を回避しうる鍵が閾値であるにもかかわらず、閾値の非恣意的設定があたかも「できる」ことを前提にその回避を謳っても説得力に乏しい。（非関係的アプローチを支持しうる）特定の福利の構想を正当化しうるのかどうかという論点とともに、閾値の非恣意的設定が可能かどうかについても議論する必要があるだろう。

さらに、広瀬が定式化する充分主義には、閾値の非恣意的設定について「できる」ことを前提としても回避しえない人口倫理学的問題がある。それは、「非常に嗜虐的な結論（the very sadistic conclusion）」を回避しえない点である。「非常に嗜虐的な結論」とは、閾値（T）を下回るものの、生きるに値する生を送る莫大な数の人口集団のみが存在する事態（E）の方が、生きるに値しない福利を享受するごく少数の者から成る人口集団のみが存在する事態（D）よりも悪いと判定してしまうことである（Arrhenius 2000: 255–256; Broome 2004: 213–214）。図2－3を見

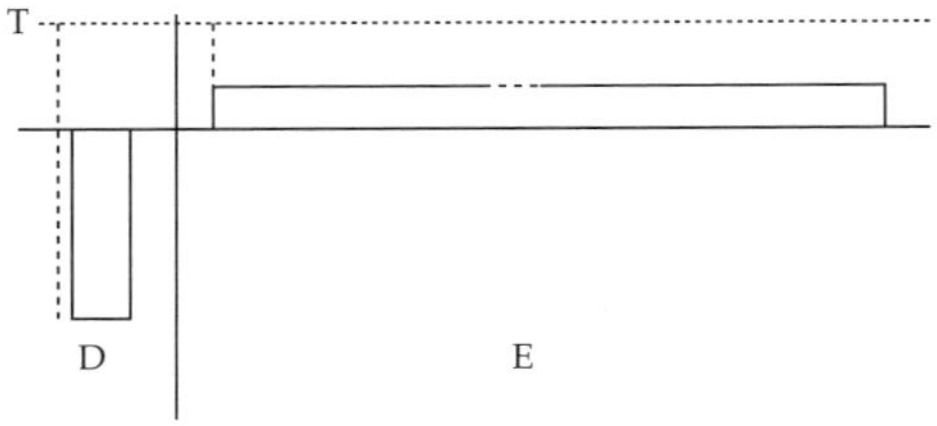

図２－３

てほしい。DもEもT未満であるがゆえに、閾値を下回る福利の（重みづけられた）負の価値を集計したものの比較によって評価が決まる（図の破線で示される値が重みづけされたうえで、負の集計的価値が算出され比較評価される）。DよりもEの方が人口規模ははるかに大きいことから、充分主義はEの方がDよりも悪いと判定してしまう。つまり、充分主義は「非常に嗜虐的な結論」を招いてしまうのだ（Hirose 2017: 66–67）。

したがって、広瀬が定式化する充分主義は理論Xの要件を充たさない。もちろん、広瀬が認めるとおり、人口倫理学上の諸問題を回避する理論は見つかっていないなかで、充分主義だけがあたかも不適格であると公言するのはフェアではない（Hirose 2017: 67）。しかしそのことは、理論Xの要件を充たさないという事実を否定するものではない。同様にそのことは、広瀬の充分主義において、充分主義を擁護するうえで鍵となる、特定の福利の構想をめぐる論点と閾値の非恣意的設定に関する論点が仮定により回避されているという事実も否定しない。控えめに言っても、広瀬による定式化だけでは、充分主義がほかの理論と比べて魅力的かどうかは明らかではない。

四　複数の閾値を設定する充分主義

それでは充分主義の価値論的定式化を踏まえつつも、特定の福利の構想と閾値の非恣意的設定に関して、充分主義者による洗練された取り組みはあるのだろうか。R・ヒューズビーの議論はその代表格である。ヒューズビーは充分主義を、次のように定式化する。

> ある個人が充分な暮らし向きを享受していないなら、そのこと自体悪いことである。充分な水準よりもはるかに低ければ低いほど、より悪い。特にその人の基本的ニーズが充たされていなければ、特に悪い。充分な暮らし向きをしていない人が多ければ多いほど、より悪い。
> (Huseby 2010: 71; 2017: 71)

この定式化は、次の二点に関して応答する必要がある。一つは、充分な暮らし向きをどのように測るのか、もう一つは、充分な暮らしができていない人の間での優先順位の問題である。

まず前者から。ヒューズビーは、充分な暮らし向きの十全な評価のためには、二つの閾値を設定する必要があると説く。一つは基本的ニーズが充たされているかどうか、という「最低位の閾値(the minimal threshold)」である。これは、当人の主観的な評価に関係なく測ることができる客観的指標に基づくものである。しかし、基本的ニーズが充足されているからといって、人々のさらなる分配要求の正当性を排除することができるだろうか。基本的ニーズの充足だけでは、充分な暮らしを送るための十分条件とはならないと考える方が理に適っているだろう。

そこでヒューズビーは、満足のいく暮らし向きを含意する厚生を「最高位の閾値(the maximal threshold)」として設定する。これは当人の主観的な評価にかかわるという点で、主観的指標として厚生を位置づけるものである。実際ヒューズビーは、当人の選好充足を厚生としてカウントすることを提案する。その際、例えば高価な嗜好が原因で、選好充足にかなり多くの資源を費やさなければならないケースも考えられる。ヒューズビーによれば、こうしたケースに対応する方法はある。その一つが、厚生水準の保障を、満足のいく暮らしを送ることができる一定のチャンスを与えることとして位置づける手法である。これにより高価な嗜好をもつ人がいたとしても、大方の人が満足できる水準に閾値が設定される。このように最高位の閾値は、資源制約をふまえて、多くの人が実際に満足できる暮らし向きを保障する閾値となりうる（Huseby 2010: 182）[4]。

この二つの閾値は明らかに、特定の福利の構想に基づいてそれぞれ設定されたものである。基本的ニーズだけでは過小要求になってしまい、満足のいく暮らし向きを含意する主観的厚生だけでは過剰要求になってしまう。ヒューズビーによる二つの閾値を設定する提案は、こうした閾値設定にまつわる困難――過不足のない閾値の非恣意的な設定問題――を回避するためのものである。このようにヒューズビーは、閾値の恣意性は二つの閾値を設定することで克服しうると考える。

それではヒューズビーの構想は、充分な暮らしができていない人々の間での優先順位の問題――より具体的には、閾値未満の暮らし向きを送る人への資源分配問題――についてはどのように応答しうるのだろうか。ヒューズビーは、二重に制約づけられた逆向きの優先主義として充分主義を特徴づける。まず最高位の閾値を超えた厚生については、価値評価を加えない。これが第一の制約である。逆向きの優先主義をとるのは、最高位の閾値から最低位の閾値までの間である。二つの閾値間にみられる厚生の不足分の負の価値を集計的にカウントし、その値を最小化する事態を望ましい事態と評価するのである。ただ、優先主義と決定的に異なるのは、もう一つの制約、すなわち最低位の閾値――基本的ニーズの充足――が何より優先される点である。なぜなら最低位の閾値を充たすことは、道徳的に喫緊だからだ（Huseby 2010: 184–185; 2017: 73–74）。

ヒューズビーによれば、以上から、充分主義は分配構想にふさわしい特徴を兼ね備えた立場として構成される。その試金石となるのは、充分主義が二つの集計問題に対応できる構想であるのかどうか、である。一つは、「負の集計問題（negative aggregation）」である。負の集計問題とは、T・スキャンロンが提起したケース、すなわち、テレビ局の技術者であるジョーンズのケースを発端とする集計問題である。

ジョーンズはテレビ局の送信機材が置かれている部屋で事故に遭った。電気機材が彼の腕に落ちてしまい、一五分間は送信機を切らずには彼を助けることができない。ワールドカップの試合が続いていて、大勢の人がそれを観戦しており、一時間経たないと終わらない。ジョーンズのけが自体は救出を待ったところでそれ以上悪くはならないが、彼の手は砕け散り、激しい痛みを伴う電気ショックを受け続ける。私たちは彼をいますぐに救うべきか、それとも試合が終わるまで待つべきだろうか。（Scanlon 1998: 235）

ワールドカップの視聴者が大勢いることを踏まえると、総量功利主義はもちろんのこと、優先主義も後者の方が正しいとする判定を下す可能性が高い。それは、多くの人にとって直観に反するものだと思われる。私たちはジョーンズをいますぐに救うべきだと、少なくとも正義の観点からは主張するのではないか。充分主義ならば、この直観をすくい取ることができる（Huseby 2017: 76–77）。

ところが、充分主義には「正の集計問題（positive aggregation）」が待ち構えている。例えば、橋や道路をつくるときには事故がつきものである。この点を踏まえると充分主義は、作業員のけがや事故死のリスクを踏まえて、橋や道路の建設にゴーサインを出さないのではないか――橋や道路の建設によって交通の便が改善することで、大勢の人が、それも世代をまたいで利益を享受しうるのに、である（Huseby 2017: 77）。

この問題に対しヒューズビーは、現在世代の少数の（事故等による）不充分な暮らし向きと将来世代の大勢のそれとの比較評価という観点を強調する（Huseby 2017: 80）。もし橋や道路が建設されなければ、将来にわたって大勢の人が不充分な暮らし向きに直面する。山間部であれば、それこそ日々の暮らしにも困る状況に陥ってしまう。それゆえヒューズビーの充分主義は、二つの閾値に基づいて、すなわち、できるかぎり多くの人の基本的ニーズの充足と、満足のいく生活を送ることができる厚生に至るまでの不足分を負の価値として集計的にカウントするという観点から、橋や道路の建設にゴーサインを出す。

このようにヒューズビーは、二つの集計問題に対応しうる充分主義を優れた分配構想として評価する。それではヒューズビーが定式化・特定化する充分主義は、人口倫理の問題にも対応しうる構想だろうか。管見のかぎりそれは疑わしい。なぜなら、ヒューズビーによる将来世代の利益を組み込んだ正の集計問題への対応には、直観適合的とは言いがたい含意があるからだ。基本的にヒューズビーの議論は、閾値未満の人間の数を将来世代も含めて最小化していく原理を織り込むものである。それゆえそれは、分配的考慮に関する正義の部分的侵害――それが現在世代でのみ「できること」なので、現在世代における分配的正義の部分的侵害――を許容する議論でもある。しかし私たちに続く将来世代の全世代において、最低位の閾値を下回る人をゼロにできるが、現在世代では最低位の閾値未満の人を相当数出してしまう政策と、将来世代も現在世代もともにごく少数の最低位の閾値未満の人が出てきてしまう政策のどちらが望ましいかについては、前者の方が後者よりも望ましいとは言い切れないだろう。ところが、将来世代を織り込んで正の集計問題に対応することを謳うヒューズビーの構想に従えば、前者の方が後者よりも望ましい政策になる。これは、将来世代の不充分な暮らし向きの人の厚生の（可能的）改善を、（正の集計問題への対応のために）正の評価を与えるものとみなすがゆえに起こることである。

このヒューズビーの議論の陥穽は、先にみた、現在世代の犠牲の悪さが、その犠牲によってもたらされる将来世代の利益をカウントすることで相殺されてしまうという人口倫理学上の問題とパラレルに捉えられる。言い換えれば、ヒューズビーの構想は、将来世代の充たされた生を評価対象に入れてしまうことで、私たちの直観に適う政策選好を導けなくなってしまったのである。以上から、ヒューズビーの充分主義を、人口倫理学上の問題を克服しうる構想として評価することは困難である。

結語

本章では、充分主義の三つの構想（定式化）が、私たちにとって説得的な構想であるのかどうかについて、主に人口倫理学的観点から批判的に検討した。その三つの構想（定式化）とも、私たちにとって受容しえない構想となっていることが明らかになった。もっとも、三つの構想が、人口倫理学的観点から対応が求められる結論や問題に現状において対応しきれていないことをもって、充分主義が放棄されるべき理論であるとは言えない。むしろ、人口倫理学上の問題点を克服しうる（充分主義を含めた）正義の諸理論の探究は、これからも継続的に行われてしかるべきである。私たちは理論Xの追究をあきらめるべきではない。

注

〈1〉もっとも人格影響的アプローチには狭義と広義のヴァージョンがありうる。狭義のヴァージョンは、ある事態が別の事態よりも誰にとっても善くないならば、前者が後者よりも善いとは言えない、というものだ。しかし、狭義の人格影響的アプローチは、事態間で重ならない集団の生（福利）の価値を完全に無視してしまう。いわゆる「非同一性問題（the non-identity problem）」である（Parfit 1984: ch. 16／第一六章）。そこで狭義のヴァージョンに代えて提出されるのは、反事実的要素を加味した広義のヴァージョンである。すなわち、事態S_1が成立したとしても、S_1が事態S_2よりも誰にとっても善くないし、S_2が成立したとしても、S_2がS_1よりも誰にとっても悪くないならば、S_1がS_2よりも善いとは言えない。この広義のヴァージョンは、その反事実的要素（右記傍点部分）のおかげで、非同一性問題に悩まされることはない（Temkin 1993: 255–256; 2000: 137–138; Holtug 2010: 156–162, 181–192）。以下でみる優先主義がこの広義のヴァージョンをとりうることについては、Holtug

2010: 213 を参照のこと。

〈2〉もっとも優先主義は、極端に低い福利水準の人がごく少数存在する事態と、それよりはもっと水準は高いが生きるに値するとは言いがたい人が非常に多く存在する事態では、前者の方が後者よりも悪いと判定してしまう。これは「負のいとわしい結論（the negative repugnant conclusion）」と名づけられ、優先主義が直面する課題であると指摘されている（Holtug 2010: 256–258）。

〈3〉加えて、充分主義者が自律に本当に価値を置くべきかについては、疑問が投げかけられている。飢餓状態の者が飢餓で苦しんでいることを、自律の価値の欠損として捉えるのははたして理に適った見方だろうか。また、自律に内在的価値があるにしても、充分主義の分配パターンを独自に支えるとする見立てには疑問が残る（Segall 2016b: 144）。さらに、自律を基礎とするシフト・テーゼに依拠すると、重度の障碍を抱えた自律を実践しようがない人々は、充分主義的分配の対象にすらなりえないことになりかねない。

〈4〉この最高位の閾値の設定は、社会ごとに満足できる水準が全般的に違うことや、相対的剥奪に対しても効力を発揮する。実際、みなが恵まれた生活を送っているなかで、一人だけそこそこの暮らしを送っている者になにがしかの優先的配慮をするといった相対的剥奪への対応は、ヒューズビーの議論においても可能である。なぜなら最高位の閾値は、主観的指標に基づくものだからだ（Huseby 2010: 183–184）。

本章は、ＪＳＰＳ科研費 15K02022 および 18H00602 による研究成果の一部である。

第Ⅱ部

人口規模の問題

第3章　人口問題と功利主義
――最適人口規模と世代間評価への拡張

釜賀　浩平

はじめに

J・ベンサム（Bentham 1789）の古典的功利主義は、社会状態の優劣を効用総和の大小で評価する。よって、人々が同じ正の効用を得ている状況を想定すると、ヨコ辺を人口としタテ辺を効用値とした四角形の面積によって社会状態の優劣を評価する。こうした特性をもつ古典的功利主義は、人口規模の異なる社会状態の優劣を評価するとき、大きな問題を引き起こす。それはD・パーフィット（Parfit 1984）が指摘した「いとわしい結論（repugnant conclusion）」を導いてしまう問題であり、古典的功利主義は少数の人々が高い効用水準で生存する状態よりも、非常に多数の人々がかろうじて生きるに値する生活のもとで非常に低い効用を得ている状態を望ましいと評価してしまう。これは、四角形の面積計算ではヨコとタテの区別が意味をなさないために生じる問題と言える。

パーフィットが指摘した古典的功利主義の問題を克服すべく、さまざまな別の功利主義的評価方法が提案されており、それらは主に厚生経済学の一分野である社会的選択理論でなされてきた。本章では、これまでに提案された功利主義的評価方法のなかでも、「臨界水準による功利主義（critical-level utilitarianism）」、「減衰換算人口による功利主義（number-dampened utilitarianism）」、および、「ランク割引による功利主義（rank-discounted utilitarianism）」を取り上げる。いずれの評価方法も、四角形の面積計算になぞらえると、ヨコとタテを区別し、いずれかの辺の長さを調整している。それら三つの評価方法の違いについて、「いとわしい結論」の回避のほかにも人口倫理学で議論されてきた評価方法に関するいくつかの性質を用いて確認するとともに、三つの評価方法が指し示す最適人口規模について、P・ダスグプタ（Dasgupta 1988; 2001: ch. 14）が用いた「創世記問題（genesis problem）」と呼ばれる枠組みを用いて解説する。

「いとわしい結論」を回避する功利主義的評価方法の提案がなされてきた枠組みは、人口規模が異なりうる効用ベクトルの優劣評価を分析するものである。この枠組みで定式化された三つの功利主義的評価方法は、人口規模が無限の場合にはそのまま用いることはできない。無限に大きな人口という想定は、ある一時点の社会状態の優劣を評価する場合には必要とされない想定とも言えるが、現在から無限先まで続く将来世代を考え、各世代の人口規模を考慮した社会状態（の経路）の評価を行うためには、必要となる想定である。本章では、臨界水準による功利主義を無限視野の枠組みで拡張した、臨界水準による追い越し基準（critical-level overtaking criterion）も紹介し、人口規模を考慮した社会状態の評価方法が、いかにして世代間問題に適用可能な評価方法に拡張できるのか説明する。特に、ある一世代（例えば、現在世代）に適用される世代内の人口倫理が、世代間の人口倫理のあり方にいかなる制約を課すのか説明する。

一　功利主義的な人口問題の評価方法

分析の枠組み

本節では、人口規模が異なりうる効用配分に対する功利主義的評価方法として、臨界水準による功利主義、減衰換算人口による功利主義、および、ランク割引による功利主義を紹介する。また、これらの評価方法の違いを、人口倫理学で議論されてきたいくつかの性質を用いて説明する。

まず、人口規模が異なりうる効用配分の優劣評価を分析する枠組みについて、必要最小限で準備をする。人口規模を n で表し、一以上の任意の整数をとるものとする。優劣を評価する対象は、あらゆる人口規模 n で考えうる効用ベクトルであり、効用ベクトルは u や v で表す。任意の人口規模 n について、効用ベクトルは n 次元の実数ベクトルとする。ただし、以下で紹介する評価方法は、人口規模と各個人の効用の値のみを用いて評価を行い、生存する個人が誰であるかは一切考慮しないものである。よって、優劣評価の対象となる各効用ベクトルは、生存している者が得る効用値を昇順にリストしたものと予め設定する。したがって、効用ベクトルの第 r 成分には、効用値のランクで r 番目に小さい値が記されている。こうした枠組みを考えることは、パーフィット（Parfit 1984）が提起した人格の非同一性問題をまったく考慮しないことを意味する。効用値の解釈は、人口倫理学の慣例にならい、効用値0を中立的水準の効用値とし、正の効用を得ることが生きるに値する生活を送ることを意味するものとする。[1] 効用ベクトル u と v の間での優劣の表現には、「u は v より厳密に望ましい」および「u と v は同程度に望ましい」という表現を基本的に用い、これらのいずれかが成り立つことを「u は v より少なくとも同程度に望ましい」と表現する。

臨界水準による功利主義

臨界水準による功利主義は、C・ブラッコビー＝D・ドナルドソン（Blackorby & Donaldson 1984）により提案された評価方法で、各効用値を単調増加関数 g で変換し、そこから臨界水準効用と呼ばれる非負の値 α を g で変換したものを引いた値の総和を計算し、その総和の大小で効用ベクトルの優劣を評価する。つまり、人口数 n の効用ベクトル u に対して、以下の総和を計算する。

$$\sum_{r=1}^{n}(g(u_r)-g(\alpha))$$

臨界水準効用 α は、望ましいと考えられる生活水準の下限に対応する効用値と解釈でき、臨界水準による功利主義の評価では、効用水準 α の個人が追加された状況は、追加前の状況と同程度に望ましいと評価される。関数 g を恒等変換（すなわち、$g(x)=x$）と単純化すれば、臨界水準による功利主義は、臨界水準効用以上の効用は社会的に正の価値をもち、臨界水準効用未満の効用は負の価値をもつとして総和を計算することで、古典的功利主義を修正したものと理解できる。前節の四角形の面積計算になぞらえると、効用を測るタテ辺の長さを臨界水準効用で減らし、符号付きの面積を計算するのだ。関数 g を恒等変換とし、臨界水準効用 α を0と設定すると、臨界水準による功利主義は古典的功利主義を表す。また、g を凹関数と設定すれば、臨界水準による功利主義は効用配分に関する不平等回避を表現できる。表３－１に示される人口一〇人で各個人が効用1.5を得ている効用ベクトル u と、人口一〇〇人で各個人が効用0.2を得ている効用ベクトル v を用いて、g が恒等変換で α を1と設定した場合の臨界水準による功利主義の評価方法を確認すると、各効用値から臨界水準効用1を引いた値の総和は、u では5で v では−80なので、u は v より厳密に望ましいと評価される。一方で、古典的功利主義は v を u より厳密に望ましいと

表３－１

ランク r	1	…	10	…	100
u	1.5	…	1.5		
v	0.2	…	0.2	…	0.2

評価する。

ここで確認した表３－１の効用ベクトルに対する評価は、αを正とした臨界水準による功利主義が、パーフィット（Parfit 1984）が古典的功利主義に対して指摘した「いとわしい結論」を回避することの例示である。効用ベクトルの優劣評価方法がいとわしい結論を導くとは、人口数nを任意のものとし、n人それぞれが任意の正の効用ξを得ている効用ベクトル$(\xi,\dots,\xi)$を考え、別の効用ベクトルとしてξより低い任意の正の効用εを各個人が得ている状況$(\varepsilon,\dots,\varepsilon)$を想定した場合、後者の人口規模を$n$より大きいある$m$人としたときに、前者よりも後者を厳密に望ましいと評価してしまうことと定義される。また、優劣評価方法がいとわしい結論を回避するとは、優劣評価方法がいとわしい結論を導くことの否定によって定義される。表３－１の例に限らず、αを正とした臨界水準による功利主義はいとわしい結論を回避できる（Blackorby & Donaldson 1984）。

減衰換算人口による功利主義

臨界水準による功利主義への代替案として、黄有光（Ng 1986）は減衰換算人口による功利主義を提案している。これは、古典的功利主義と平均功利主義の折衷案であり、人口数を変換した数を平均効用に掛けることで総和を計算し、その総和の大小で効用ベクトルの優劣を評価する。ここでは、ブラッコビー＝W・ボッサール＝ドナルドソン（Blackorby, Bossert & Donaldson 2005）による単調増加関数gによる効用値変換の導入と、G・アスハイム＝S・ズュベール（Asheim & Zuber 2014）による非負の臨界水準パラメータαの導入を施した形式で定義を与える。減衰換算人口による功利主義は、人口数nの効用ベクトルuに対して、以下の総和を計算する（ただし、f は正の実数値をとる関数とする）。

$$\frac{f(n)}{n}\sum_{r=1}^{n}\left(g(u_r)-g(\alpha)\right)$$

黄が提案した形式は、g が恒等変換で臨界水準パラメータ α が0の形式である。黄の減衰換算人口による功利主義は、平均効用に人口数そのものを掛けるのではなく、関数 f で変換した人口数を掛けて総和を計算することで、古典的功利主義を修正したものと理解できる。四角形の面積計算になぞらえると、人口を測るヨコ辺の長さを関数 f を用いて調整して面積を計算するのだ。臨界水準パラメータ α は、望ましいと考えられる生活水準の下限に対応する効用値と解釈できるものの、評価方法の定義からして、臨界水準による功利主義のように、効用水準 α の個人が追加された状況が追加前の状況と同程度に望ましいと評価されることを必ずしも意味しない点に注意が必要である。

減衰換算人口による功利主義で用いる関数 f には、いくつかの関数が考えられている。G・アレニウスは黄の議論を検討する際に以下の関数 f を用いている（Arrhenius 2000）[2]。

$$f(n)=\sum_{i=1}^{n}\beta^{i-1}=\frac{(1-\beta^{n})}{1-\beta},\quad 0<\beta<1$$

β が0.5の場合、この関数は人口 $n=1$ を1に、$n=2$ を1.5に変換し、人口 n が大きくなると変換後の人数は2に収束する。また、この関数は β を1に収束させたときの値が n で、0に収束させたときの値が1であり、この関数を用いる減衰換算人口による功利主義は、β が1および0の両極のケースで臨界水準による功利主義（および、

表3−2

ランク r	1	2	…	9
u	0.1	0.2	…	0.9
v	−1	−1		

その特殊ケースである古典的功利主義）と（関数 g を用いた形式での）平均功利主義を近似できる広いクラスの評価方法である。また、g を凹関数と設定すれば不平等回避を表現する。

表3−2に示される人口9人で各個人の効用が最も不遇な0.1から0.1ずつ増えている効用ベクトル u と、人口2人で各個人が−1の効用を得ているベクトル v を用いて、g が恒等変換で臨界水準パラメータ α を0とし、アレニウスの関数 f を設定した場合の減衰換算人口による功利主義の評価方法を確認すると、u の平均効用は正であり、v の平均効用は負のため、いかなる β の場合であっても u を v より厳密に望ましいと評価する。これは、g が恒等変換で臨界水準パラメータ α を0とした減衰換算人口による功利主義が、アレニウス（Arrhenius 2000; forthcoming）が論じた「非常に嗜虐的な結論（very sadistic conclusion）」を回避することの例証である。[3] 効用ベクトルの優劣評価方法が非常に嗜虐的な結論を導くとは、各個人が負の効用を得ている任意の効用ベクトル v について、各個人が正の効用を得ているある効用ベクトル u を考えると、v は u より厳密に望ましいと評価してしまうことと定義される。また、優劣評価方法が非常に嗜虐的な結論を回避するとは、優劣評価方法が非常に嗜虐的な結論を導くことの否定によって定義される。臨界水準パラメータを用いない形式の減衰換算人口による功利主義は、g を恒等変換に限ることなく非常に嗜虐的な結論を回避し、関数 f が上に有界ならばいとわしい結論も回避することが知られている（Blackorby, Bossert & Donaldson 2005）。

ランク割引による功利主義

ランク割引による功利主義は、アスハイム＝ズュベール（Asheim & Zuber 2014）によって提案された評価方法である。その特徴は、不平等測度の考え方に基づいて、割引因子βを用いてより高いランクの効用をより大きく割り引くところにある。アスハイム＝ズュベールは、非負の臨界水準パラメータαと効用値の単調増加変換gを用いて定義を与えており、人口数nの効用ベクトルuに対して以下の総和を計算し、総和の大小で効用ベクトルの優劣を評価する。

$$\sum_{r=1}^{n}\beta^{r}(g(u_r)-g(\alpha)),\quad 0<\beta<1$$

関数gを恒等変換とし、臨界水準パラメータαを0と単純化すれば、ランク割引による功利主義は、より恵まれた者の効用をより大きく割り引いて総和を計算することで、古典的功利主義を修正したものと理解できる。四角形の面積計算になぞらえると、効用を測るタテ辺の長さを割引因子を用いて階段状に下げ、階段状の多角形の面積を計算するのだ。ランク割引による功利主義は、割引因子βを1に収束させたときに臨界水準による功利主義を近似する。また、ここでは定義の説明を割愛するが、割引因子βを0に収束させると、アレニウス（Arrhenius forthcoming）が提案する臨界水準によるレキシミン原理（critical-level leximin principle）を近似する（Asheim & Zuber 2014: Proposition 2）[4]。ランク割引による功利主義は、割引因子の極限のケースとして臨界水準による功利主義を近似できる、減衰換算人口による功利主義とは異なる広いクラスの評価方法である。

ランク割引による功利主義は、二つの方法で効用配分の不平等回避を表現する。一つは、ほかの評価方法と同様に、gを凹関数と設定することである。もう一つは、割引因子βによるランクに基づいた効用値の割引である。これら二つの不平等回避の表現方法の違いは重要である。効用変換gによる不平等回避は、効用ベクトルの人口数nとは無関係な操作である。一方で、割引因子βによる不平等回避は、βの累乗が人口数nに依存するため、人口数nを考慮した操作である。割引因子βによる不平等回避が人口数nと結びついているところに、ランク割引による功利主義とほかの二つの功利主義的評価方法との大きな違いがある。

表3－3の効用ベクトルuとvを用いてランク割引による功利主義の評価方法を確認する。uとvの違いは、vでは負の効用を得ている個人が追加されている点のみである。単純化のためにgを恒等変換とし臨界水準パラメータαを1と設定した場合の評価を考える。臨界水準パラメータを引いた後の効用配分は、uでは小さい方から順に−3と1になり、vでは−3、−2、および1となる。よって、どんな割引因子βを用いたとしても、計算される総和はvの方が小さいことがわかる。なぜなら、vでは−2にβの二乗を掛けたもの（負値）と、1にβの三乗を掛けたものを使って総和を計算するからだ。したがって、ランク割引による功利主義はuをvより厳密に望ましいと評価する。

表3－3

ランクr	1	2	3
u	−2	2	
v	−2	−1	2

表3－3のuとvに対する評価は、ランク割引による功利主義がアレニウス（Arrhenius 2000）により提示された「負の単純追加原理（negative mere addition principle）」を満たすことの例示である。[5] 負の単純追加原理は、パーフィット（Parfit 1984）が議論した「単純追加原理（mere addition principle）」を負の効用を得る個人の追加で再定式化したものであり、効用ベクトルの優劣評価方法が負の単純追加原理を満たすとは、任意の効用ベクトルuと、任意の負の効用を得る個人がuに一人加わったベクトルvについて、uをvより厳密に望ましいと評価することと定義される。

ここで、表3－1と3－2の効用ベクトルを用いて、gを恒等変換とし臨界水準パラメータαを1と設定したランク割引による功利主義が、いとわしい結論と非常に嗜虐的な結論のどちらも回避することを確認しておく。表3－1のuとvでは、いかなる割引因子βを用いる場合でも、計算される総和がuでは正となりvでは（どんな人口規模でも）負となることがわかる。また、表3－2のuとvでは、簡単化のためにβを0.1としたケースで確認すると、計算される総和はuでは−0.1以上でvでは−0.2以下となることがわかる。一般に、任意の単調増加変換g、任意の非負の臨界水準パラメータα、および、任意の割引因子βについて、それらで定義されるランク割引による功利主義は、負の単純追加原理を満たし、かつ、いとわしい結論と非常に嗜虐的な結論のどちらも回避することが明らかにされている（Asheim & Zuber 2014）。

その一方で、任意の単調増加変換gおよび任意の正の臨界水準効用αについて、それらで定義される臨界水準による功利主義は、いとわしい結論を回避し、負の単純追加原理を満たすものの、非常に嗜虐的な結論を導くことが明らかにされている（Blackorby, Bossert & Donaldson 2004: 2005）。また、任意の単調増加変換g、任意の正の実数値関数f、および、任意の非負の臨界水準パラメータαについて、それらで定義される減衰換算人口による功利主義は、負の単純追加原理を満たすことと、いとわしい結論および非常に嗜虐的な結論の回避を同時に実現できないことが明らかにされている（Asheim & Zuber 2014）。

二　創世記問題で考える最適人口規模

創世記問題の枠組み

前節の三つの功利主義的評価方法それぞれについて、創世記問題と呼ばれる簡単な枠組みを用いて最適人口規模を確認する。創世記問題とは、この世界に人間がまだ誰一人として存在せず、消費に用いる財だけが存在する状況で、何人の人間がこの世界に誕生するべきとされるのかを考える、あたかも世界の創世時を仮想するような思考実験のことである。本節で扱う創世記問題の枠組みは、アスハイム＝ズュベール（Asheim & Zuber 2014）が臨界水準による功利主義とランク割引による功利主義で決まる最適人口規模の分析で用いたものだが、ダスグプタ（Dasgupta 1988; 2001: ch. 14）が古典的功利主義の最適人口規模を考察するときに用いたものを基礎としている。以下では、アスハイム＝ズュベールの分析を簡単に説明し、具体的なパラメータ設定を用いて最適人口規模の変化を図示する。また、減衰換算人口による功利主義の最適人口規模も簡単に指摘する。さらに、ダスグプタによる古典的功利主義の最適人口規模の分析も再現する。

まず、創世記問題の枠組みの設定から始める。一種類の財だけが存在する状況を考え、そのストックの量をKで表し、財の生産は考えない。潜在的に生存しうる人々はこの財をx単位消費したときに以下の効用関数Uで表す効用を得るとする。

$$U(x) = x - s$$

ここで、パラメータsは正の実数とし、中立的水準の効用を得るのに必要な消費量を表す。よって、生きるに値する生活にはsより多い消費量xが必要である。生存する人の数をnで表し、分析の簡単化のためにnは連続変数として扱う。この枠組みで分析したいことは、前節の三つの功利主義的評価方法で決まる最適人口規模n、および、そのときの各個人の消費量xである。

前節の三つの功利主義的評価方法は、効用の単調増加変換gが使われているが、gは以下の厳密な凹関数とする（ただし、ρは1より大きいとする）。

$$g(u_r) = \frac{(u_r + s)^{1-\rho}}{1-\rho}$$

この単調増加変換で定義した三つの功利主義的評価方法は不平等回避を示す（より大きなρではgの曲線はよりきつく曲がる）。よって、最適な各個人の消費量xは、人口数nの場合にはn人でKを均等分配した量となる。そのときの効用値は人口規模nを変数とする関数とみなせるため、以下の関数uで表すことにする。

$$u(n) = \frac{K}{n} - s$$

こうして、残された問いは、各個人がuで表される効用を得る場合に、三つの功利主義的評価方法が最適とする人口規模nはどれだけかということになる。

功利主義的評価方法と最適人口規模

臨界水準による功利主義では、この問いへの答えは以下の最大化問題の解となる。

$$\max_n \ n(g(u(n)) - g(\alpha))$$

nについて微分し、最大化の一階条件から以下の等式が得られる。

$$\frac{u(n)+s}{s+\alpha} = \rho^{\frac{1}{\rho-1}}$$

この等式の右辺は、ρを1に収束させた極限がネイピア数e（約2.7）であり、ρに関して単調減少で、ρを無限に大きくすると1に収束する。[6] 一方で、左辺の分子は人口規模がnの場合の各個人の財の消費量を意味し、分母は中立的水準の効用を得るのに必要な消費量sと臨界水準効用αの和である。したがって、αを0と設定した場合、無限に大きなρを考えると、各個人の消費量は中立的水準の効用しか得られない消費量に近づく。すなわち、いとわしい結論が導かれる。他方で、ρを1に近づけた場合では、各個人の消費量は中立的水準の効用を得る消費量の約2.7倍となる。図3－1は、Kを80、sを2、αを0および1とした場合の最適人口規模が実線で描かれている。ρが2の場合、最適人口規模はαが0ならば20で、αが1ならば約13である。

ランク割引による功利主義では、最適人口規模は次の最大化問題の解である。[7]

$$\max_n \frac{1-\beta^n}{1-\beta}\left(g(u(n)) - g(\alpha)\right)$$

ここで、最大化の一階条件の記述のために、

$$F(n,\beta) = \frac{\beta^n(-n\ln\beta)}{1-\beta^n}$$

と定義すると、最大化の一階条件から以下の等式が得られる。

$$\frac{u(n)+s}{s+\alpha} = \left(\frac{F(n,\beta)+\rho-1}{F(n,\beta)}\right)^{\frac{1}{\rho-1}}$$

この等式の右辺は、臨界水準による功利主義の場合の一階条件として先に見た等式の右辺より値が大きいことを確認できる（Asheim & Zuber 2014）。よって、左辺の分子の値、すなわち、各個人の消費量は、ランク割引による功利主義の場合の方が臨界水準による功利主義の場合と較べて大きく、その裏返しとして、最適人口規模は小さくなる。図３－１では、Kを80、sを2、βを0.5とし、αを0および1とした場合の最適人口規模が破線で描かれている。ρが2の場合、最適人口規模はαが0ならば約4.7で、αが1ならば約4.1である。

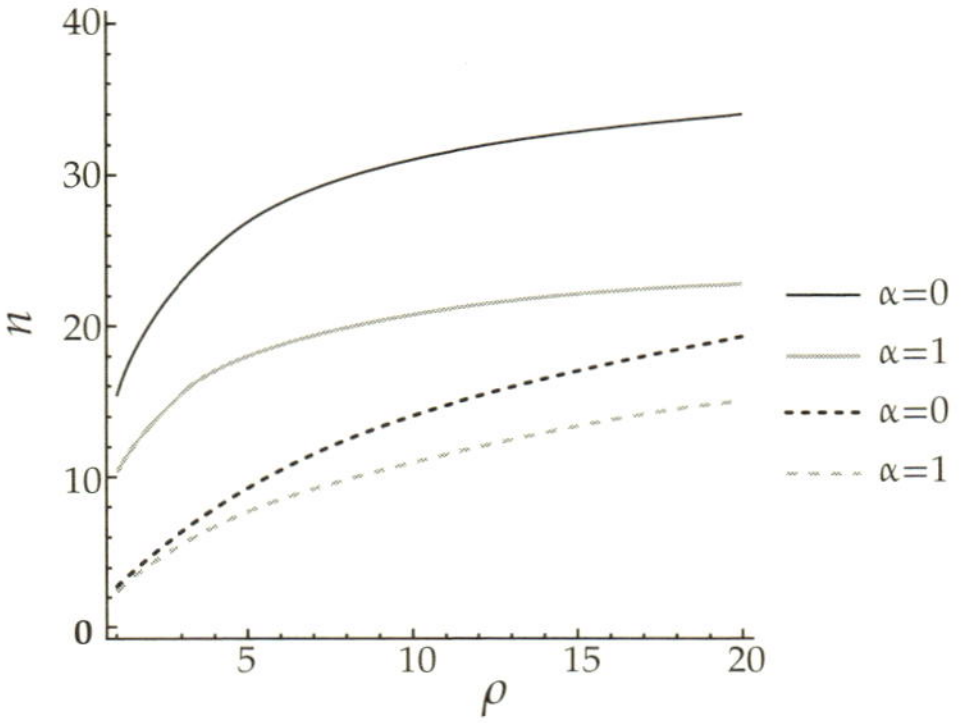

図３－１

最後に、減衰換算人口による功利主義を用いて最適人口規模を考えよう。ここでは、人口数を変換する関数fとして、前節で示したアレニウスによるものを用いる。すると、減衰換算人口による功利主義を用いた創世記問題は、以下の最大化問題となる。

$$\max_n \frac{1-\beta^n}{1-\beta}\left(g(u(n))-g(\alpha)\right)$$

これはランク割引による功利主義の場合と同じ最大化問題である。よって、最適人口規模および各個人の消費量は、ランク割引による功利主義の場合と一致する。この結果は、平等な効用配分に対する評価の仕方が、二つの評価方法で一致するために生じたものである。

ダスグプタによる古典的功利主義の分析

ダスグプタは古典的功利主義による最適人口規模を分析しているが（Dasgupta 1988; 2001: ch. 14）、その枠組みはアスハイム＝ズュベールの枠組みとは表面上は異なるものの、枠組みの見方を変えることによりダスグプタの分析を再現できる。生存する個人が消費 x から得る効用が、これまでに用いた効用関数 U と単調増加変換 g との合成関数に正の効用値 B を加えた以下の厳密な凹関数 V で表現されるとするのだ。

$$V(x) = g(U(x)) + B = \frac{x^{1-\rho}}{1-\rho} + B$$

効用関数 V から、中立的水準の効用を得る消費量 $\bar{x}$ は、

$$\bar{x} = ((\rho - 1)B)^{\frac{1}{1-\rho}}$$

である。一方で、V が厳密な凹関数なので、古典的功利主義による各個人の最適消費量は、人口 n による K の均等分配量となり、以下で表せる。

$$x(n) = \frac{K}{n}$$

古典的功利主義を用いた創世記問題は、以下の最大化問題となる。

$$\max_{n} nV(x(n))$$

最大化の一階条件から、以下の等式が得られる。

$$x(n) = \left(\frac{B(\rho - 1)}{\rho}\right)^{\frac{1}{1-\rho}}$$

この消費量と$\bar{x}$との比をとることで、以下の等式を得る。

$$\frac{x(n)}{\bar{x}} = \rho^{\frac{1}{\rho-1}}$$

この等式の右辺は、先に見た臨界水準による功利主義の場合の一階条件から得た等式の右辺と同じである。よって、効用関数Vを用いた古典的功利主義による創世記問題では、ρを1に近づけた場合、各個人の消費量は中立的水準の効用を得る消費量の約2.7倍となり、ρを無限に大きくすると1倍に収束し、いとわしい結論が導かれる。これがダスグプタによる古典的功利主義を用いた創世記問題分析の概要である。

三　功利主義的評価方法の世代間拡張

前節までで見た功利主義的評価方法は、無限先まで続く世代間効用配分の評価には、和の発散などによりそのまま用いることができない。本節では、臨界水準による功利主義の無限視野拡張である、臨界水準による追い越し基準を取り上げ、世代内倫理の世代間拡張について考えたい。本節で優劣評価の対象と考えるのは、効用ベクトル流列uであり、これは各第t世代の効用配分u^tを第1世代から無限先の将来世代まで並べたものである。各世代の効用配分u^tは前節までと同様の効用ベクトルである。

臨界水準による追い越し基準は、釜賀（Kamaga 2016）によって提示された効用ベクトル流列の評価方法であり、各世代内の効用配分を臨界水準による功利主義で総和計算し、その総和の累積和を第1世代から後続の各第T世代まで以下のように計算する（n_tは第t世代の人口規模である）。

$$\sum_{t=1}^{T}\sum_{i=1}^{n_t}(g(u_i^t)-g(\alpha))$$

そして、ある世代$\bar{T}$以降のすべての世代Tで、uの累積和がvの累積和を上回るならば、uはvより厳密に望ましいと評価し、ある世代$\bar{T}$以降のすべての世代Tで、uの累積和とvの累積和が等しければ、uとvは同程度に望ましいと評価する。表3－4の効用ベクトル流列uとvを用いて、この評価方法を確認する。表では、各列が各世代の効用ベクトルを表している。簡単化のために、gを恒等変換としαを2と設定すると、αを引いた効用の累積和は、第1世代および第2世代まではuもvも0である。しかし、第3世代までとると、uは1でvは0

であり、αを引いた効用の累積和に関してuがvを追い越す。さらに第4世代まで考えても、uは3でvは0なので、uがvを追い越している。こうした追い越しがある世代$\bar{T}$以降で続く場合に（例えば、世代3）、臨界水準による追い越し基準はuをvよりも厳密に望ましいと評価する。

表3－4

u＼世代 t	1	2	3	4	…
1	2	1	2	2	
2		3	3	4	…
3					
v＼世代 t	1	2	3	4	…
1	2	2	1	1	
2		2	2	1	…
3			3	4	

臨界水準による追い越し基準は、各世代Tまでに生存する個人を一つの集団とみなし、その集団の効用配分を臨界水準による功利主義で総和計算し、総和の追い越しで世代間効用配分の優劣を評価していることがわかる。つまり、臨界水準による功利主義の世代内適用が世代間にも拡張されている。以下では、こうした世代内倫理の世代間への拡張が生じる鍵はどこにあるのか見ていく。

鍵となるのは「生存独立性（existence independence）」と呼ばれる評価方法の性質である。これがどのような性質か理解するために、表3－5の効用ベクトル流列を考えよう。流列uとvは、四角で囲われた効用水準の個人は存在していない状況であるとし、第4世代以降の各世代では同数の人に同じ効用配分が生じているとする。このとき、gを恒等変換とし、αを1とした臨界水準による追い越し基準は、第3世代からuの累積和がvを追い越すので、uはvより厳密に望ましいと評価する。次に、四角で囲われた効用水準の個人がuとvの各世代に加わった状況を考え、それらの流列を$\bar{u}$と$\bar{v}$で表すことにする。このとき、臨界水準による追い越し基準の評価方法は、こうした個人の追加に影響を受けず、第3世代から$\bar{u}$の累積和が$\bar{v}$を追い越

表3−5

u＼世代 t	1	2	3	4	…
1	1	3	3	3	
2	2	$\boxed{4}$	3	$\boxed{4}$	…
3	$\boxed{4}$	$\boxed{5}$	$\boxed{3}$		
v＼世代 t	1	2	3	4	…
1	3	2	4	3	
2	$\boxed{4}$	$\boxed{4}$	$\boxed{3}$	$\boxed{4}$	…
3		$\boxed{5}$			

し、$\bar{u}$は$\bar{v}$より厳密に望ましいと評価される。ここでは追加される個人の効用が各世代内でより大きな効用としたが、そうではない場合でも同様の議論が成り立つ。生存独立性とは、評価方法のこうした整合性のことであり、ある世代以降では流列間に違いがない場合には、それらの流列に各世代で共通の個人の追加を考えたときに、追加前の流列に対する優劣評価と追加後の流列に対する優劣評価は同じでなければならないと定義される。

生存独立性それ自体は、世代間で功利主義的な総和計算を適用することを含意しない。しかし、効用ベクトル流列の評価方法が、（一）生存独立性と有限匿名性（世代の不偏的処遇）を満たし、かつ、（二）ある一世代（例えば、第1世代）の世代内効用配分には臨界水準による功利主義を適用するならば、その評価方法はある世代T以降で人口規模と効用配分が一致している流列間の優劣を、Tより前の全世代を一つの集団とみなして臨界水準による功利主義を適用して評価するものとならざるを得ず、さらに、（三）功利主義とは無関係な補助的な整合性の条件も満たすならば、その評価方法は臨界水準による追い越し基準によって効用ベクトル流列を評価するものとならざるをえないことが証明されている（詳細はKamaga 2016を参照されたい）。すなわち、いくつかの整合性を満たし、かつ、ある一世代には臨界水準による功利主義を世代内人口倫理として適用する優劣評価を行うならば、私たちは臨界水準による功利主義を世代間人口倫理として拡張して適用するほかはないのである。

おわりに

古典的功利主義は単純な効用総和による評価方法のため、人口規模が異なりうる社会状態の優劣を評価する際には、生活の質である効用値と人口規模の違いが総和の計算上は失われ、「いとわしい結論」を導く。しかし、本章で見てきたように、古典的功利主義の代替となる様々な功利主義的評価方法が提案され、いずれも「いとわしい結論」をいかに回避するかという課題に解決策を与えている。一方で、その解決方法はそれぞれで異なり、それにより、人口倫理学で議論されてきた「いとわしい結論」の回避以外の様々な要請に対する答えは異なる。さらに、創世記問題で簡単に確認したように、いずれの功利主義的評価方法も異なる最適人口規模を指し示しうる。では、本章で取り上げた三つの功利主義的評価方法のどれを古典的功利主義の代替として用いるべきなのか。この問いに、それらが満たす人口倫理に関する性質として現段階で明らかにされている知見から答えるならば、ランク割引による功利主義となるであろう。実際、ランク割引による功利主義は第二節で見た性質のほかにも、人口倫理学で議論されている多くの望ましい性質を満たすことが知られている（Asheim & Zuber 2014）。

本章では、古典的功利主義の代替として提案された臨界水準による功利主義について、その世代間拡張である臨界水準による追い越し基準も取り上げ、世代内で採用する人口倫理が世代間の人口倫理のあり方に強い制約を課しうること、すなわち、世代間効用配分について生存独立性（および有限匿名性）を満たす評価を行うかぎりは、ある一つの世代の状況（例えば、現在世代）を臨界水準による功利主義で評価するならば、必然的にそれを世代間にも拡張して適用しなければならないことも確認した。これは臨界水準による功利主義の世代間拡張を通じて確認したものであり、本章で紹介した古典的功利主義を代替するほかの功利主義的評価方法、すなわち、減衰換算人口による功利主義とランク割引による功利主義について、それらをある一つの世代に適用する世代内人口倫理と定めたときに、論理的に許される世代間人口倫理の形式にどういった制約を課すのかという点は、まだ明らかとはなっていない。また、世代間に拡張されたそれぞれの功利主義的評価方法について、無限視野の動学的経済モデルに応用した場合の最適人口規模の経路を分析することも、今後取り組まれるべき課題として残されている。

注

〈1〉効用の中立的水準と正規化に関する議論は Broome 1993 を参照されたい。

〈2〉この関数は Blackorby, Bossert & Donaldson 1997 でも議論されている。他の関数については、Blackorby, Bossert & Donaldson 2005 を参照されたい。

〈3〉非常に嗜虐的な結論は、Arrhenius 2000 では strong sadistic conclusion と呼ばれている。

〈4〉アレニウスの臨界水準によるレキシミン原理とは異なる形の臨界水準によるレキシミン原理が Blackorby, Bossert & Donaldson 1996 で定式化されている。

〈5〉負の単純追加原理は、Blackorby, Bossert & Donaldson 2005 では negative expansion principle と呼ばれている。

〈6〉これらの極限は、右辺の同値な表現として、右辺の自然対数をとり、その値でネイピア数 e を冪乗したものを考え、ロピタルの定理を用いて確認できる。

〈7〉均等分配時に各個人の効用が同一であることから、割引因子 β による等比級数の最大化を考えることとなり、この最大化問題は級数を β で割ったものの最大化問題と同じ問題とみなせるからである。

第4章　人口抑制の道徳的是非

松元雅和

国連総会決議で「世界人口年」に定められた一九七四年、政府間会議としては初となる世界人口会議がルーマニアのブカレストで開催された。会議では、幾余の修正を経て、人口増加の抑制をめざした「世界人口行動計画」が採択された。ただし同時に浮き彫りになったのは、人口増加を憂慮し、それを抑制しようとする先進国と、南北格差を放置したまま拙速な人口政策をとることに反対し、「開発は最良の避妊薬」と主張する途上国の間の意見のズレであった。両者の足並みを揃える努力は、次回の国際人口会議（一九八四年）にまでもち越される課題となった。

前章で見たように、世界人口に何らかの最適点があるとすれば、それはどの程度か、その根拠は何かという問いは、哲学的にも実証的にも一筋縄ではいかない難問である。ここでは議論を先に進めて、何らかの最適人口が決定されたとしてみよう。次の問題は、それをどのように実現するかである。かりに現状あるいは将来の人口がその最適人口を超過しているとすれば、最適点に近づけるための何らかの人口政策が必要となる。しかしながらこれは、人口管理というマクロな課題と家族計画というミクロな課題が交差する領域であり、独特な道徳的論点をはらんでいる。

人口抑制策は、戦後にインドやシンガポールなど、複数の国で試みられてきた。とりわけよく知られた政策事例は、中国で一九七九年に導入されたいわゆる「一人っ子政策」である。現在は少子高齢化に頭を悩ませている日本でも、実は、オイルショック後の人口・資源問題に対する危機感から、人口抑制を奨励していた時期がある。前述の世界人口会議と同年に刊行された人口白書『日本人口の動向』には、「静止人口をめざして」との副題が付され、出生抑制に努力するとの提言が盛り込まれていた（人口問題審議会　一九七四、四四）。

本章では、人口正義論の一端として、人口抑制の道徳的是非について論じる。二〇一五年に中国で一人っ子政策が改廃されたように、今になってこのテーマに取り組むのは、ともすれば時代錯誤的に見えるかもしれない。しかし、世界的人口爆発の状況が現在も陰りを見せていない現在、ありうる正義論的論点の一つとして、今一度このテーマに取り組む必要性は依然として残されていると思われる。実際、夫婦一組当たりの子ども数を制限することの道徳的是非は、今日家族論の文脈でも改めて議論の焦点となっている（Conly 2016; Overall 2012: ch. 9）。

本論に入る前に、本章の前提に関して一言。本章では、第一に何らかの方法で何らかの最適人口が決定されうること、第二に現在あるいは将来の予測しうる人口規模がこの最適人口を超過していることを仮定する。もし第一の仮定がなければ人口抑制策はそもそもの目標を失ってしまうであろうし、もし第二の仮定がなければ人口抑制策のそもそもの必要性がなくなるであろう。加えて、一口に過剰人口問題といっても、国や地域によって、直面している内実はまったく異なる。本章ではさしあたり、問題を世界的規模で捉えることとし、国境を隔てた内実の違いについては最後に残された課題として簡単に言及する。

一　人口抑制策の論点

世界人口が爆発的に増大していることは明白な事実である。二〇一一年に七〇億人を突破した世界人口は、二〇二五年に八〇億人、二〇四三年に九〇億人、二〇八三年に一〇〇億人に達すると見込まれている（国連統計）。もしこの傾向が今後も続くならば、地球は生命系として文字どおり無限ではないのだから、どこかの時点で何らかの人為的な改善策が必要になるであろう。本節ではじめに、こうした人口抑制策がどのような道徳的論点をはらんでいるかを確認する。

人口抑制を支持する議論

過剰人口を憂慮し、人口抑制を擁護する思想は古くからある。T・R・マルサスは『人口の原理』初版（一七九八年）では客観的な人口法則を唱え、黙示録に登場する地上の災厄——すなわち、戦争、疫病、飢饉——が、幾何級数的に増加する人口を、算術級数的にしか増加しない生存資料（食糧）と同水準まで絶えず引き戻すだろうと予測した。ただしマルサスは、その後道徳的抑制に関する記述を大幅に追加した第二版（一八〇三年）を刊行し、こうした優勝劣敗の論調を緩和し、純潔や晩婚化の推奨による罪悪を伴わない予防的な人口抑制策を提言している（マルサス　一九八五）。

現代のマルサス主義者G・ハーディンもまた、「共有地の悲劇」の一種として人口問題を論じ、同様の人口抑制策を唱えている。農地や漁場は、もし共有地とされた場合過消費の問題を引き起こすため、非共有化されなければならない。ハーディンによれば、子どもをもつこともまた共有地の一種であり、各人の自由に委ねれば世界を破滅に導きかねない。子どもをもつことの非共有化とは、生殖の自由を厳格に管理するということである。具体的に彼は、お互いの間で協定された相互強制によってその数を管理することを想定している（ハーディン　一九七五）[1]。「宇宙船地球号」のアイデアを世に広めたことで知られるK・ボールディングも、かなり特徴的な人口抑制策を唱えている。すなわち、「社会的統制のミニマムと、個人の自由及び倫理的選択のマキシマムとを結合する唯一のシステム」としての売買可能な出産免許である。成人女性に、例えば二・二人の子どもをもつ資格を与える証書をあらかじめ交付する。市場売買の結果、一人分の単位を集めた女性には、追加的に子どもをもつ自由が認められる。ボールディングによれば、この計画は長期的に所得平等に向かう利点もあるという（ボールディング　一九六七、第六章）。

実のところ、そもそも最適人口とは何か、なぜそれを超える過剰人口を避けるべきかについては、D・パーフィットの問題提起以降、哲学的には決して自明ではなくなっている（パーフィット　一九九八、第Ⅳ部）。例えば、一〇〇億人が豊かに暮らす世界と一〇〇〇億人が貧しく暮らす世界のどちらがより望ましいといえるのか。とはいえ、こうした問いは、さしあたり本章のテーマからは逸脱する問題である。そこで本章では、先述のとおり何らかの最適人口を決定しうるという仮定のもとで、人口抑制策の是非論を進めたい。

生殖の自由との齟齬

最大の論点は、人口抑制策が個人の生殖の自由を侵害することである。自由主義社会の原則は、理由なき個人の自由制限を認めないことにある。個人の自由には本来的に価値があり、それを制限しようとする側には特別な挙証責任が生じる。先に触れたマルサスやハーディン、ボールディングの主張にも、安直な国家統制や厳罰化に訴えるのではなく、何とか個人の自由と折り合いをつけようという努力が織り込まれている。現在の私たちにとって、自由主義の原則は人口問題を考えるうえでのデフォルト・ポジションとして機能している。

生殖の自由を法的に承認する動きも、着実に進められてきた。国際人権規約自由権規約（一九六六年）第二三条は、「婚姻をすることができる年齢の男女が婚姻をしかつ家族を形成する権利は、認められる」と規定している。国際家族年（一九九四年）に開催された三回目に当たる国際人口開発会議では、子どもを産み育てることが基本的人権であると確認され、人口抑制という伝統的テーマと並んで、リプロダクティブ・ヘルス／ライツの強化や女性のエンパワーメントが、人口政策の大きな柱であるとする行動計画が採択された[2]。

要するに、過剰人口というマクロな課題に取り組もうとすれば、生殖の自由というミクロな行為とどのように折り合いをつけるかが道徳的論点となる。家族計画は人々の善き生の根幹に関わるものであり、人口政策設計にあっても、単純に人口規模の管理という視点から論じるだけでは不十分である。もちろん、前述の行動計画のねらいがまさにそうであったように、現実世界における生殖の自由は、それ自体真に実現されるべくよりいっそうの取り組みを必要としている[3]。本章では、生殖の自由が基本的人権として理念的には是認されることを前提としたうえで、それが過剰人口問題とどのような関係にあるかを考察する。

生殖の自由を前提とする以上、人口抑制の道徳的是非は常にマイナス評価からの出発となり、特別な正当化が必要となる。環境問題一般の文脈では、自由主義と環境主義がどのような——対抗的・あるいは相補的——関係のもとにあるかがしばしば論じられてきた（Wissenburg 1998; エッカースレイ 二〇一〇、第四章、オニール 二〇一一、第六章、ドブソン 二〇〇六、第四章）。本章では以下、より焦点を狭めた人口問題の文脈で、危害および責任の観念に注目し、それが生殖の自由を制限するに足る正当化理由となるかどうかについて検討を進めたい。

個人の自由の制限を認める余地が一つある。すなわち、自由の行使が他人に迷惑や危害を加えるとき、その自由は制約されるということである。他者への危害の有無が、ある個人の自由を妨げるだけの理由になる。それゆえもちろん、自由主義社会においても、殺人の自由や強盗の自由は存在しない。このように、他者危害の有無に自由の範囲と干渉の根拠を定める見方は「危害原理」と呼ばれる。次の問題は、生殖の自由を行使し、この世界に新たな人間を追加するという行為が、自由を制約する根拠としての危害的行為の一種とみなせるかどうかである。

二　危害の問題

過剰人口という危害

マクロな過剰人口が他者危害的でありうる可能性は幾多考えられる。第一に、環境の問題がある。最適人口を超える人口増加は、資源の消費を速めることにより、自然環境の回復率を超えて環境破壊を進める。第二に、食糧の問題がある。現在の食糧需給が、人口問題に伴って深刻化するとはただちに言えないが、現在の生活習慣を変えないまま人口が増大すれば、過剰人口を原因とする部分的な飢餓が発生するかもしれない。第三に、場所の問題がある。過剰人口は居住可能な土地を狭めるし、人口の集住化は、都市環境や生活環境を悪化させ、汚染や犯罪といった生活の質の低下をもたらすであろう。

もちろん、こうした状況は技術革新等によって常に変化する可能性がある。実際、人口爆発の危険が叫ばれはじめた一九七〇年代初頭と比較して、現在の世界人口は約二倍に増えているが、代わりに生活の質が半減するような状況には陥っていない。現在の人口のさらに数倍が豊かに暮らす将来世界を想像することもありうるであろう。その意味で、過剰人口が現在の私たちあるいは将来の人間にとって危害的でありうるというのは、あくまでも現在の技術的水準を踏まえたうえでの、現時点では純理論的な仮説である。

かりに過剰人口が危害的であるとしよう。だとしても、ミクロな場面で営まれる個々の出産・子育てが危害的行為であるというのは、依然として理解しにくい。はたして、ある一人の人間がある一人の人間を産むことが、いかなる意味でほかの誰かを害するといえるのであろうか。犯罪行為として罰せられる暴力沙汰とは異なり、そこには特定の加害者も被害者も存在しない。実際、生殖の自由はプライバシー権や人身の自由とセットで論じられてきた。出産・子育ては、たとえ他者に間接的に影響を与えるとしても、第一義的には自己関連的行為である。

疾病や障碍の可能性を踏まえて、ある一人の人間がある一人の人間を産むことが、特定の人間にとって危害的でありうるかという問題設定をすることはできる。この問いは、いわゆる非同一性問題や非対称性問題と関連して哲学者の間で議論されてきた（Harman 2004; Overall 2012: chs. 7-8; ベネター 二〇一七、第四章）。しかしそこで問題となっているのは、あくまでも当該個人が特定できるミクロな行為であり、本章のテーマである、過剰人口が引き起こす危害的事態のようなマクロな問題設定とは別問題である。

累積的危害

本章のテーマの文脈で重要なことは、ミクロな個人的意思決定が、非意図的な仕方で累積することで、マクロな世界的影響をもたらすという点である。「累積的（集合的）危害」という観念で、この乖離を説明できるかもしれない。個々の行為それ自体は危害的でなくとも、ある行為が集合的に蓄積することで、はじめて明確な危害の体をなすような事態がある。過剰人口が危害的事態を引き起こしているのだと仮定すると、個々に見れば数億分の一、数十億分の一であるはずの生殖の自由の行使が、総体としては過剰人口に一役買っていることになる。

考えてみれば、累積的危害の事態はありふれている（Feinberg 1984: 225–232; Kernohan 1998: 71–79）。例えば排気量の大きな自動車を運転することは、個人では趣味の範囲だが、集団単位では資源の浪費や大気汚染を引き起こす。あるいは副流煙による受動喫煙は、個々の場面においては不快にすぎないかもしれないが、公共空間や家庭空間全体に蔓延することで健康被害を引き起こす。軽蔑的・嘲笑的表現は、個々の状況内では表現の自由に含まれるかもしれないが、放置すれば社会の差別的構造を永続化させる遠因になる。こうした問題に立ち向かうためには、危害原理の射程を再考しなければならない。

ただし論理的には、累積的危害の概念は、推移性の原則を脅かす「砂山のパラドクス」を抱えている。パーフィットはこの論理的困難を「道徳数学における誤り」と呼び、パラドクスを避けるために、「かりにある行為が誰も害さないとしても、この行為は一緒になってほかの人々を害する行為の集合の一つであるために、不正かもしれない」と示唆している（パーフィット　一九九八、九七）。小さな共同体では他人の苦情や憤慨を危害という存在の根拠とするだけで十分であるが、環境問題や人口問題のようなグローバルに拡散した問題に取り組むにあたっては、こうした常識道徳を改訂しなければならないという。

確かに、危害原理の射程を拡大することでこうした結論に至りうるかもしれない。しかしこの一歩は、危害原理がそもそも、個人の自由を最大限に擁護するための一線を引く原理であったことから逸脱するように思われる。もし個々の非危害的行為がそれでも「不正」と認定され、自由を制限する道徳的根拠になるのだとしたら、危害原理の本来的意図とは正反対に、生活習慣や言葉遣いからはじまり、私たちの日常生活は著しく圧迫されたものになってしまうであろう。結局のところ、危害を最小化する社会は、同時に自由を最小化する社会と紙一重である。

このように、累積的危害は、自由主義思想が前提としている個人主義からはみ出す要素を含んでいる。暴力沙汰のような個人的文脈においては、危害的行為と現実の危害が一致している。しかし累積的危害においては、個々の非危害的行為の蓄積が現実の危害を引き起こす。しかし、たとえ危害的であるとしても、個々人の因果的貢献は無視できるほど小さい。累積的危害は私の行為というよりも、かぎりなく私以外のその他多数の行為の結果である。なぜこれが私の自由を侵害するだけの道徳的根拠になりうるのか。

三　責任の問題

前節では、過剰人口に伴う危害が累積的危害の一種であることを見てきた。幾人かの論者は、環境問題の文脈で、「集合的責任」の観念をもち出すことで、累積的危害に対処する個人の責任を示そうとしている（Banks 2013; Cripps 2011; Kyllönen forthcoming）。すなわち、当該個人が何らかの集団に属しており、集団の構成員であることを理由として、その集団が行う行為に対して、一般人ではなく構成員として責任を分有するという考えである。もし同様に人口問題の文脈でも集合的責任の観念が適切であるなら、それは個人の生殖の自由を制限する道徳的根拠となるかもしれない。本節では集合的責任の成立条件を問うことで、この根拠の是非について検討してみよう。

集合的責任

集合的責任という観念は必ずしも明確ではない——とりわけ、集団責任との概念的混同が度々見られる。ここでは集合的責任を、個人責任と集団責任の間に生じる概念区分であると捉えよう。個人責任とは、個人が個人の行為に対して負う責任であり、集団責任とは、集団が集団の行為に対して負う責任である。例えば、ビジネス・エシックスにおける企業道徳的主体論争は、後者の集団責任の有無について生じている。それに対して集合的責任とは、個人が集団の行為に対して負う責任である（ちなみに概念的には、連帯責任のように、集団が個人の行為に対して負う責任も考えられる）。

個人の自由を制限する道徳的根拠を集合的責任の観念に求めようとすれば、まず行為主体としての集団の輪郭を明確にする必要がある。過剰人口が何らかの危害をもたらしうるとしても、それが累積的である以上、その主体は過去世代も含めた人類全体というほかない。確かに私たちは、人類という集団の一員ではある。しかし、個人が属するすべての集団が行為主体であるわけではない。例えば、ターミナル駅で行き交う赤の他人同士が、集団として何らかの行為をしているというのは奇妙に聞こえるであろう。

行為主体としての集団であるためにはいくつかの条件が必要である。第一に、組織的に意思決定する手続きやルールを備えていること（French 1984: ch. 3）。国家や企業は民主的・位階的な役割体系のなかで、こうした意思決定構造を備えているという点で、駅で行き交う群衆とは異なる。あるいは第二に、何らかの目標・信条・利益を共有し、相互の連帯心を備えていること（Feinberg 1970: ch. 9）。自発的結社や文化共同体は、この意味での目的意識や利害関心を共有しているという点で、駅で行き交う群衆とはやはり異なる。

過剰人口に伴う危害の場合はどうであろうか。生殖の自由を行使する世界中の無数の人々は、このどちらの意味でも、危害的行為の主体となる集団を形成していないように思われる。第一に、そこには集団固有の意思決定構造が欠けているし、第二に、そこには集団形成を支える相互の連帯心も存在しない。集合行為を構成する諸条件が満たされていない以上、たとえかれらが何らかの集団に属しているとしても、その構成員としてその責任を分有することはできない。これは、累積的危害の責任が、依然として特定の個人に還元できないことを意味している。

拡大された集合的責任

意思決定手続きや連帯心を備えない集団を構成する個人が、それでも個々に責任を問われる可能性はあるであろうか。V・ヘルドは、そうした集団であっても、時と場合によっては、危害を防ぐための集合的責任を負いうると言う。例えば、ターミナル駅で暴力沙汰などの犯罪行為が生じようとしているとしよう。個人個人ではその犯罪行為に対処できないかもしれないが、行き交う群衆が集団で行為すれば共同で対処しうる。この場合、個人はそうした集団を形成しなかったことに対する責任を負うと言うことができる（Held 1970）。

ただし、ヘルドの方針で集合的責任の範囲を拡大しても、依然として人口問題の文脈で適切かどうかは定かではない。第一に、技術的問題として、駅で行き交う群衆とは異なり、この文脈では過剰人口に伴う累積的危害に対処するための集団を形成することがきわめて困難である。そこでは、集団形成にあたって必要となる最小限の意思疎通の手段もないし、対処すべき差し迫った危機が誰にとっても明白だというわけでもない。こうした不利な条件下で、個人にそうした集団を形成しなかったことに対する責任を問うのは酷であろう（Bates 1971）。

第二に、理論的問題として、ここには集合行為問題が控えている。集団が特定の目標に向けて一致団結して行為する場合、自分以外の他人が抜け駆けをしないという保証が必要になる。ところが、個人は集団形成の負担を避けるため、抜け駆けをする個人的動機をもつであろう。それゆえ、たとえ人々が集団で行為することに共通の利益を見出したとしても、それだけで集合行為が成立するわけではない。とりわけ、人口問題に実効的に対処するためには、駅で行き交う群衆とは桁違いの大集団を形成する必要があるため、この問題をどのように克服するかが深刻な課題となる。

価値多元論

以上の検討を踏まえると、集合的責任の観念を引き合いに出して個人の生殖の自由を制限することは難しい。環境問題の文脈では、同様のミクロ・マクロ問題を解決するため、論者がさまざまな応答を企てている。第一に、累積的危害に代わる集合的責任の新たな土台を見つけることである（Fragnière 2014; Godoy 2017）。第二に、集合的責任に代えて個人責任の成立可能性を探求することである（Hiller 2011; Schwenkenbecher 2014）。第三に、個人責任の存在もまた否定して、環境問題への対処はあるとしても集団責任の次元に留まると結論することである（Johnson 2003; Sinnott-Armstrong 2005）。

私たちは、これら複数の道程をそのまま再検討する必要はない。いずれにしても、環境問題と人口問題を同列に扱うのは誤解を招くと思われるからである。環境負荷と生殖を類比的に捉える論者には失礼ながら（Young 2001）、出産・子育ては人々の善き生にとって本質的であり、私たちの人生目標と深く結びついているため、単なる環境負荷的行為の問題とは異なるように思われる。だからこそ、たとえエンジンを空吹かしする権利はないとしても、私たちが子どもをもち、親になる選択の自由は基本的人権として認められているのだ。

それでは、制限の道徳的根拠が見出せない以上、生殖の自由は無制限なのであろうか。そうとも言えない。なぜなら結局のところ、自由は私たちにとって唯一の価値ではないからである。それはほかの諸自由と同様に、生存や幸福、公平など、ほかの価値と比較衡量されなければならない。A・センが言うように、「生殖に関する権利という文脈で見れば、この権利が大切だと考えられているのは事実だとしても、たとえ大きな不幸や大規模な悲惨や飢餓を生じさせるとしても完全に守られなくてはならないほど圧倒的に重要だということにはならない」（セン二〇〇〇、二四二）。

ともあれ、生殖の自由が基本的人権の一種であるなら、議論の出発点はそれを最大限保障することであって、自由を制限する側には、制限に値するだけの根拠を示す責任が課せられる。戦争倫理学の用語を援用するなら、そこには実際に差し迫った脅威が存在するのか（正当原因）、自由を制限する以外の万策は尽きているのか（必要性）、自由の制限に見合うだけの政策効果が確認されているのか（比例性）、などの点について、自由を制限する側はされる側に対して常に相応の説明責任を果たさなければならない。

四　人口抑制策の比較

前節までで見たように、最適人口に照らして人口が過剰であると仮定し、かつ過剰人口は累積的に危害的であると仮定したとしても、本章では個人の生殖の自由を制限するに足るだけの説得的な根拠を見出すことはできなかった。とはいえ、過剰人口がマクロな世界的問題であると想定している以上、政策論としてただ放置するわけにはいかない。実際には、自由を尊重することとほかの価値を尊重することを比較衡量しつつ、必要かつ実効的な政策案を模索していくほかないであろう。本節では、これまで各国で採用されてきた政策方針も参照しながらその内実を検討したい。

強制性の比較

人口抑制策は、自由の侵害度合いに応じていくつかの種類に分かれる。第一に、子どもを産む選択肢に対して負のインセンティブを与えることで、その選択肢の魅力を低めること。これは、当人の当初の行動を変えることを含んでおり、強制的である。第二に、子どもを産まない選択肢に対して正のインセンティブを与えることで、その選択肢の魅力を高めること。これは、当人の当初の行動を変えることを含んでおらず、非強制的である。これら二つに、それぞれ便益あるいは負担というインセンティブの相違を加えると、以下のような分類ができる。

子どもを産む ①便益を減らす ―― 強制的
　　　　　　 ②負担を増やす ―― 強制的
子どもを産まない ③便益を増やす ―― 非強制的
　　　　　　　　 ④負担を減らす ―― 非強制的

①まず、子どもを産む選択肢の便益を減らす措置として、シンガポール雇用法（第七六条）では、三人目以上の出産を有給休暇の対象から除外することとしている。②次に、子どもを産む選択肢の負担を増やす措置として、中国の一人っ子政策では、計画外出産をした夫婦に対して賃金カットや超過出産費と呼ばれる高額の罰金を科していた。これらの施策は、特定の選択肢の魅力を相対的に下げ、そうでなければ選択しなかったであろう別の選択肢を選択させようとするという意味で、個人の自由との齟齬はより大きい。

より非強制的な人口抑制策も存在する。例えば、③子どもを産まない選択肢の便益を増やす措置として、インドでは、不妊手術を受けた男女に対して報奨金を提供しているという。④最後に、子どもを産まない選択肢の負担を減らす措置として、一九七〇年代にインドネシアで導入された、国家家族計画局による避妊具や避妊薬の提供サービスがある。これらは、特定の選択肢の魅力を上げることでその選択肢を選ばせるという意味で、個人の自由との齟齬はより少ない。このように、実際の人口抑制策には報奨プログラムから禁止プログラムまでかなりの幅がある。

とはいえ、自由主義社会に生きる私たちにとって、こうした措置全般に対する抵抗感・忌避感は依然として根強いかもしれない。そしてそれはきわめて正当なことである。なぜなら、最も非強制的な方法であったとしても、それは先述のように基本的人権の一つに挙げられる生殖の自由を政治的・社会的に管理しようとするものだからである。人口抑制策は、かりに過剰人口の害悪が明白なものとなったときでさえ、個人の自由に介入する以上、自由主義社会における「次悪」であり続ける。

人口規模と経済・社会開発

ただし、事態をこのようにあれかこれかのトレード・オフ関係として描くのは拙速であろう。なぜなら、センが言うように、実のところ「人口問題の解決はより少ない自由ではなく、より多くの自由を要求する」のかもしれないからである（セン 二〇〇〇、二五八）。確かに、先進国の多くは政策主導的な人口抑制策を採用することなく、――その良し悪しはさておき――人口減少社会に向かっている。言い換えれば、人口抑制策はそれ自体を目的とする直接的なものと、ほかの政策から副次的に得られる間接的なものがあるのだ。

第一に、人口規模と経済開発には関係がある。人口転換理論によると、病気や飢餓のために高出生率と高死亡率が均衡する第一段階、栄養状態や医療・公衆衛生が改善する結果、高出生率と低死亡率のズレが生じ、人口が増大する第二段階、都市化や工業化により、低出生率と低死亡率の新たな均衡が生じる第三段階があるという。人口爆発の現象は第二段階で特徴的に生じることであり、それゆえ人口抑制は、第二段階から第三段階にできるだけ速やかに移行してもらうこと、具体的には途上国の経済発展を促進することによっても達成される。

第二に、人口規模と社会開発にも関係がある。女性教育の向上や女性の労働参加が、人々の選好の変容をもたらし、出生率を引き下げるという明確な統計的証拠がある。例えば、基礎教育や医療分野で中国の平均を上回るインドのケララ州では、強制的な人口管理策を採用していた中国よりも出生率が低い（セン 二〇〇〇、二四九―二五二）。

実際、近年の実証研究では、国内総生産（ＧＤＰ）のような経済指数よりも、センも設計に加わった人間開発指数の方が、人口転換との相関性がいっそう高いとの知見も得られている（楠本 二〇〇六、五一―五五）[4]。

こうした可能性は、人口抑制策の道徳的正当化にあたって大きな示唆を与える。というのも、もしこれが事実であるなら、人口爆発地域における経済・社会開発の推進こそが、人口抑制策という「次悪」に訴えることなく問題を解決する、文字どおり最善の政策であるかもしれないからである。これは、過剰人口に伴う累積的危害の責任の分配を、相対的に問題対処能力のある先進国の方に傾ける[5]。世界人口会議で先進国側の拙速な人口抑制の方針に異を唱え、開発の優先を訴えた途上国側には、回顧的に見れば一理あったと考えられよう。

＊＊＊

以上本章では、過剰人口の問題を前にして、生殖の自由を制限することの妥当性を探ってきた。結論として、累積的危害や集合的責任の観念を導入したとしても、自由の制限の道徳的根拠はなお見出されないが、ほかの価値との比較衡量によって制限されることはありうる。しかしその場合であっても、生殖の自由の権利としての意味が失われたわけではないのだから、できるだけ非強制的な方法であることが望ましい。本章では最後に、自由の制限に依らない人口抑制策の可能性とそれに対応する先進国側の責任を示唆した。

もちろん、最初に前置きしておいたとおり、以上の結論は幾重にも前提された仮定のもとに成り立つ議論にすぎない。人口問題は、人口抑制の是非に尽きない多面的な様相をなしている。例えば、科学技術の向上によって資源・食糧・住居の問題が解消されたり、現在の私たちが生活水準を下げたり、移民を大幅に容認したりすることで、現在直面する、あるいは将来予測される人口危機の見通しは大きく変わってくるかもしれない。問題を問題たらしめているのは一定の問題枠組みであって、それは決して固定的ではない点を確認することが肝要である。

最後に、人口抑制の道徳的是非は、本章が注目してきた生殖の自由との齟齬という観点だけでなく、別の観点からも取り上げる余地がある。第一に、人口抑制と国家主権の関係である。一方で、主として途上国で生じている人口増加が世界的影響をもたらしうるのは事実であるが、他方で、人口抑制策の実施はあくまでも一国単位であり、その是非は主権の範囲内にある。例えば、国力の指標の一つであるGDPは就業者数と労働生産性によって成り立っているが、すると人口規模を管理することは国力を制限することに等しいという主張もありうる。〈6〉

第二に、人口抑制と宗教の関係である。私たちの出産・子育ては、宗教教義や宗教生活と密接に関連している。そのなかには、人間の誕生を本質的に善であると考え、妊娠中絶はおろか選択的避妊にすら反対する考え方もあるし、家族形態や女性の社会的地位に関して、一夫一婦制とは大きく異なる考え方もある。家族であること、子どもであること、親であることは文化的に多様であり、人口抑制の是非論はこの多様性も考慮すべきであろう。こうした論点も含め、本章が掲げたテーマは、今後も人口正義論の一翼を担い続けるであろう。

注

〈1〉付言すれば、ハーディンが次に書く論文「救命艇上に生きる」の論旨は、マルサスが『人口の原理』初版で展開していた優勝劣敗論に近い。

〈2〉「リプロダクティブライツは、国内法、人権に関する国際文書、ならびに国連で合意したその他関連文書ですでに認められた人権の一部をなす。これらの権利は、すべてのカップルと個人が自分たちの子どもの数、出産間隔、ならびに出産する時を責任を持って自由に決定でき、そのための情報と手段を得ることができるという基本的権利、ならびに最高水準の性に関する健康およびリプロダクティブヘルスを得る権利を認めることにより成立している」（カイロ国際人口・開発会議 一九九六、三五）。ただし、会議の実態としては、宗教観も巻き込んで妊娠中絶の是非が問われたように、「産む権利」よりは「産まない権利」の方に議論の比重があった。「産まない権利」としての生殖の自由に関する哲学的検討としては、山根　二〇〇四を参照。

〈3〉この点は、後藤玲子一橋大学教授より頂いた指摘に負っている。

〈4〉ただし、きわめて人間開発指数の高い先進国においては、指数と出生率が正相関に転じることも確認されており、実態はより複雑であるようである（Myrskylä et al. 2009）。

〈5〉環境問題における「能力には責任が伴う」見解としては、Caney 2014を参照。

〈6〉国際政治における人口の要素に注目する研究として、Organski & Organski 1961を参照。

第Ⅲ部

生殖と家族計画の問題

第5章　子どもをもつ権利

――生殖とリベラルな社会の接続を考えるために

野崎亜紀子

はじめに

少子化という人口問題に直面する社会のなかで、子どもをもつ権利について考えることが、本章に与えられた課題である。本章はこれを、近代法制を支える現代リベラリズムの意義と機能を改めて検討するプロジェクトの一環と位置づけ、このプロジェクトにおいて問うべき課題が何であるのかを明らかにすることに取り組む。はじめに「子どもをもつ権利」の意味について、本章が前提する理解を明らかにしよう。

子どもの出生についての生物学的理解に基づき、子どもをもつことそれ自体に権利性は認められない。精子と卵子の受精、着床、さらには妊娠の継続、分娩の成功、これら一〇ヶ月に及ぶ一連の生殖に関する活動のすべてを完遂することは、容易ならざることであり、周到な管理下においてさえ出産を完全に成功させるということは、医療者によっても保証されえず、したがって子どもをもつことを権利であるとすること（まして義務とすること）は、生物学的事実に反している。さらに言えば、社会的利益であるところの少子化問題の克服のために、国家がこの困難な生殖の責務を、出産する機能を有する女性に課すことは、国家による女性の身体の統合性への侵害行為ともなりかねない。以上の事実を踏まえて、本章における「子どもをもつ権利」とは、「子どもをもつ・もたない自由」を有する権利を意味することとする。

冒頭に示した課題に取り組むために、以下では、わが国の生殖政策の現状と経緯を確認したうえで（第一節）、少子化対策のための政策として進められている生殖補助技術の利用促進の現状と課題を明らかにする（第二節）。この経緯と現状を踏まえて、現代リベラリズムにおける生殖の権利の規律問題が抱える、社会的価値とプライバシーの関係に取り組み（第三節）、近代法制を支える現代リベラリズムの思想の内部にあるがしかし、従来言語化されてこなかった〈承継〉の観念を提示したい（第四節）。

一　社会政策としての生殖——現状と経緯

二〇一七年現在の日本の人口は、およそ一億二〇〇〇万人であるのに対して、二〇四九年から二〇五九年の間には一億人を割り込み、二〇六五年には、八二二三万人から九九五二万人へと減少することが予測される（国立社会保障・人口問題研究所　二〇一七）。わが国における二〇一六年の出生数は九七万六九七八人、合計特殊出生率は一・四四である（厚生労働省　二〇一七）。少子化の要因は、「未婚化・晩婚化の進行や第一子出産年齢の上昇、長時間労働、子育て中の孤立感や負担感が大きいことなど、さまざまな要因が複雑に絡み合っており、きめ細かい少子化対策を網羅的に推進することが重要」（内閣府　二〇一七）と指摘される。来るべき急激な人口減少はまさに「国の将来にかかわる大きな問題」（厚生労働省政策統括官　二〇一七）である。

人口減少を背景とする社会政策のあり方という論点は、日本では一九九〇年代以降に政策課題として明示化された[1]。その歴史的系譜を紐解くならば、現代日本の少子化対策と社会政策としての生殖という課題は、明治期以降に始まる人口政策からの連続性も示される（杉田 二〇一〇）。

生殖は自分たちの子孫を次代につなげること、自分たちの家族を形成すること、といった高度に私的な問題として把握されると同時に、自分たちを含む社会の維持・形成に関わる公的な問題としても把握される。今日わが国は、個人の尊重 respect of individuals を社会秩序の形成と維持の基本的価値とする、西欧近代を出発点としたリベラルな社会を（一応）形成している。国家は、個人の生命・身体の安全をはじめ、基本的人権を保障することを第一義の役割として担うものとし、この個々に異なる個人の各々の自由を保障するという意味で、自由な、したがってそれは相当に複雑な、国家としての運営（統治）を実践する責務を負う。同時に、私たちのこの自由な社会を維持し継続するその運営を国家が実践し続けるためには、国家には一定の規模が必要とされる。個人の自由の尊重と集団社会の維持は接続しているのである。こうした観点から、国家には、マスの視点から集団社会の維持・継続のための施策として、各種の政策を講じる責務がある。この意味での（そのかぎりにおける）人口政策は、国家が果たすべき責務の一環と言えよう。

ここでは本章が掲げる、生殖とリベラルな社会の接続問題に関する範囲で、生殖に関わる人口政策論の変遷の概要を示そう。

わが国で人口論が高まりを見せたのは、高田保馬「産めよ殖えよ」（一九二六年）に象徴される一九二〇年代に遡る。第一回国勢調査（一九二〇年）以降、普通出生率が三五前後であること（二〇一六年は七．八）が明らかとなり、当時、過剰人口への懸念が高まりを見せていた。これに対して高田は、人口問題対策の真の課題を、「来るべき出生率の減少」であると主張し、人口減少の防止こそが課題であると論じた（杉田 二〇一〇、第一章）。これを起点とした人口政策形成に向けた議論の流れは、戦時期を経て戦後の人口政策へと接続する。社会経済学者である杉田菜穂の分析によれば、戦後最初の人口政策として示された「新人口政策基本方針に関する建議」（一九四六年）は、人口食糧問題調査会・人口部答申「人口統制に関する諸方策」（一九二九年）とその基本的構想を同じくしている（杉田 二〇一三、第四章）。いずれも人口の量とともに、質の重要性を認める優生思想をその基盤とする内容をもつが、当時のわが国における人口の質を問う際の優生思想は、欧州のそれと内実が異なっていたことが指摘される。社会実業家、海野幸徳の所論は、優生思想を、いわゆる〈遺伝〉による改善に接続する優生の概念と、個別の社会的〈境遇〉の改善に接続する優境の概念との統合を意味する、とした。端的に言えば、これは個別の〈境遇〉の改善によって社会を改良するという考え方である。この優境思想は社会の改良（優生）の理念を支える思想として、戦後の人口問題への対策としての社会政策、なかでも家族政策のなかに一定の影響力を維持するとも考えられる（杉田 二〇一〇、終章）。

少子化と人口減少がわが国の政策課題として明確化した一九九〇年代以降、環境（境遇）改善に向けたさまざまな少子化対策の拡充については、働き方改革、育児休業制度、幼稚園・保育園の拡充、待機児童解消に向けた施策等、枚挙にいとまがない。また優生保護法は、母体保護法へと改正・改称され（一九九六年）、前述の優生思想を支える概念である（遺伝と接続する）優生は、少なくとも名称のうえではわが国からはなくなり、これが母体保護の概念へと転化した。このことにより人口の質を問う理念は、優境の概念に回収されたように見える。

二　子ども・子育て支援としての生殖補助医療助成制度——量と質

社会政策としての生殖の展望

日本政府が進める少子化対策は、「質・量」の両面から子育てを社会全体で支えることをめざしている（「子ども・子育て支援新制度（二〇一五年～）」）。本制度は、いかに子育てを支援するかという観点から構築され、子育てとともに社会生活を送るうえでの具体的な支援を実効的に講じることが示される。その目的は、量的側面としては「全ての家庭が利用できる支援」であり、質的側面としては「子どもたちがより豊かに育っていける支援」である（内閣府・文部科学省・厚生労働省　二〇一七）。この政策は、子どもとともにある家庭に生じている、ないし生じる可能性のある、親の就労に関する問題点、子育てをする時間、場所、子育てに関わる機関等のスタッフの就労環境その他について、境遇上の問題点の改善を図ることによって、量的質的に子育ての充実を図ろうとしている。本政策が少子化対策の一環であることからも明らかなように、こうした環境整備を行うことによって、当事者には、子育てとともに社会生活を送るうえでの障害や負担を軽減し、出産への不安の低減を図り、ひいては出産に対するより積極的な姿勢へと誘導することがめざされている。二〇一四年にはＯＥＣＤの半数の諸国で達成されているとされる合計特殊出生率一．八を、政府はわが国の希望出生率として掲げ、「まち・ひと・しごと創生長期ビジョン（長期ビジョン）」および「まち・ひと・しごと創生総合戦略」が策定されるなど、上記家庭生活を基盤とする環境整備による出産促進政策は、出生の目標数値とともによりいっそう具体化されている。

わが国における生殖補助技術の普及は著しい。日本産科婦人科学会（二〇一七年）によれば、いくらかある技術のなかで体外受精に限っても、現状、年間の実施件数は四二万件を超え、体外受精によって出生した赤ちゃんは二〇一七年現在、全出生数の二〇人に一人の割合であり、第一例が出生（一九八三年）して以来の累計数は、四八万人を超える。不妊治療クリニックの数、また体外受精の実施件数は他諸国と比較して群を抜いており、ややデータが古くなるが、欧州三一ヶ国で五五万二九六件（二〇一〇年調べ）、米国で二一万三八〇〇件（二〇〇九年調べ）であるのに対し、わが国では二四万二一六一件（二〇一〇年調べ）という実施状況であることからも、その実施件数の多さは明らかと言える（Watson 2015: 79-83）。

このような生殖補助技術利用に関する社会的基盤があり、その実施能力があるという環境のなかで、少子化問題への政策上の新たな取り組みとしての不妊治療（生殖補助技術利用）への支援が始まっている。女性の働き方、婚姻の形態、経済状況等複合的な要因により出産年齢の高齢化が進むなかで、生殖補助技術の利用の社会的ニーズは高まり続けている。他方で、不妊治療の家計に占める負担の大きさは、不妊治療およびその継続に大きく影響を及ぼしている。(2)

不妊治療助成制度の実施に向けた国レベルにおける具体的議論は、「少子化社会を考える懇談会」（二〇〇二年）に始まり、その中間報告を受けて作成された「少子化対策プラスワン」を基に発表された「次世代育成支援に関する当面の取り組み方針」（二〇〇三年）のなかで、「不妊治療に対し経済面を含めた支援体制整備について検討すること」と明示されている。これらは「少子化対策推進基本方針」（一九九八年）、「新エンゼルプラン」（同）を基盤とする一連の「少子化対策」の一環である。これらの議論を受けて実施された不妊治療への助成制度は、体外受精・顕微授精を対象とする「特定不妊治療費助成事業」（二〇〇四年）を経て現在、「不妊に悩む方への特定治療支援事業」として実施される。(3) また地方自治体レベルでは独自に、上記制度では対象外となる技術利用への助成や、助成額の上乗せ等の充実が図られている。(4) こうした支援事業が進む一方で、生殖補助技術利用に関する国家法上の規律は二〇一七年現在存在せず、この問題は専門職学会における規律に委ねられている。(5) こうした状況のなかで生殖補助技術の利用の助成にとどまらず、不妊治療を受ける社会環境(境遇)の整備に向けて、「不妊治療と仕事の両立」に向けた公的施策が進んでいる。[6]

不妊治療と出生前検査

不妊治療とは、生殖補助技術を利用して妊娠出産を成功裏に行いうるよう補助するものである。このことは、技術により直接、生殖に外的な技術力が関与可能となることを意味しており、したがって受精卵の着床前検査、受精後も出生前検査の受検を可能とし、またそれらに何らかの手を加えること(編集、治療、人工妊娠中絶)を可能にする。晩婚化・出産の高年齢化が進むなか、簡便な出生前遺伝学的検査技術の開発および商品化とともに、これらの検査技術の利用は社会に拡大している。この利用拡大の事実は、産科婦人科医療者らの専門家集団である日本産科婦人科学会による見解、会告の公表等によって裏づけられる。[7]

臨床研究としてわが国で開始された、無侵襲的出生前遺伝学的検査(二〇一三年四月〜)は、その簡便さと、染色体異常(一三、一八、二一番染色体)を判定する精度の高さが喧伝されたことから、広く社会の知るところになった(山中ほか 二〇一七、野崎 二〇一七、一九一―二〇九)。[8] わが国の法制上、胎児の状態を理由とする人工妊娠中絶が許容されないなか、本検査による陽性判定後の人工妊娠中絶は九四%に及ぶ。[9] この検査技術は染色体異常(の可能性)の有無を明らかにするのみであり、事後妊娠を継続するかどうかを含めた事項の判断は、当事者が行う。その際、本臨床研究上当事者は、情報の伝達およびその理解等に関して、遺伝カウンセラーらによる支援体制が得られるとされる。すなわち、当事者には判断すべき事項について熟慮する環境が提供され、その環境下で当事者自身の自由意思に基づき一定の判断を為すような手立てが講じられ、その結果として、高率の人工妊娠中絶が当事者によって判断され実施されるに至っているのである。

生殖への外的コントロールが生んだ弊害については、一九二〇年代以降世界規模で隆盛した優生思想に基づく、障がい者らに対する強制的不妊手術が想起される。わが国においては旧優生保護法（一九四八〜一九九六年）下で実施された強制不妊手術の実態が明らかにされつつある（利光 二〇一六）[10]。今日の状況と異なるのは、生殖をコントロールした主体が公権力であり、強制力を伴ったということである。対して今日の生殖のコントロールはあくまで当事者が行うのであり、最終的には当事者の自由意思に基づく決定に委ねる仕組みが構築されている。このことは、現代の法の支配の基盤を為す個人の尊重に適合した構成であるように見える一方で、いわゆる〈内なる優生思想〉の問題を内包する。すなわち、「国家や権力による強制や制度上の不備といった、いわゆる『ハード』の問題ではなく、私たち一人一人がもつ、『障害はない方がよい』『自分の子どもには健常者として産まれてきて欲しい』といった優生学的欲望、すなわち『ソフト』の問題として」内面化された優生思想（森岡 二〇〇六、一九）が、個人の尊重という現代法制の価値基盤によって、容易に発露される環境がつくられることになるのである。

生殖をコントロールする技術の利用への懸念としての生命の選別が抱える問題点とは、その選別の基準に〈内なる優生思想〉を置くところにあり、さらにはそこで判断を下すことを（公権力による強制ではなく）当事者の自律的な意思決定とするところにある。ここで下される判断とはすなわち、自分（たち）との間に特別な関係を構成することになる存在として認めるか否かの判断を意味する。当事者の生のあり方、すなわち私的生に関わることがらを自律的な意思決定（自己決定）に委ねることは、現代法制を支える社会構想としてのリベラリズムが基調とする、〈個人の尊重〉を確保するために要請される、重要な一つの方法である。以上の認識に基づいたうえで、わが国の少子化対策としての政策の状況を確認しよう。

前述したようにわが国の子ども・子育て支援は、「質・量」の両面から子育てを社会全体で支えることをめざす。量の面においては、「全ての家庭が利用できる支援」を、質の面においては、「子どもたちがより豊かに育っていける支援」をめざしている。少子化対策の一環としての不妊治療助成制度は、家庭における経済的負担を軽減することによって、その経済的負担の重さから不妊治療の受診・継続を躊躇したり諦めたりする、妊孕力のある女性およびその家庭を支援する政策である。したがって不妊治療の受診者の拡大をめざすという意味で、量の面に親和的である。対して質の面は、出生後の子どもたちの養育の質の確保に向けた環境整備支援（保育園・幼稚園等の整備事業等々）と親和的である。ここで確認しておくべきことは、前者の量の面の内実に、内なる優生思想が挿入されることの懸念である。「人類の遺伝的素質を改善することを目的とし、悪質の遺伝的形質を淘汰し、優良なものを保存することを研究する学問」（広辞苑）である優生学を基に、これを社会改良運動として展開しようとするイズムとしての優生思想は、優良な私たちと、悪質なかれらとに分け、前者を私たちとつながりのあるメンバーとし、かれらを私たちとつながりがあるメンバーとは認めない。内なる優生思想は、両者を分かつその決定を、公権力ではなく、あなたが決めてください、と当事者に委ねることを要請する。

不妊治療の利用とその継続が身体的・経済的に難しい当事者たちの境遇改善のために、不妊治療への助成が少子化対策の一環としていま、量的に拡充が進められる。生殖技術を用いることを含む生殖の現状において、子をもつことの権利性を問うことには、どのような意義と問題があるだろうか。

三　生殖の権利規制――社会的価値とプライバシー

生殖問題の二つの側面――私的問題と公共的問題

近代自由主義法制下においてどのような家族をつくるかは、高度に私的な問題、すなわち〈私の問題〉と考えられる。したがって公共的問題、すなわち〈私たちの問題〉とは異なり、〈私の問題〉についてはその決定を下すことについて、私が決めたというそれ以上の正当化理由を問われることがない。ただし生殖は、高度に私的問題であるとしても、それにとどまらない性質をはらむ。それは生殖が当事者内では完結しないからである。生殖は、第三者である子どもを生み出す活動であり、この社会の構成員をつくり出す中心的な活動（ほかに移民等もあろう）である。したがって生殖は、子を生む者たちにとって高度に私的な問題である一方で、近代法制を支える、社会を構成する個人を生み出す方法であるために、生殖に対しては国家もまた利益を有する。この点で生殖の権利性を問う際には、私的問題、公共的問題双方の側面をはらむ問題として、両者の関係を問わなければならない。

公共財の確保

社会の利益が個人の生殖の自由に優越する、すなわち生殖の自由が社会の利益実現のために制限されうるとするならば、それはどのようにして正当化可能であるのか。親となる者の生殖への権利の限界問題が問われなければならない。本章が取り組む、少子化対策としての政策と生殖の権利の関係という問いに最も密接に関わる論点は、公共財（public good）の保護という観点である（Brock 2010）。

一例として、人口増加状況への対応策として、かつて中国で実施された一人っ子政策を挙げよう。人口増加を抑えることは国家にとっての利益であり、したがって一家庭に子どもは一人とする政策を実行するという判断は、社会全体にとっての善（公共財）の実現という目的に適うという点で合理性がある。しかし、それは個々の家庭にとっての善き生の規準とは独立の問題であり、個々の家庭はその家庭なりの合理的な価値規準を有し、二人以上の子どもを得るという判断を合理的だと考える家庭もある。両者の合理性が相互に独立である際に、個々の生殖を行う側が規制を受けるとするならばそれはなぜか。それは社会政策（この場合一人っ子政策）が、集合行為（collective action）であることに由来する。すなわち個別の家庭が、その当事者にとっての善き生の考え方に基づいた合理的な判断によって子どもを二人もったとしても、直ちには社会全体の人口問題には影響を及ぼさない。しかし、こうした当事者の合理的な選択が積み重なった集合的帰結は、抑制のない継続的で急速な人口増加となる。このことは結果的に、個々の自由を基調とする社会それ自体の維持継続を困難とし、結果的にその社会に生きるあらゆる人の利益に反することになる。そのような悲劇的帰結を回避し、個々の社会構成員が従来の生活水準を維持し、社会生活を継続的に送るためにはそのかぎりで、個人の生殖の自由は規制されうるのだ、というのである。

しかしこの主張は、個人の生殖の自由への介入を正当化する理由に、社会の継続的存立という公共的価値を置いており、生殖の自由という高度のプライバシー性それ自体を掘り崩す理解である。以下で論じるように、プライバシーの観念の掘り崩しは、リベラルな社会の前提ないし基盤を失わせることになりかねないため、容易には受け入れられない。

私的な問題としての生殖の権利と、公共的価値に関わる人口政策との対立関係を前にして、両者を対立的に捉える問題の理解は果たして、妥当であるのだろうか。生殖の権利の特性を踏まえて、プライバシーの観点から検討しよう。

関係的プライバシー権

プライバシーとは、私的生活を公権力による不当な介入から保護し、個人の私的生活の自由を確保することによって、個人の生がそれ自体として尊重される基盤を確保するための環境である。プライバシー権とは、この私的生活環境を形成・維持する権利である。その一角を構成する生殖の自由は、子どもをもつかもたないか、どのような家庭を形成するかについての自由という意味で、個人が社会活動を行う基盤として、社会活動とは切り離された私的空間という環境形成と結合している。この意味で生殖の自由への権利はプライバシー環境の保護を主張する権利と言いうる。

プライバシー権の観念それ自体について論じることは本章の本旨ではなく、この点については旧稿の議論を踏まえて必要なかぎりで論じよう（野崎　二〇〇七、二二七―二四二）。

プライバシー権の観念は近時、自己情報コントロール権への着目が著しく、〈個〉に帰される観念として想定されることも少なくない。しかし、〈個〉を基盤に置く近代法体系を維持するためには、個を育む環境の確保が必要条件となる。プライバシーとは、この個を育み、個としての活動の基盤となる環境を、公権力からの介入を受けることなく育む場である。すなわちプライバシーは、近代法体系の内部にあってこれを支えるために構想された観念である。

個を生み出し育む環境の典型としては従来、家族が想定され、これは個人と国家との間に立つ相互媒介制度と位置づけられる。確かに家族は、近代以前から事実として存在し続けてきた組織であるが、これに法的主体としての個人を生み出し育む環境としての法的役割を付与することは、近代法体系上の要請によるものと考えられる[11]。例えば妻と夫に代表されるパートナーシップ関係、親子関係、あるいは長期的な介護ケア関係等の関係という、契約関係が前提とするギブ・アンド・テイクの相互性のみには還元されない関係性を考えてみよう。プライバシー権とは、こうした特定の関係に認められる特別な関係性の維持・継続の確保を権利として認める。このことは、個人を個人として尊重するという近代法における要請に応える基盤としての環境と位置づけることを意味する[12]。この関係性の維持・継続の保護を意味するプライバシー権は、自己情報コントロール権に代表される自己完結型のプライバシー権とは異なる、高度に親密な関係性の創出・維持を目的とする関係的プライバシー権を意味している。この関係の創出・維持は、対公権力との関係では〈放っておいてもらう権利〉として消極的に機能する一方で、関係内においては、関係性の維持に向けて一定の法的責任と義務（その具体的内容については、個別の検討を要する）を担うことが関係の構成者相互に要請される。わが国の現行法上例えばそれは、家族相互間の扶養義務であり、あるいはまた親の未成熟子に対する高度な扶養義務等である。

生殖という子を生む環境にかかるプライバシー性とは、ここでいうところの関係的プライバシーに位置づけられる。したがって関係的プライバシー権の保護は、法的主体としての個人を育み保護するという目的のもとにあり、このことは、近代国家を構成する基盤として高度の尊重を要するものである。(13)

以上のことから、少子化を克服しなければならずそのためには子どもを何人以上生むべきである、とする公共的価値に基づいて、公権力が、個々の生殖活動への直接的な介入によって子どもをもつ義務を、個人ないしカップルに対して課すことは、少子化による社会の継続的存立への懸念に応える方策であるとしても、容易に許容することはできない。それでは生殖の権利は、何ら少子化対策に関与することがないのか。この点について、関係的プライバシー権が構想する、近しい特別な関係の中に在る個人が、近しい者（＝他者）に対して負う片務的負担を契機として検討しよう（野崎　二〇〇一）。

四　リベラルを支える〈承継〉の観念

近代法制を支えるリベラリズムの思想は、社会を構成する基盤を個人とし、ほかの何者でもない個人を個人として尊重すべきとする。当該の個人を含む集団が、どのような身分、階級、宗教、文化、職業に属してきたのかという通時的理解と評価から個人を解放すること、換言すれば私の属性から、生まれながらに承継取得されるものを排除し、原始取得したものに還元しようとするところに近代の核心はある、と言いえよう。しかしそうであればこそ、解放された個人を生み育み維持する環境、すなわちその内部に非リベラルな機能を内包するプライバシー領域が前提として必要とされる。こうして各々に相互補完的機能を有する公的領域・私的領域の区分が、リベラルを支える観念として構築されたのである。

以上のことを踏まえて、個人が負うとされる特別な関係内にある者に対する片務的負担について、議論を進めよう。ここで問われるべき問いは、リベラルな法体制のもとで、なお個人が公共的価値、すなわち本章のテーマである少子化問題の克服に貢献する責務はあるのか、あるとすればそれはなぜか、である。

冒頭に示したとおり、生殖の権利とは、子どもをもつ・もたない自由を有する権利である。生み出された子どもは生み出した親とは別人格であって当然、その子は親の所有物とは異なる一人格である。したがって、生まれた子に対して特別の関係に立つことになった者（典型としては親）は、その子の生を公権力からの不当な介入から保護し、自律した個人として養育する権限と責務を有する。子は生来人格権を有し、親は、子の人格権を保護し育む責務という、その子どもとの間で特別な関係に立つ者としての役割を承継する立場にある者と考えられてきた。国家や社会は個を基盤とする集団的組織である以上、組織的な価値基盤を有し、その維持を図ることは組織にとって重要な関心事（利益）となる。したがって、個をかけがえのない個人として保護し育むこととの間には利益相反が生じる。自律した個人を育む過程における人格権の保護主体としては、国家や社会は適格者であるとは言いがたく、この点を子どもとの間で特別な関係を有する立場にある者が担うよう要請される。確かに、親が子を育てる権限を行使するにあたっては、親は相当の裁量を有している。しかし、その裁量権は無制限ではなく、子の利益を損ね、その人格権を損ない自律した個人としての成長を阻害する行為は、正当化されない[14]。子との関係で特別な関係者である親は、自身が生きる社会のなかで、その構成員として親である自分たちが享受する社会生活を送るうえでの権利（いわゆる市民権〉を、その子もまた承継し、それを自律的に使いこなす能力が得られるよう保護監督する責務を有している。この責務を果たすために、親は子に対して自らの権限を行使するのであり、このことは親の権限のなかに組み込まれている、と解すべきであろう。特別な関係にある親が子に対して有する片務的負担の根拠はこの、承継される役割としての責務にあると考えられる。[15] リベラリズムを支えるこうした一見すると非リベラルな観念である〈承継〉については、今後、リベラリズムの再検討に際して規範的検討を要するものであり、別稿に委ねざるをえない。

おわりに

以上の議論を踏まえ、まとめよう。

子どもをもつ・もたない自由を有する権利としての生殖の権利は、高度にプライバシー性をそなえた権利であり、この範疇への公権力による積極的介入は、リベラルな社会の基盤を揺り動かし、この社会全体を掘り崩すことにつながりかねない。そうである以上、当事者の自由に対する公権力による積極的かつ直接の介入行為は、公共的利益を個人の尊重に優越させることになりかねず、生殖の権利に対する不当な侵害となりうる。この点で、生殖補助技術利用についての公権力の関与には注意が必要である。生殖補助技術利用への助成制度は、それのみでは生殖補助技術利用に対する間接的な支援制度であり、利用の如何は当事者の判断に委ねられている。しかしさらに、生殖補助技術は出生前・着床前検査技術と結合し、その検査結果に伴う妊娠の継続如何もまた、その判断は当事者に委ねられる現状にある。この一連の流れのなかで、生殖をめぐる社会政策と環境整備とが進められている。こうした現状は、わが国における優境思想としての優生思想の新たな展開とともに、この政策が内なる優生思想を助長する契機となることが問われうる。少子化対策としての生殖補助技術利用の活用支援の正当性についてはさらなる検討を要する。

これに対して子育て支援としての、仕事・子育て両立支援政策は、直接に生殖に介入するのではなく、労働を含む社会生活のあり方の多様性を生み出す支援制度である。この支援制度は、子どもをもつことと仕事をもつことを両立可能とする新たな生活のあり方を提示することによって、従来困難であった生活のあり方に新たな可能性を生み出している。この制度が自由を促進する目的を持って策定され、かつその目的に見合った制度として運用がなされるかぎりにおいて、仕事・子育て両立支援政策は正当化されうる。

前記の結論は、本章の冒頭で示した、現代リベラリズムの意義と機能を改めて検討するプロジェクトの一環として検討すべき課題を明らかにする。それは近代法制の基礎としてのリベラリズムとそれを支える公共的価値とをどのように接続するか、という問いである。本章では第一に、公共的価値とプライバシー権の尊重との関係とは何かという課題を、第二に、現代リベラリズムを支えるがしかし従来言語化されてこなかった概念を明らかにする必要性という課題を得た。前者は、プライバシー権が本来的にもつ関係的意味に光を当て、その意義と機能を検討する契機を与える。後者は、リベラリズムを支え、これに内在する非リベラルな観念、すなわち通時的観念としての〈承継〉という観念の可能性を提示するのである。

注

〈1〉 いわゆる一・五七ショックに起因する。一九九〇年に公表された前年（一九八九年）の合計特殊出生率が一・五七であることがわかり、「ひのえうま」によるそれまでの最低値一・五八（一九六六年）を下回ったことが明らかとなったことが契機とされる。

〈2〉 体外受精一回あたりの費用は三〇万〜五〇万円と推計され、複数回、十数回を超える回数を実施するケースも少なくないとされる。ＮＰＯ法人ＦＩＮＥ調べ。〈http://j-fine.jp/activity/enquate/index.html〉二〇一七年一二月一日アクセス。

〈3〉 対象者は、体外受精・顕微授精以外の治療法によっては妊娠の見込みがないか、またはきわめてよくないと医師に診断された、法律上婚姻をしている夫婦であり、助成限度額一回一五万円（凍結胚移植（採卵を伴わないもの）および採卵したが卵が得られない等のため中止したものについては、一回七万五千円）、所得制限七三〇万円（夫婦合算の所得額）とし、対象年齢は妻が四三歳未満、年間助成回数制限無し、通算助成回数は初回四〇歳未満通算六回、初回四三歳未満通算三回、通算助成機関限度なし（二〇一六年四月以降の現状）。

〈4〉 さらに千葉県浦安市は少子化対策として、順天堂大学浦安病院で実施する社会性不妊治療研究に浦安市民が参加するにあたり、市が補助金を給付することにより、何らかの理由ですぐには子どもを産みたくても産めない女性に対し、卵子・卵巣凍結保存技術を活用した不妊治療を行うとともに、妊娠・出産の適齢期などを啓発する事業を二〇一五年七月より開始した（二〇一七年度で終了）。

〈5〉 日本産科婦人科学会は、生殖補助技術利用に関する倫理的見解を会告として示し、学会員に対しては、これらの会告を遵守するよう要請している。不妊治療を行う医師のなかにはこれまで、減胎手術、代理出産、出生前・着床前診断等について、会告に反する行為を実施し、これを公表する事案などが生じている。日本産科婦人科学会「倫理に関する見解」〈http://www.jsog.or.jp/ethic/index.html〉二〇一七年一二月一日アクセス。

〈6〉 現在、内閣府男女共同参画局により示される「女性活躍加速のための重点方針二〇一七」の一環として「不妊治療と仕事の両立に係る諸問題についての総合的調査研究事業」が進められている。

〈7〉 日本産科婦人科学会は、昭和六三年一月「先天異常の胎児診断、特に妊娠絨毛検査に関する見解」を、平成一九年四月に「出生前に行われる検査および診断に関する見解」を公表した後、平成二三年六月に現行の「出生前に行われる検査および診断に関する見解」へと改定、さらに平成二五年六月「出生前に行われる遺伝学的検査および診断に関する見解」を公表している。

〈8〉 さらに現在、体外受精させた受精卵のすべての染色体を調べ、異常がないものを子宮に戻す「着床前スクリーニング」について、日本産科婦人科学会は臨床研究としての実施を許容し、着床前スクリーニングが流産率を下げ、出産率を高めるかを調査・検討する研究が二〇一七年二月に開始されている。さらには、ゲノム編集技術を使ってヒト受精卵を改変する研究について、生命倫理専門調査会における検討を受けて、文部科学省、厚生労働省による合同会議では、一部の基礎研究については容認する方針が示された（二〇一八年九月二八日）。

〈9〉母体保護法第一四条に規定される人工妊娠中絶に、胎児の異常を理由とする「胎児条項」の規定はない。胎児条項の導入に関する所論については、辰井　二〇〇二。

〈10〉強制的不妊手術の審査経緯等の公文書が発見され（「障害者の強制不妊手術　審査経緯明らかに　検診録など発見」毎日新聞、二〇一七年一一月一六日）、また、旧優生保護法に基づき、知的障害を理由に不妊手術を強制されたことは日本国憲法の保障する幸福追求権の侵害にあたる等として、二〇一八年一月三十日の最初の提訴以降、不妊手術を受けた当事者等による国家賠償請求提訴が提起されている。

〈11〉これらの意味づけおよび定式化は、米国判例にその形成の過程が看取される。Meyer v. Nebraska 262 US 390 (1923), Pierce v. Society of Sisters 268 US 510 (1925), Poe v. Ullman 367 US 497(1961), Griswold v. Connecticut 381 US 479 (1965), Eisenstadt v. Baird 405 US 438 (1972). ここでの理解についての憲法学における議論として、Rao 2000, 中山　一九九九。

〈12〉特定の関係性の維持・継続とリベラリズムとの関係に関する議論については、野崎　二〇一四。

〈13〉したがって個人を育み保護するという目的に反する行為が当該関係内で生じている場合には（家庭内における暴力、虐待、ネグレクトについては）当然、行政的、刑事的介入は正当化されうる。

〈14〉子どもへの虐待、ネグレクト等に対応するための制度として、親権を、最長二年を限度に一時停止する「親権制限制度」が創設され、同時に「未成年後見制度」が見直された（平成二三年、民法改正）。

〈15〉この観点については、市民権の承継について限嗣相続制度との類比を論じるA・シャハーの議論が参照される（Shachar 2009）。

本章は、ＪＳＰＳ科研費17K03331および16K13313による研究成果の一部である。

第6章　生殖の正義と人口問題

鶴田尚美

「子供は環境を選んで生まれてくることはできない」
内田善美『星の時計のLiddell』第三巻、六六頁

はじめに

本章では、生殖の正義を主題とする。具体的には、現在世代と将来世代の人々との非対称性にまつわる道徳的問題を扱い、「今、存在している私たちは、これから子どもをつくってもよいのか、これ以上つくるべきではないのか」また「かりに子どもをつくってよいとすれば、何人でもよいのか、それとも親が望んだとしても、子どもの人数に制限を設けるべきか」といった問いを検討の対象とする。二〇世紀後半から、人口過剰の結果として生じる資源の枯渇や環境の悪化によって、将来の人々の生の質が著しく低下することが懸念されている。一般的な道徳的議論と決定的に異なるのは、現在世代と将来世代との間に、通常の道徳的思考で前提されがちな互恵性が決して成立しないという点である。すなわち、私たちの選択は将来世代の人々の生の状態に影響を与え、かれらを幸福にも不

幸にもしうるが、かれらは不利益を被ったとしても抗議も報復もできない。もし、新たな存在者に重大な苦しみを生じさせる可能性があると予測できるのにもかかわらず、かれらをこの世へと生み出すとしたなら、それは道徳的に正当化されるのだろうか。

しかし、世界のどの場所に、いつ、何人生まれてくるのかわからない、どのような人たちなのかも知りえない人々が、そもそも道徳的考慮の対象となるのか。また、かれらに利益を与えるために、現在の私たちは自己利益追求を抑制せねばならないのか。これらの問いについて一九六〇年代から英米圏の倫理学者たちによる活発な議論が起こり（Narveson 1967; 1973; Singer 1976; Parfit 1976; Kavka 1982. 初期の論争と問題点を把握するには McMahan 1981 が役立つ）、その流れは現在もなお続いている。

本章では、人口問題に関する諸議論に多大な貢献を果たしたD・パーフィットと、近年「反出生主義（Anti-natalism）」を主張し物議を醸しているD・ベネターの議論に焦点を絞る。そして、将来の人々が「生きるに値する生」を営むことができるのかどうかを検討し、今後、子どもをもつことは道徳的に許されるのかどうかを考えたい。

本章では「自分と血のつながった子どもや子孫がほしい」という欲求の適切性については検討しない。ベネターの極論を除いて、生殖の抑制を主張する哲学者であっても、この欲求が生物としての根源的欲求あるいは自己の存在に根ざす健全な欲求であると認める。それが「子どもが可愛い」「自分の子どもの顔が見たい」「夫婦の愛情を確認したい」といった愛情に基づくものであれ、「自分の老後を援助してほしい」あるいは「自分の遺伝子を残したい」といった利己的欲求に基づくものであれ、なんらかの理由によって大抵の人々は自分の子どもがほしいと思うだろう。したがって、本章ではこれらの問いを改めて問うことはせずに議論を進める。

一　将来世代の人々に関する道徳的な問い

世代間正義という論点の提起

二〇世紀後半に世代間の正義（justice between generations）という論点を提示したのはJ・ロールズ『正義論』第四三節である（Rawls 1999［1971］: 251–258／三八一―三九二）[1]。周知のとおり、ロールズは功利主義の批判者であるが、人口問題の哲学的議論は功利主義者たちによって飛躍的に前進した。本章ではこれらの事情に鑑み、特定の規範理論を前提することなしに論じる。T・リーダーに倣って「公正と平等」という緩やかな内容を想定して「正義」という語を用い、実質的には人々の経験する快苦および、それらから評価される生の質を道徳的考慮の対象とする（Rieder 2016: 29–30）。

非同一性問題

将来世代の問題を考えるときにまず問題となるのは、かれらが現に存在せず、通常の道徳的考慮の射程に入らないことである（Narveson 1967; 1973; Feinberg 1974; Kavka 1982）。例えば、J・ナーヴソンは「結局のところ、かれらが可能な人々（possible individuals）だと言うことは、かれらが特定の種類の（certain sort）人々だと言うことではない。かれらがそもそも人々ではないと言うことである」と指摘する（Narveson 1973: 66）。確かに、いまだ存在していない人々は道徳的考慮の対象とならないと考える人々もいるだろう[2]。その一方で、J・ファインバーグはこう述べる。

ある人々には、曖昧な形而上学へと陥ることへの懸念から、未だ存在さえしていないはるか遠く離れた特定不可能な存在者が権利を現在もつということを否定する傾向がある。未だ生まれざる私たちの玄孫たちは、ある意味で「潜在的な（potential）」人々にすぎず、しかも、胎児よりもはるかに遠く離れた潜在的存在者である。……だが、集団としての後世の人々は、現在ある胎児が母親の子宮の中で「さまざまな普通の出来事を経過して（in the normal course of events）」生まれるのと同じように、確実にこの世に生まれ来る。この意味で、遠く離れた未来の人間の存在は、ある子供が既に存在していることと同じく、遠く離れた存在可能性にすぎない。

（Feinberg 1974: 65／一三九）

P・シンガーの粘り強い議論が訴えかけるように、私たちは物理的に遠く離れ、相手が誰であるかを知らない現在の人々の苦しみに配慮し、行動することができる（Singer 1972; 1993: ch. 8; 2002; 2015; 鶴田　二〇〇八）。それが可能であるのなら、まったく同じやり方で、たとえ数十年、数百年先に生まれ、その顔を直接見ることができない人々であったとしても、そしてまた自分と血縁のない人々であろうとも、かれらの誕生を予期し、その幸福を気にかけることができる。さらに、私たちの現在、さらに今後の選択はかれらの利害に影響を与える（Parfit 1984: 356–357／四八六―四八七）。これらの理由から、本章でも将来世代の人々の利害を考慮することは、現在世代の私たちの道徳的責務であるという想定をとる。

さて、パーフィットは、将来世代にまつわる難問の一つを「非同一性問題（Non-Identity Problem）」と名づけ明確な形で提示した（Parfit 1984: 359–361／四八七―四九三）[3]。各人は特定の卵子と特定の精子とのペアから成る。卵子は通常一ヶ月に一つしか排卵されないが、射精一回の精液には数億の精子が含まれている。私の母が、実際に私を妊娠した時点では妊娠せず、その数日後に妊娠したと仮定しよう。この受精卵は卵子と精子の持ち主がそれぞれ同一人物であり、かつ同一の卵子であったとしても、タイミングが違えば異なる精子と受精することになるのだから、結果として、私が現にもつ遺伝子と完全に同一ではない遺伝子をもった子どもが生まれてくる。「その子どもが『この私』なのか」という問いは、イエスともノーとも特定できない空虚な問い（empty question）であるとパーフィットは示唆するが（Parfit 1984: 352／四八〇）、「かりに、その一ヶ月に受胎しなかったとしたなら、あなたは決して存在しなかっただろう」と主張する（Parfit 1976: 100–101; 1984: 355／四八五、2017: 121–122も参照）。

この事例は現に存在する人間の同一性に関するものであるが、ここから将来世代の人々に対する道徳的配慮へと議論は進む。ここでパーフィットの前提を説明しておこう。彼は、道徳的に重要な意味で人々の暮らし向きの良し悪しを比較できると前提している。厳密な比較は理論上であっても不可能であるが、大まかな比較はできる。ほかの人々よりも、ある人の「暮らし向きがより悪い（worse off）」という言葉は幅広い規定によって比較することができるが、最も広い概念である「生の質（the quality of life）」という語が用いられる。さらに、「生きるに値する（worth living）」という表現も比較に用いられ、ある人の生の質がほかの人々の生の質より低いのであるならば、その人の生は「生きるに値する程度が低い（less worth living）」と記述される（Parfit 1984: 357–358／四八八）。

さて、現在世代の人々の選択は、将来誕生してくる人々の同一性のみならず、その数と、かれらの生の質に影響を与える（Parfit 1984: 359–361／四八九―四九一、事例「十四歳の少女」を参照）。現在世代の人々の選択の結果として存在する人々は、次のように分岐する。（一）同じ人々が存在する、（二）異なる人々が存在する。（二）はさらに（1）同一の人数と（2）異なる人数の場合とに分かれ、さらに（1）は（i）同一性は異なるが同一人数の場合と（ii）同一性、人数ともに純粋に同じ場合とに分かれる（Parfit 1984: 356／四八五の樹形図を参照。本章ではさらに細分化したParfit 2017: 119を使用した）。

パーフィットは執拗なまでに非同一性問題と、通常の道徳的思考において想定されている「人格影響的原理（person-affecting principles）」を繰り返し論じたが、[4] 彼が提示した複雑で錯綜したパズル群を逐一検討するには相当の紙幅を費やす必要があるため、本章では一つの事例に限定して検討する。

「危険な政策」

それでは、パーフィットが提示する具体的な事例を検討しよう（Parfit 1984: 371–375／五〇七–五一二）。

危険な政策：共同体として、私たちは二つのエネルギー政策のどちらかを選択しなければならない。どちらも、少なくとも次の三世紀の間はまったく安全だが、一方にはそれ以降にいくつかのリスクがある。この政策には、次の数世紀は地震が起きる危険のない場所に核廃棄物を埋めることが含まれている。しかし、この廃棄物は、数千年間は放射能をもち続けるので、遠い将来にさまざまなリスクがあるだろう。もし、わたしたちが、この危険な政策を選ぶとしたら、次の一世紀の間は、〔人々の〕生の水準はいくらか高いだろう。そして、わたしたちはこれを選ぶ。その結果として、何世紀か後に大惨事が起こる。地表の地質学的変化が起きて、地震が〔核廃棄物の〕放射線を放散させ、それが何千もの人々を殺す。彼らはこの大惨事によって殺されるが、もし生きていたなら、生きるに値する生を送っただろう。この放射線が影響を与えるのは、それが放散された後に生まれた人々だけであり、この影響によって彼らは四〇歳ごろに死ぬ不治の病に冒されると、わたしたちは想定することができる。この病は死に至るまでは〔彼らの生の質に〕なんら影響しない。（Parfit 1984: 371–372／五〇七–五〇八）

この政策を選ぶことは、将来の人々の命を奪うがゆえに正当化できないと思われるだろう。しかし、非同一性問題で示唆された点を念頭におくと、そう簡単には判断できない。この政策を選択することによって、その後の一世紀の人々の生活水準は高まり生の質は向上する。そして、かりに私たちがもう一方の政策を選択したなら、それによって生まれてくる人々の数と同一性は異なる。つまり、安全な政策を選んだならば、「危険な政策」で現に被害者となる人々が生まれてくることはない。さらに想定上、病を発症するまでかれらは生きるに値する生を送る。ゆえに、かれら自身の生は、早死にすることによる害悪よりも存在することによる利益の方が上回るのだから、存在しなかったよりもよいということになるのである。

ここで私たちは、人々の非存在と存在について考えなければならない。そもそも、誕生は当人にとって、それ自体としてよいことなのだろうか。この問いもまた、長らく議論されてきた[5]。もし、この世に生まれてくることが当人の利益にはならず、かつ、私たちが将来世代の人々に与える危害を最小化したいのであるならば、誰も子どもをもつべきではないという結論に到達しうる（Parfit 1976: 109）。

ここで鍵となるのは「生きるに値する生」とはどのような生であるのかという点である。パーフィットはT・ネーゲル同様、生まれてきたことは幸福だ（Nagel 1979: 7／一一―一二、Parfit 1984: 490／六六三）と考えている。また、「いとわしい結論（the repugnant conclusion）」では、人口が徐々に増加するのに比例して徐々に生の質が低下していくという状態の連鎖を想定した思考実験が行われる。この連鎖は、最終的に膨大な数の人々がぎりぎりの生活を送るという状態に達する。パーフィットは、この状態の人々でさえ「かろうじて生きるに値する生（barely worth living）」を送っていると想定する（Parfit 1984: 388／五二八）。この想定は確かに仮定上、真である。だが、かれらが通常の意味で「生きるに値する生」を送っているようには、私には到底思えない。そして、非同一性問題で示唆されたように、現在の私たちが特定の選択をしなければ生まれてこない人たちがいると仮定したとしても、かれらが喜びよりも苦しみの方がはるかに多い悲惨な生しか送ることができないのなら、パーフィットの議論は脆いものとなる。そこで、次にベネターの主張を検討しよう。

二　ベネターの議論——反出生主義

ベネターは『生まれてこない方が良かった——存在してしまうことの害悪』(Benatar 2006) で主張した反出生主義によって一躍その名を知られることとなった。彼の基本的主張は「存在しないことは当人にとって悪くはないが、可感的存在者は苦を経験するがゆえに、存在することは当人にとって常に悪い」と要約できる。

まず、ベネターは「生きるに値する命」という表現の曖昧さを指摘し、これを、まだ生まれていない人の「始めるに値する命 (lives worth starting)」と、すでに誕生している人の「生き続けるに値する命 (lives worth continuing)」とに分ける (Benatar 2006: 22-28／三一—三七)。この二つはしばしば混同されているが、区別して考える必要がある。現に存在している人の生が「生き続けるに値するか」と問うときは「生き続けるに値する命」として考えられており、例えば手足の一本を失っても、それによってその人の生の質が死んだ方がよいほど悪くなるわけではないと判断されるだろう。他方で「始めるに値する命」について考えた場合、四肢のいずれかを欠損した子どもは産まない方がよいと多くの人は考えるだろう (Benatar 2006: 23／三二)。以後の議論は「始めるに値する命」に関するものである。善悪の基準としては主に快楽説が採用されているので本章でもそれに従うが、欲求充足説、客観的リスト説に基づいた議論でも同じ結論が導き出される (Benatar 2006: 69-88／七九—九八)。さて、次にベネターは四つの前提を置く (Benatar 2006: 30／三九)。

(1) 苦の存在は悪い。

(2) 快の存在は良い。

（3）苦の不在は、たとえそのよさが誰かによって享受されなくても、良い。
（4）快の不在は、その不在がその人からの剥奪となるような誰かがいないのなら、悪くはない。

（1）と（2）で快と苦の評価は対称性をなす。つまり、苦があることは否定的に評価され、快があることは肯定的に評価される。だが、（3）と（4）は、その快苦を経験する人が存在しないと前提されており、苦と快の非存在は、非対称的である。すなわち、この世に存在せず苦がないことは肯定的に評価されるが、快がないことが否定的に評価されるわけではない。すると、この世に決して生まれてこないことの方が、生まれてしまって苦を感じることよりもよい。そこで、ある人が存在する場合と存在しない場合との快苦は、上のように評価される（図6）。

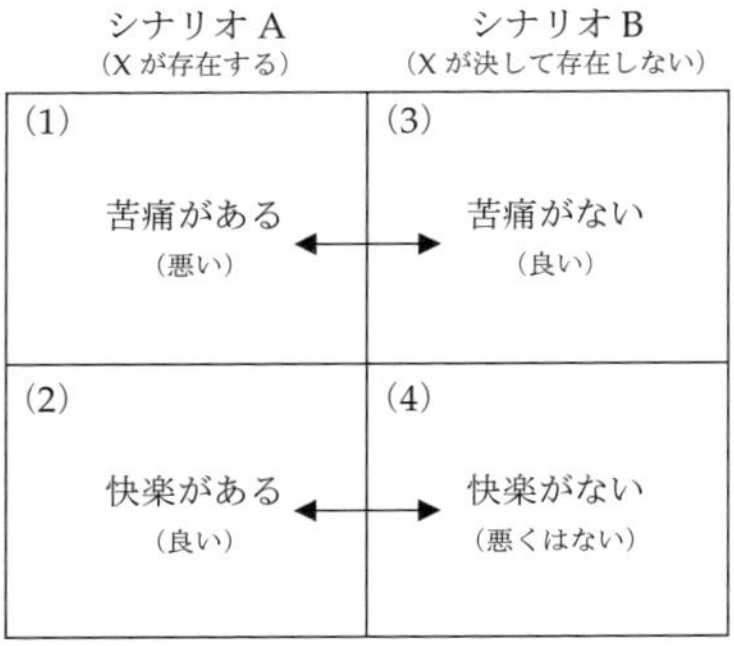

図6　シナリオAとシナリオB
（Benatar 2006: 38／四八）

ベネターによれば、どれだけ幸福に満ちた生であっても生きていれば必ず苦を経験することになるのだから悪を含む。それよりも、初めから存在しないことの方が常によい。

数十億の人々が、少なくとも何らかの不快感を慢性的にもっている。これらの人々は飢えから解放されず、寒さから逃れられず、ストレスを回避できない。しかし、これらを軽減することができる人々でさえ、直ちにそして完全には軽減できないので、彼らもある程度の不快感を毎日経験する。……このことは、人生に内在的快があることもまた否定するわけではない。これらの快は、時々、ネガティブな心的状態がないときに生じ、そして、そのときに最もよく感じられる。……ネガティブな状態でいるよりもニュートラルな状態でいる方がよりよい。そして、ある人がネガティブな心的状態でいるとしたら、それがまったく軽減されないよりも、（できるだけ早く）軽減された方がよい。……決して生まれてこない方がよいという議論は、命に含まれる内在的な快を得るためにひとつの生を始めさせることの馬鹿馬鹿しさもまた説明する。その理由は、存在することによって得られる内在的快でさえ、存在しないことを上回るほどの純益を構成することがないからである。

（Benatar 2006: 71–73／八一—八三）

こういった議論から、ベネターは、存在することは常に当人にとって悪く、ひいては人類は絶滅すべきであると結論づける（Benatar 2006: 163–200／一七一—二〇七）。ベネターのこの主張は社会通念と反するものの、歴史的にみれば特異な思考から生まれたわけではない。

善と悪との二原理を規定し、現実世界を悪とみなして否定する宗教は古代より世界各地で発生した（ニール 一九七九、一〇—三二）。これを極限まで突き詰めたのが、中世のフランス・ラングドック地方を中心に現れアルビジョア十字軍派遣にまで拡大し、消滅したカタリ派（アルビジョア派）である。[6] ギリシャ語の「清浄（katharós）」から命名されたカタリ派は二元論を取り、光明にして霊的なものを善、物質的な一切を暗黒すなわち悪とした（ニール 一九七九、四八、五二—六〇）。この原理に基づいて強烈に現世を嫌悪した結果、カタリ派は過酷なまでの禁欲生活を義務とする。具体的には「肉欲の絶対的な禁圧と最小限度までの食餌の圧縮」（渡邊 一九八九、二五五）すなわち、殺生の禁止と完全菜食主義、肉欲とその結果として生じる生殖の禁止である。ときには死を早めるための瀉血や絶食による自発殉教さえも行われた。[7] 生殖を認めず死を恐れぬのであるから、かれらが絶滅したのは至極当然なことである。理論的な根拠は異なっているとはいえ、ベネターの主張は、こういった流れの新たな一形態と見ることができる。社会において常に少数者であるとはいえ、このような厭世的思考をもちそれを実践する人々が存在することは確かだと言ってよいだろう。

それでは、改めて考えよう。私たちの生は生きるに値しないほど悪いのだろうか。

以下の議論で、私はパーフィットとベネターの中間の立場をとる。すなわち、この世に誕生してくることそれ自体はよいと考えるという点でパーフィットと立場を同じくするが、必ずしもすべての生が「生きるに値する」ものであるとは考えないという点でベネターを支持する。

三 「生きるに値する生」とはどのような生か

ここで、ベネターが頑なに譲らない前提に対して反論を試みたい。それは「痛みは常に悪い」という前提である。彼に反論するのは人生を楽観視しているからではないし、ベネターが挙げる「ポリアンナ原理（Pollyanna Principle）」のためでもない（Benatar 2006: 64／七五）。ポリアンナ原理とは人々が人生に対して抱く楽観主義を、小説『少女パレアナ（ポリアンナ）』の主人公になぞらえて説明するものである。心理学者たちの研究によると、自分の過去を振り返ったとき、一般にネガティブな記憶よりもポジティブな記憶の方を思い出しやすいという傾向が人間には見られる（Carr 2011: 84）。だが、私は自分のこれまでの人生が苦に満ちたものだったことを知っており、自分の人生は主観的にも客観的にも不幸だと評価している。さらに、残りの人生も苦に満ちているだろうと予測する。それでもなお、自分が生まれてきたことそれ自体はよいことだったと考えている。

もちろん、常識的に考えれば痛みや苦しみはそれを経験する人にとって悪である。しかし、不快な経験をただの一度もすることのない人生は、それ自体としてよいのだろうか。私はここで、「そんなのは、ぼくがさっき言っていたように、まるで石のような生活だよ。（491A）」とソクラテスを挑発したカリクレスを支持したい（プラトン一九七四、一四三）。なぜなら、苦の一切ない生など人間の生とは呼べないからである。

ベネター自身の例を用いて考えよう（Benatar 2006: 63-64／七四）。人物Xの人生で起きる善悪の量は比較的少なく、プラスの価値が一五〇〇〇、マイナスの価値が五〇〇〇だとする。他方、人物Yの人生にはプラスの価値が七〇〇〇〇あり、マイナスの価値が五〇〇〇〇あるとしよう。ベネターは、善の純益から考えてXの人生はYよりも悪くはないと判断できると述べる。だが、私はYの人生の方がはるかに幸福だと考える。それは、たとえ耐えがたいほどの苦しみを経験することになろうとも、経験それ自体の量が格段に多いからである。わずかな経験しかできない人生より、より多くの経験を積んだ方が、より豊かで有意義な人生を送ることができる。

そもそも、痛みなくして人は何も学ばない。さまざまな種類の快と同時にさまざまな苦をも経験し、そこから自らの経験を反省することによって自分の行為の指針や人生計画が生まれ、ひいては固有の人格が形成されていくのである。[8] これは何も人間に限ったことではない。動物たちもまた、経験によって自らの性格を形成し、この世で唯一の存在者となる。今私の膝の上にいる一六歳の猫は独自の性格をもつ一人の道徳的存在者である。つまり、快苦を感じる能力があり、それによって幸福にも不幸にもなりえ、人はそれに配慮しなくてはならない存在者である。この猫は一歳半から泌尿器系疾患を患い長期間通院し、心身ともに苦しんできた。現在は慢性腎不全末期となり余命わずかだが、穏やかな老後を送っている。彼の命は生きるに値するものだと私は信じている。

また、単なる痛みは必ずしも苦痛ではないし悪でもない。[9] 一例を挙げよう。私は献血を趣味としている。貧血に悩んでいるため定期的に血液検査を受けたい、献血ルームで休憩できる、回数に応じて表彰されるなど種々の理由があるが、最大の理由は、私が注射針の痛みに無関心なことである。もちろん痛みは正常に感じているが忌避感はない。私は自分の感じる痛みを十分に知りつつ自発的に献血ルームへ足を運ぶ。これは瑣末な例であり、また個人差が非常に大きいものである。痛みはしばしば哲学的論争となるようにきわめて主観的なものであり、心身のコンディションによって同一人物であっても感じ方は異なる。よって、これを一般化するつもりはないが、ベネターの前提に対する反例の一つにはなるだろう。

最後にもう一点、反論しておこう。人間および可感的生物は、忘れる生き物である。〈10〉身体的苦痛であれ精神的苦痛であれ、現に苦しみを感じている時点でどれだけ苦しかろうとも、完全に過ぎ去れば、その苦しみは忘れられる。忘れられない苦しみであったとしても、受容し、そこから学び、後の人生を変えていくことができる。

痛みや苦しみの経験は、人が一人の人間として成長し人格を陶冶するために必要なものではないかと私は考える。おそらく、幸福しか知らない人はまったく魅力のない人だろう。さらにまた、苦しみを経験することによって、人は他者の苦しみを当人の立場から理解することができるようになり、彼らに配慮することができるようになる。ベネターは、苦痛がもつこういった肯定的側面から目を背けている。

他方で、生の質が著しく低く、快よりも苦の方がはるかに上回る人生であるならば、それは生きるに値しない生だという点で、私はベネターに完全に同意する。私たちは、自分自身の子どもだけでなく、自分の死後に生まれくる子どもたちがよい生を送ることができるよう、配慮しそれを実現しうるような選択をすべきであろう。

おわりに――私たちはこれ以上子どもをつくってもよいのか

G・ハーディンが指摘したとおり、地球の資源には限界がある（Hardin 1968）。将来の人々自身の生活環境の悪化や生の質の低下だけでなく、地球上に生息するほかの動植物に人間が与える害悪も看過できない。とりわけ憂慮されるのは天然資源の浪費と枯渇、そして自然破壊であろう。これに危機感を抱く人々も絶えない。

これらの点を念頭に置き、これまでの議論から導き出せる具体的な提案をいくつか紹介しておこう。

まず、人口過剰は途上国の人々だけの問題だと考えられがちであるが、先進国の人々もまた当事者である。両者を比較すると、先進国の人々の方が資源を浪費する生活を送っている。それにもかかわらず、資源の枯渇や気候変動によって真っ先に被害者となるのは、世界で最も貧しく弱い人々である（Overall 2012: 178–179; Rieder 2016: 30–31）。一人当たりの資源浪費がわずかなものであったとしても、集団としてみれば浪費は莫大なものとなる。さらに、先進国の方が一般に教育水準が高く、人々は人口過剰の危険を知ることができる。ゆえに、先進国で豊かな生活を営む人々は自分の責任を自覚し、地球を維持するために、環境にこれ以上負荷をかけないライフスタイルへと変えていかねばならない。

しかし、「一人も子どもをもつな」という要求は強すぎる。そのような義務は誰にも課されていないし、人には生殖の自由がある。そしてまた、子どもをもち育てることは多くの人々にとって得がたい経験である（Overall 2012: 181; Rieder 2016: 47）。しかし「夫婦が望むなら、何人でも子どもをつくっても構わない」とも言えない事態である。許容される子どもの数は正確には決められないが、リーダーとC・オーヴァーオールは、これ以上の人口増加を避けるため「一人に一人の子ども（つまり一組のカップルに二人）まで」を提案する（Overall 2012: 183–184; Rieder 2016: 59）。他方で、生きるに値する生を送ることができそうだという理由で、子どもをもたなければならないという道徳的義務もない。人には産まない自由もまたある。

シンガーは「人類が存在する世界は、存在しない世界よりもよいだろうか」と問い、「私の判断では、ほとんどの人々にとって、人生は生きるに値する。私はまったくの楽観主義者の一人であり、人類が次の一世紀か二世紀を生き延びたなら、過去の私たちの過ちから学び、現在よりも苦しみの少ない世界をもたらすだろうと信じている」

と述べている（Singer 2010）。私はシンガーほど楽観的ではないが、この見込みに期待をかけたい。

人類は長きにわたって、自然災害、資源の不足、飢餓、戦争、大量虐殺など諸々の障壁と戦いながらなお繁殖を続け、高度で多種多様な文明を築き上げ、生存と繁栄を続けてきた。四〇代でこの世を去ったと言われるT・ルクレティウスは、透徹した眼差しでこう記す。

航海術、それから栽培法、城壁、法律、武器、道路、衣類、その他この種のもの、褒美、生活のあらゆる楽しみ、歌、画、それから巧みな彫像、これらを磨きあげてゆくことを、実習と活発な精神の経験とが一歩一歩進みながら少しずつ教えた。このようにして年月は少しずつ、それぞれのものを明るみにおしだし、学問は光の岸辺に現われた。なぜなら人々は次から次へと明らかになってゆくのを心に見、ついに技術の最高の頂きに達したのだから。

（ルクレティウス　一九七六、四〇七）

その後の人々はルクレティウスが予見しえなかったほどの高度な文明を築き上げたが数えきれないほどの愚行もまた繰り返し、そして今に至る。今後の技術の進展によって、環境への負荷や資源枯渇を抑えることができるかもしれないし、それによって子どもをもつ自由も広がるかもしれない。だが、自らの手によって危機に陥り、将来の子どもたちの生の質を保証できなくなるかもしれない。人類は破滅へと向かうのか、理性を適切に用いて新たな生存の可能性を探るのか。それは私たちの選択に委ねられている。最後にプラトン『法律』の一節（721C）を挙げ、章を閉じたい。

したがって、人間の種族は、時間全体と同年齢のものであり、時間の全体とたえず歩みを共にしているし、将来もそうしつづけるであろう。それというのも、人間の種族は、次のような仕かたによって不死なものとなっているからである。つまり、つぎつぎと子供を残して、〔種族としての〕同一性を永遠に保ちながら、出産によって不死にあずかっているからである。そこで、みずから意志してこの事実に背を向けるのは、断じて敬虔なことではない。

（プラトン　一九七六、二八六―二八七）[11]

注

〈1〉ロールズによれば、さらにI・カントにまで遡ることができる。カントはこう述べている。「これについては奇妙なことがある。その一つは、一つの世代は苦労の多い仕事に従事し、次の世代のための土台を用意し、次の世代はその土台の上に、自然の意図する建物を構築できるかのように見せるのである。もう一つは、この建物に住むという幸福を享受できるのは、ずっと後の世代になってからであり、それまでの幾世代もの人々は、その意図はないとしても、この計画を進めるために働き続けるだけで、自分たちが準備した幸福のかけらも享受できないことである」（カント　二〇〇六（一七八四）、三九）。カント、ロールズの両者とも、過去の人々が準備した技術や資源によって将来の人々の暮らし向きがよりよいものとなると想定しているが、現状ではそのような楽観主義はとれないだろう。

〈2〉（i）いまだ存在していない人々に不正を行うことは不可能である。（ii）だが、将来、人々は現に存在する。（iii）たとえ、私たちが自由放任主義をとった結果、将来世代の人々の暮らし向きが悪くなろうとも、（i）を仮定すると、私たちがかれらに不正をはたらくことはありえない。（iv）ゆえに、将来の人々の幸福を促進する義務は、私たちにはない。G・カヴカはこれを「未来の人々のパラドクス」と呼んだ（Kavka 1982: 94–95）。

〈3〉非同一性問題だけを徹底的に論じたものとしてBoonin 2014がある。Roberts & Wasserman 2009に収められた諸論考も参照されたい。

〈4〉パーフィットはParfit 2017を投稿した翌日、二〇一七年一月二日の早朝に死去した。

〈5〉ナーヴソンはこう主張する。「もし、あなたが『幸せな子供の誕生の結果、誰の幸せが増したのか』と問うても、『誰のものでもない』が答えである。もちろん、彼の誕生は一般的な幸福へ間接的に影響するが、それはまったく別の問題である。……私たちが彼について問わねばならないのは、彼が幸福かどうかではなく、誕生の結果、彼がより幸福になったかどうかである。そして、このやり方で問うなら、『イエス』と『ノー』のどちらの答えも無意味だとわかるだろう。というのも、そのとき、彼の新たな至福の状態を、いったい誰と、あるいは何と比較しているのだろう。ひょっとすると、この子が生まれる前よりも幸福なのだろうか。あるいは、彼の分身（his alter ego）よりも幸福なのか。明らかに、ここには理にかなった答えは存在しない。……この子どもの幸福は、生まれてきた結果として、いかなる理解可能な意味でも増大しない。それは、誰にも直接に彼を存在させる道徳的理由がないからである」（Narveson 1967: 67）。

〈6〉カタリ派の教義、その出現と消滅の経緯は、ニール　一九七九および渡邊　一九八九を参照されたい。また、ナチス政権を逃れてアメリカへ渡るためにマルセイユに滞在した晩年のS・ヴェイユがカタリ派に強い関心を寄せ、オック語地方の文明を「死滅した、私たちの涙に値するこの国」と讃えたことを記しておこう（Weil 1943: 416／二二一）。

〈7〉ニール　一九七九、五二―六〇、渡邊　一九八九、二四九―三〇二。ただし、実情はより緩やかであったようだ。当時、魚類は鳥獣と同一視されていなかったため魚食は許容され、婚姻を秘蹟とするカトリックの教義は拒んだが、「完徳者（perfecti, boni homines）」以外の単なる「帰依者（credentes）」の事実婚は認められていた。

〈8〉私は鶴田　二〇一五で「人生の物語的解釈」を提示し、この点を説明した。

〈9〉Overall 2012: 110が類似した反論を行っている。ベネターはピンで一回刺された痛みでさえも、まったく存在しないことよりも悪いと考えているが（Benatar 2006: 48／五八）、これは馬鹿げていると私は思う。

〈10〉古代ギリシャからアウシュヴィッツまでを通じた人間の記憶と忘却のせめぎ合いの歴史については、ヴァインリヒ　一九九九を参照されたい。彼は、U・エーコが冗談として提唱した「忘却術」（Eco & Migiel 1988）に触発されて同書を執筆した（ヴァインリヒ　一九九九、三二一―三二二）。

〈11〉同書776B（三七五―三七六）も参照。同趣旨の文章はルクレティウス　一九七六、三一四にも見られる。

外国語文献の引用にあたって、邦訳のあるものはそれを参照したが、適宜改訳をおこなった。

第Ⅳ部

人口移動の問題

第7章　人の移動と国境管理
――参入、離脱、受容可能性

福原　正人

はじめに

重要な自由の一つに、移動（movement）の自由というものがある。あなたは、ありふれた場所の移動のほかに、観光、学業、就労のための滞在や転居のように、あなたが価値づける生き方や目的を実現するため、生まれた土地や住み慣れた地域から移動している。こうした移動の自由は、通常の場合は、国家内の移動として行使されるが、あなたが「国境（borders）」と呼ばれる空間上の境界線を越えるとき、移動は「移住（immigration）」、移動者は「移民（immigrants）」と捉えられることで、話が大きく変わってくる。というのも、国家間の移動は、境界線を挟んで競合する二つの利益、つまり移動者の利益と居住者の利益が、国家内の移動と比較して、より先鋭的な形で衝突するからである。実際に、こうした利益の衝突は、移動者が参入（entry）する場合は、受け入れ側の居住者にとっての「移民受け入れ」問題として、移動者が離脱（exit）する場合は、送り出す側の居住者にとっての「頭脳流出」問題として顕在しており、保護されるべき利益や課されるべき負担が問われてくる。

そこで本章では、移民正義論と呼ばれる議論を参照することで、「国境」を越える移動者の参入・離脱に際して問われる利益や負担の割り当ての仕方を明らかにしたい。第一節では、移民正義論に関する予備的な整理を行いながら、本章が展開する議論の特徴をいくつか確認したい。そのうえで、第二節では、移動者の自由を重みづける議論を、第三節では、居住者の自由を重みづける議論を検討する。最後に、第四節では、さしあたり正統な国家は、明らかな不正義を除いて、理に適った形で受容可能である範囲のなかで、移動者の参入・離脱に際して問われる利益や負担を独自に割り当てる権利者であると論じたい。

一　予備的な整理

まず、移民正義論では、「移民受け入れ」問題という移動者の参入に際して問われる利益や負担の割り当てと、「頭脳流出」問題という移動者の離脱に際して問われる割り当てが、独立した問題として検討されてきた。ここには、移民正義論の発端が、J・カレンズによるM・ウォルツァーの成員資格（membership）に関する議論の批判的な検討という「移民受け入れ」を文脈とする議論であったという事情が考えられる（Carens 1987; cf. Walzer 1983）。しかし、カレンズ以降の移民正義論でも、とりわけ二〇〇〇年代に精緻化するグローバルな分配的正義論と連動する形で、先進国にとってメジャーな課題である「移民受け入れ」に対して、とりわけ発展途上国における医療従事者の「頭脳流出」は、後発の課題として捉えられてきた[1]。本章でも、議論を簡略化するために、移動者の参入の際に問われる利益や負担の割り当てに関して記述していくことになるが、とりわけ第四節において擁護する議論は、参入・離脱に共通する利益や負担の割り当ての正統性条件として提示されることから、本章は「頭脳流出」を念頭においた議論として敷衍することもできる。

次に、移民正義論は、とりわけ「移民受け入れ」を念頭において、「国境開放（opened borders）」論と「国境閉鎖（closed borders）」論の間の論争として整理されてきた（Wilcox 2009; Armstrong 2012: ch. 8）。しかし本章では、こうした開放論・閉鎖論を、各立場に著名な論者を割り振るような対立軸として捉えず、移動者の参入・離脱に際して問われる利益や負担の割り当てに関する独立した二つの議論であると捉えることで、以下のように定義しておきたい。

開放論は、移動者の利益が、参入・離脱を正当化するに十分なほど重みづけられる、ある程度の（pro tanto）理由があることを主張する議論である。ここでは、移動者の自由（利益）が、各人に付与される一般的な権利、つまり「移住する人権（human right to immigrate）」として保障されるのか否かが問題になってくる。閉鎖論は、受け入れる側・送り出す側の居住者の利益が、参入・離脱の制限を正当化するに十分なほど重みづけられる、ある程度の（pro tanto）理由があることを主張する議論である。ここでは、居住者の自由（利益）が、とりわけ正統な国家に付与される国境管理権限、つまり移動者を選別・排除する特権として保障されるのか否かが問題になってくる[(2)]。

このとき、次の二点に注意するべきである。第一に、開放論・閉鎖論は、「ある程度の理由」を提示する議論であって、「絶対的な理由」を提示する議論ではない。例えば、受け入れる側・送り出す側の居住者が、公衆衛生や安全保障に関連した深刻なコストを被るような例外的な状況に陥ることが予見される場合に、移動者の権利が留保されること、あるいは、移動者が政治的な抑圧や宗教的な迫害により移住せざるをえない「難民（refugees）」である場合に、正統な国家の特権が留保されることのように、移動者と居住者の利益の重みづけが変化する余地は大いに残されている（Carens 1992: 28–32）[(3)]。

第二に、開放論・閉鎖論は、移動者の自由がどういった利益を要求する自由として行使されるのかという点を

表 7–1

	領土	成員資格
参入	（T1）領土への入国	（T2）資格取得
離脱	（T3）領土からの出国	（T4）資格離脱

考慮するべきである。というのも、「国境」を越えて参入・離脱する移動者の利益が、受け入れる側・送り出す側の居住者にとって、どういった利益と衝突するのかを正確に理解しないかぎり、開放論・閉鎖論は、すれ違いを引き起こすことになるからである。そこで本章では、表7－1が示すように、（1）移動者の参入・離脱が、観光、学業、就業により領土に入国・出国する要求に留まること、（2）国籍変更や帰化により成員資格を取得・離脱する要求に及ぶことを、形式的に区別しておきたい（Pevnick 2009: 154–158; Fine 2010: 342–343; Stilz 2016: 59–56）。

こうした区別により確認される点は、各議論にとって次のとおりである。まず開放論は、移動者の自由が、成員資格を取得・離脱する要求を正当化するほどに重みづけられる理由があるといった強い主張を展開する必要はない。実際に、第二節で検討する「移住する人権」という権利は、「国境」を越える移動者が、（T1）領土への入国により滞在・居住することを保障するが、（T2）受け入れ側の成員資格を取得することを保障するわけではない（Carens 1992: 29; Oberman 2016: 34）。一方で、閉鎖論もまた、居住者の自由は、（T1）・（T3）領土に入国・出国する要求に対する制限を正当化するに足る理由をもつのかどうかと、（T2）・（T4）成員資格を取得・離脱する要求に対する制限を正当化するに足る理由をもつのかどうかを区別して検討する必要があるだろう。[4]

二　移動者の自由

本節では、移動者の自由（利益）を重みづける理由を検討する。それによれば、移動者の自由は、「移住する人権」――本章ではこうした権利を「移住権」と呼びたい――をもって、領土に入国する要求を正当化するほどに重みづけられる理由がある以上、受け入れ側の居住者は、観光、学業、就労に応じた移動者の滞在・居住を妨げない一般的な義務がある。以下では、こうした移住権を擁護する議論として、論理的な一貫性による議論、道具的な価値による議論を検討したうえで、後者の議論が有望であることを明らかにする。(5)

論理的な一貫性による議論

論理的な一貫性による議論は、国内社会と国際社会の間の一貫性や、離脱と参入の間の一貫性といった論点をもって展開される（Carens 1987; 1992: 26–28; Ypi 2008; Cole 2011; Brock 2016）。例えば、世界人権宣言一三条において、国家内の移動の自由や、生まれた国家の領土から出国するといった離脱の自由は、権利として保障されている。よって、論理的な一貫性による議論は、移動の自由がすでに権利をもって重みづけられていることの論理的な敷衍として、希望する国家の領土に入国する要求もまた、移住権として保障されるべきであるとする。つまり、国家内の移動の自由や、生まれた国家の領土から出国することを権利として保障しているにもかかわらず、異なる国家の領土に入国する要求を権利として保障しないことは、問題となる自由を不当に貶めている。

しかし、論理的な一貫性による議論は、移住権を擁護する議論として成功しているだろうか。まず、こうした議論は、一貫性を掘り崩すケースをもって批判されてきた。まず、離脱と参入の間の一貫性に関しては、例えば結婚の自由に訴えるケースが挙げられる（Miller 2016b: 21; Wellman 2016: 90–91）。それによれば、結婚の自由が権利として保障されることには、希望する何人とも結婚する権利が伴わないように、生まれた国家の領土から出国することが権利として保障されることには、必ずしも希望する国家の領土に入国する権利が伴うわけではない。

さらに、国内社会と国際社会の間の一貫性に関しては、移動の自由が全面的に重みづけられるか否かという問題設定が誤っていることが指摘される（Pevnick 2011: 83–84; Stilz 2016: 58）。というのも、移動の自由は、それ自体として重要な価値があるとはいえ、国内・国際社会を問わず、大なり小なり制限されうる自由であるからだ。むしろ問題にするべきは、移動の自由が、道徳的に些細な形で制限される場合と、問題がある形で制限される場合の間の区別である。考えてみると、ありふれた場所の移動は、交通渋滞といった些細な形で制限されることがあるわけだが、例えば城壁に囲まれた地理的空間に幽閉されることで毎週末の礼拝に参加できない場合、たとえ幽閉先で移動の自由が一定の程度で保障されるとしても、移動の自由は道徳的に問題がある形で制限されていると言えるだろう。

以上の議論から明らかであることとは、論理的な一貫性による議論は、移動の自由が、異なる国家の領土に入国する要求を正当化するほどに重みづけられないことが、道徳的に問題がある、ということの理由に欠けていることから、一貫性の反証になるケースに対して堅牢であるとは言いがたいということである。よって、移住権を擁護する議論は、論理的な一貫性という形式的な理由のみならず、実質的な理由に踏みこむべきである。

道具的な価値による議論

道具的な価値による議論は、論理的な一貫性による議論に欠けている実質的な理由を提示する議論である。それによれば、移動の自由は、個人にとっての「基本的な諸自由（basic liberties）」を行使するための手段という道具的な価値を伴うことから、権利として保障されるべきである。本章では、こうした諸自由（利益）が、具体的に言えば、職業、結婚、信仰、表現、結社の自由として列挙されるような、善き生を追求する能力としての「自律性（autonomy）」ならびに正義に適った社会を追求する能力としての「正義感覚（sense of justice）」といった個人の道徳的能力に関連するという意味において、基本的であると定義しておきたい（Oberman 2016: 35; Stilz 2016: 62–63）。よって、上記の幽閉の事例では、移動の自由は、礼拝への参加という信仰の自由を行使する手段を奪っているという意味で、道徳的に問題がある形で制限されていると言える。

むろん、移動の自由に備わる道具的な価値は、国家内の移動の自由や、生まれた国家の領土から出国するという離脱の自由が、権利として保障される理由として知られてきた（Miller 2005: 196; 2016b; Pevnick 2011: 84–85; Wellman 2016: 87–88）。というのも、とりわけリベラルな国家は、一般的に言って、各人が「基本的な諸自由」を行使するために十分な選択肢を提供していると考えられることから、道具的な価値は、こうしたリベラルな国家による支配権が及ぶ地理的空間において移動する自由や、リベラルではない国家から離脱する自由として重みづけられるからである——本章ではこうした議論を「十分説」と呼びたい。

しかし、「十分説」には、次のような二つの問題がある（Carens 1992: 38; Brezger & Cassee 2016: 369–370; Oberman 2016: 38–45）。第一に、各人が「基本的な諸自由」を行使するために十分な選択肢を提供する地理的空間が、国家内の移動としてのみ保障される理由が判然としない。もし「十分説」が正しいならば、「基本的な諸自由」を行使するために十分な選択肢を提供する国家未満の地域——例えば、関東地方といった地域区分——における移動の自由のみが、権利として保障されることさえも考えられるだろう。

第二に、より重要なことに、「基本的な諸自由」を権利として保障するということは、そうした諸自由を行使する選択肢として一般的であるような選択肢のパッケージを保障することに還元するべきではない。というのも、「自律性」や「正義感覚」を発揮するということは、各人にとって、どういった生き方が「善い生」であるのか、どういった社会が「正しい社会」であるのか、といった根本的な問いを追求することであって、一般的な選択肢のなかの一つを選び取ることではないからである。このことは、禅宗の教義に感銘した西洋人に対して、西洋社会において信仰の自由を行使する選択肢として一般的な選択肢であるような、キリスト教諸宗派に対する信仰のみを権利として保障することが、いかに無益であるのかを考えれば明らかであるだろう(6)。

そこで本章では、移動の自由は、「基本的な諸自由」として行使される一般的な選択肢を超えて、可能性のある、あらゆる選択肢のための手段であるという意味において、道具的な価値を備えると考えることで、異なる国家の領土に入国する要求を正当化するほどに重みづけられると主張したい(Carens 1987: 258–259; Oberman 2016)。例えばJ・カレンズは、とりわけ「自律性」が発揮される自由に関して、生まれた国家では行使しえない可能的な選択肢について、以下のように述べている。

> 誰もが国家内の移動を望むことになる理由は、国家間の移動のための理由でもある。誰もが仕事を探したり、異なる国家で生まれた人と恋に落ちたり、生まれた国家ではほぼ信者をもたないが異なる国家で多くの信者を抱える宗派の一員となったり、異なる土地でのみ体験することのできる文化的な機会を得たいと望むかもしれない。
> (Carens 1992: 27–28; cf. Oberman 2016: 35–m36)

また、「正義感覚」が発揮される自由に関しては、移動の自由は、例えば意見や情報の交換、問題の解決といった異なる国家における政治的な活動を含むような、表現、結社の自由を行使する可能的な選択肢の手段であると言える。このとき、可能的な選択肢として、必ずしも異なる国家で選挙権をもつことを想定する必要はない。というのも、ここでの問題は、生まれた国家において正義に適った社会を追求する場合、あるいは、例えば民族紛争や気候変動のような「国境」を越えた課題に対して、複数の国家が協働して正義に適った社会を追求する場合に、移動の自由が、異なる国家の領土に入国して、そこで居住する人々と顔を合わせて交流を深めることで、生まれた国家では認識しえない事実や理論、獲得しえない政策やアプローチに触れるような、可能的な選択肢の手段を権利として保障するという点にあるからである（Oberman 2016: 36, 44）。

以上の議論から、移住権は、「自律性」や「正義感覚」を発揮する、あらゆる可能的な選択肢のための手段という道具的な理由から擁護されることから、移動者の自由（利益）が領土に入国する要求を正当化するほどに重みづけられる理由があると考えておきたい。

三　居住者の自由

本節では、居住者の自由（利益）を重みづける理由を検討する。それによれば、居住者の自由は、正統な国家により行使される「排除する権利（right to exclude）」——本章ではこうした権利を「排除権」と呼びたい——をもって、領土に入国する移動者を選別・排除する特権を正当化するほどに重みづけられる理由がある。以下では、排除権を擁護する議論として、結社、所有、同意といった三つの有力な議論を概説したうえで、三つの議論に共通するテスト・ケースとして新生児に注目したい。

結社・所有・同意

排除権を擁護する議論は、次のような特徴をもって定義される「領域的な国家」という共通項をもつ。正統な国家とは、各人の「基本的な諸自由」を権利として保障するという意味で正義に適った制度であり、このとき問題となる制度は、特定の地理的空間を領土として支配する正統な権利者である（福原 二〇一七a）。そのうえで、こうした正統な国家により行使される排除権は、居住者が「国境」を越える移動者に対して行使する自由に関連して、結社、所有、同意といった三つの議論から擁護される。[7]

まずは、C・ウェルマンの結社に訴える議論から説明したい（Wellman 2008; 2011）。この議論は、国内社会において権利として保障される結社の自由、つまり各人が希望する人との間に結社を創設する自由から出発する。このとき、例えば結婚する自由には、誰を結婚相手とするのかを決定する自由を不可欠な要素として含むように、結社の自由には、誰を結社の成員として迎え入れるのかを決定する自由を含む。同様に、居住者もまた、集団としての結社の自由を根拠として、誰を自分たちの結社の成員として迎え入れるのかを決定する自由がある。つまり、正統な国家により行使される排除権は、個人と集団の間の類推を前提とすることで、居住者には、自分たちの成員資格の割り当てを決定する自由があるという点から擁護される。[8]

次に、R・ペブニックの所有に訴える議論を説明したい（Pevnick 2011: ch. 3）。この議論は、ロック主義的な所有観、つまり各人が労働を通じて獲得した事物を所有する自由から出発する。そのうえで、正統な国家という正義に適った制度は、例えば納税や遵法、政治参加といった居住者による社会的協働をもって創設・維持されていることが確認される。よって、正義に適った制度の居住者は、集団として、現行の制度に対して関係的な所有権をもつことから、誰が自分たちの所有する制度に立ち入るのかを決定する自由がある。つまり、正統な国家により行使される排除権は、居住者には、自分たちの所有物への立ち入りを決定する自由があるという点から擁護される。

最後に、M・ブレイクの同意に訴える議論を説明したい（Blake 2013; 2014）。この議論は、各人が言われなき責務を受容・拒絶する自由から出発する。このときブレイクは、こうした自由の存在を、一般的な義務の正当性がその負担割り当ての正統性を伴わないことに関する直観性を説明するJ・トムソンの「ヴァイオリニストの治療」という仮想事例を修正することで、次のように説明する（cf. Thomson 1971）。ある著名なヴァイオリニストが、献血による治療を必要としていた。このとき、献血を引き受ける輸血者はすでに選ばれていたにもかかわらず、ヴァイオリニストが、第三者であるあなたを輸血者として指名したとしよう。しかし、献血という一般的な援助義務であっても、あなたに、それを責務として引き受ける特別な理由がない場合、献血を引き受けるのか否かを決定する自由があると考えられる。つまり各人は、責務を同意ぬきに割り当てられない権利がある。

そのうえで、正統な国家という正義に適った制度は、居住者に対して、とりわけ人権をもって保障される「基本的な諸自由」に相関する形で発生する、権利を保護する負担を責務として割り当てることが確認される。このとき、移動者が人権を保障する正統な国家で生まれたにもかかわらず、異なる国家の領土に足を踏み入れる——つまり、移動者が「難民」ではなく「移民」として入国する——場合、かれらの権利を保護する新しい責務は、居住者にとって言われなき責務として発生することになる。よって、権利保護という一般的な義務であっても、居住者に、それを責務として引き受ける特別な理由がない場合、誰の権利保護を引き受けるのか否かを決定する自由がある。つまり、正統な国家により行使される排除権は、居住者には、一般的な義務が要求する責務負担の割り当てを受容・拒絶する自由があるという点から擁護される。

テスト・ケースとしての新生児

むろん、三つの自由が、排除権を擁護する議論として成功しているか否かは、各自由の妥当性として検証されるべきである。(9) まず、結社に訴える議論に関しては、成員資格の割り当てに関する任意性は、領土に入国する旅行者や短期滞在者を選別・排除する理由として十分であるのかは問われるべきであろう（Fine 2010: 342–343; Blake 2014:

530; Brezger & Cassee 2016: 371-372)。さらに、所有に訴える議論に関しては、社会的協働を構成する制度への貢献の定義次第では、関係的な権利者から包摂されるべき障碍者を排除したり、排除されるべき旅行者や外国人の土地所有者を包摂するといった形で、現在の居住者に対して過少・過剰包摂することが考えられるだろう（Blake 2014: 531; Brezger & Cassee 2016: 375-376）。

しかし、本章では、三つの自由が直面する共通のテスト・ケースとして、領土に生まれた新生児に注目してみたい。というのも、居住者には、（1）自分たちの成員資格の割り当てを決定する自由、（2）自分たちの所有物への立ち入りを決定する自由、（3）一般的な義務が要求する責務負担の割り当てを受容・拒絶する自由のうちのいずれかの自由があるならば、「国境」という地理上の境界線を越える移動者だけではなく、「世代（generations）」という時間上の境界線を越える形で領土に生まれる新生児さえも選別・排除する理由として機能するというケースが考えられるからである（Kates & Pevnick 2014; Brezger & Cassee 2016）。このことを同意、つまり三番目の自由に訴える議論から説明してみると、次のようなことになる。つまり、各人には、一般的な義務が要求する責務負担の割り当てを受容・拒絶する自由があるならば、居住者には、例えば黒人として生まれた新生児や、特定の障碍をもって生まれた新生児の権利保護を引き受けるのか否かを決定する自由があることを含意することになる。

むろん、排除権を擁護する議論は、こうしたいとわしい帰結を避けるため、上記の三つの自由が、あくまでも「絶対的な権利」ではなく、独立したほかの理由により覆される「推定的な権利」として行使されることを改めて強調する（Wellman 2008: 117; 2011: 54; Pevnick 2011: 63-66; Blake 2013: 119）[10]。このとき、排除権を擁護する議論にとって、時間上の境界線を越える新生児を選別・排除することなく、地理上の境界線を越える移動者のみを選別・排除するためには、前者には適用されて後者には適用されない独立したほかの理由が、居住者の自由を乗り越えることを主張しなければならない。よって、居住者にとって新生児の権利保護を引き受けるべき独立したほかの理由とは、居住者の一員として平等な地位を認めるべきであるという「社会的な平等（social equality）」と言えるだろう。というのも、生まれた新生児の権利保護を拒絶することは、居住者の一員として生まれた新生児の権利や、居住者の一員である両親の生殖する権利を明らかに不当な形で制限することになるからだ。

ここまでの議論をまとめたい。第二節・三節では、「移民受け入れ」を念頭において、移動者の自由を重みづける議論、居住者の自由を重みづける議論を検討した。前者によれば、移住権は、道具的な価値をもって擁護されることから、移動者の自由（利益）が領土に入国する要求を正当化するほどに重みづけられる理由がある。後者によれば、排除権は、結社・所有・同意の観念に訴えることで擁護されることから、居住者の自由（利益）が移動者の入国を選別・排除する特権を正当化するほどに重みづけられる理由がある。なお本章では、結社や所有に訴える議論が退けられることを展開する紙幅の余裕はないが、筆者は、ブレイクによる議論が、一般的な義務が要求する責務負担の割り当ての正統性を問題にしている点において、議論の筋として有望であると考えている。この場合、たとえ移住権に相関する形で発生する、移動者の滞在・居住することを保障する一般的な義務があるとしても、受け入れ側の居住者は、その責務負担の割り当てを受容・拒絶する自由があると言えるだろう。しかし、本節で検討した新生児というケースからわかるように、こうした責務負担の割り当てを受容・拒絶する自由は、例えば「社会的な平等」といった独立したほかの理由をもって無効化されることがある。このとき、たとえ居住者が、生まれた新生児の権利保護を引き受けることを満場一致で拒絶していたとしても、かれらの自由は乗り越えられることになる。

四　理に適った受容可能性

本節では、同意に訴える議論を「理に適った受容可能性（reasonable acceptability）」という正統性条件をもって修正することで、さしあたり正統な国家は、明らかな不正義を除いて、理に適った形で受容可能である範囲のなかで、離脱・参入で問われるべき利益や負担を独自に割り当てる権利者であると論じたい。

第三節で言及したように、正統な国家は、居住者に対して「基本的な諸自由」に相関する形で発生するような、権利を保護する負担を責務として割り当てる。しかし、ここで改めて確認するべきことは、こうした割り当てが同定される過程で、権利として保障される「基本的な諸自由」もまた、大なり小なり制限されうるということである。例えば、職業の自由は、権利として保障される「基本的な諸自由」の一つであるが、そのことは、特定の職業には、大学卒業や国家免許といった就労条件や、給与に比例した高い税率といった制限が課されることと両立する。同様に、移動の自由もまた、国内・国際社会を問わず、権利として保障されるべき自由であるとしても、そのことは、例えば移住権に対して、いくつかの制限が課されることとは両立する。

しかし、領土に生まれた新生児というケースは、居住者による同意が、「基本的な諸自由」に対する制限が満たすべき正統性条件として、強すぎる主張である点を明らかにしていた[11]。このとき、居住者の同意は、例えば「社会的な平等」というほかの理由をもって無効化されることから、要請されるべき正統性条件は、居住者が「基本的な諸自由」に対する制限を実際に受容するか否かではなく、理に適った形で受容可能であるか否かとして捉えるべきである。本章では、こうした条件を「理に適った受容可能性」と呼ぶことで、次のように定式化したい。つまり、正統な国家は、明らかな不正義を除いて、理に適った形で受容可能である範囲のなかで、移動の自由に対する制限を課すことが許容される。
とはいっても、明らかな不正義を除いて、理に適った形で受容可能である範囲は、具体的に言って、どういった範囲として捉えるべきであるのか。そこで本章では、こうした範囲に対して、次のような説明を与えたい。つまり、正統な国家による「基本的な諸自由」に対する制限が、（1）相応しい判断材料に基づいた妥当な推論をもって決定されており、（2）深刻な権利侵害を引き起こしていないという意味において、正義に適った制限からかけ離れていない範囲である。[12] このとき、権利侵害の「深刻さ」を同定する理由としては、領土に生まれた新生児というケースのように、「社会的な平等」は有力な候補の一つである。例えば、大学の入学条件として、黒人学生の新しい入学を拒絶することは、すでに在学生の一員である黒人学生に認められるべき平等な地位を貶めるように、例えば特定のナショナリティをもって移動者を選別・排除する国境管理政策は、居住者内部の「社会的な平等」という理由から正統性が覆されるべきである（Blake 2002: 284; Pevnick 2011: 64）。また、このほかにも「緊急性のある課題」も候補の一つとして考えられる。例えば、第三節において言及した「ヴァイオリニストの治療」という仮想事例において、あなたにとって、ヴァイオリニストへの献血を引き受ける特別な理由がないとしても、献血が緊急性のある要求であり、同時に、コストが低い要求であるならば、あなたは要求に応じるべき場合が考えられるように、「難民受け入れ」のなかでも緊急性のある要求さえも拒絶する国境管理政策は、「緊急性のある課題」という独立したほかの理由から正統性が覆されるべきである。[13]
最後に、「頭脳流出」について言及したい。ここまで、「移民受け入れ」といった移動者の参入に際して問われる利益や負担の割り当てに関する条件として記述してきたが、本節が展開してきた根本的な関心は、正統な国家による「基本的な諸自由」に対する制限の正統性条件である。よって、同様の条件は、移動者の離脱で問われる利益や負担の割り当てに関する条件として、次のように敷衍することができる。つまり、正統な国家は、明らかな不正義を除いて、理に適った形で受容可能である範囲のなかで、生まれた国家の領土から離脱する要求を制限することが許容される。[14] 具体的に言えば、正統な国家は、正義に適った制度の安定性を保つために、例えば過度な人口流出を予防する出国課税といった政策を行ったり、医療従事者に代表される公的な費用を投入して育成される専門職には一定の期間の役務を課す制度を設けることが許容される。むろん、移動者の参入に関わる国境管理政策と同様に、離脱に関する政策・制度の正統性は、「社会的な平等」や「緊急性のある課題」といった独立したほかの理由から正統性が覆される場合が考えられるだろう。

おわりに

筆者が考えるに、本章の結論は、比較的穏当なものである。つまり、正義の問題として、「国境」を越える移動者の自由が、移住権として保障される一般的な理由は擁護されるとはいえ、正統性の問題として、さしあたり正統な国家は、この移住権を制限する権利者であると言えるだろう。[15]

注

〈1〉カレンズの議論については、岸見 二〇一四を参照のこと。なお、近年注目され始める「頭脳流出」に関しては、例えばEyal & Hurst 2008; Brock & Blake 2015が詳しい。

〈2〉とりわけ閉鎖論に関連して、居住者の自由（利益）は、移民受け入れ・頭脳流出がもたらす帰結——安全保障、公衆衛生、福祉国家の安定性、文化の統一性──をもって重みづける理由があるといった（通俗的な）言説がある。しかし、こうした言説は、参入・離脱の制限を正当化する理由として、必ずしも十分な理由とは言えない（Pevnick 2009: 146–154）。第一に、移民受け入れ・頭脳流出が、居住者にとって積極的な帰結をもたらすのか、消極的な帰結をもたらすのかは比較される観点ごとに異なるからである。例えば、移民受け入れは、各国家の文化的な観点にとっては消極的な帰結をもたらすが、経済的な観点にとっては労働者確保といった積極的な帰結をもたらすことが考えられる。第二に、国家間の移動が、特定の居住者にとって移民受け入れ・頭脳流出がもたらす帰結といった部分最適解をもって評価されることの規範的な根拠が判然としないからである。つまり、閉鎖論は、たとえ国家間の移動が地球規模といった全体最適解であるとしても、各国家が居住者にとっての帰結を優先する特権の所在を明らかにする必要がある。

〈3〉 この点に関連して、閉鎖論は、必ずしも現状肯定論というわけではなく、むしろ先進国による現行の国境管理権限は、いくらかの問題があると考えている（Blake 2014: 531）。よって、閉鎖論の主眼は、各国による国境管理権限という現状を理想的な形で再構成することにある。

〈4〉 閉鎖論は、参入・離脱の間の非対称性、つまり（T１）領土への入国を制限しながらも、（T３）領土からの出国を認めることを正当化する議論として知られている（Blake 2014; Miller 2016b; Wellman 2016）。しかし、後述するように、こうした（T１）・（T３）の間の非対称性を、移動の自由を制限することと、まったく制限しないことの間の非対称性として捉えることは誤っている。

〈5〉 移動者の自由を重みづける理由として、グローバルな分配的正義論に関連して、機会の平等に訴える議論がある（Carens 1992: 26–28; Cole 2000）。それによれば、各人は、性別や階層を問わず平等な機会が保障されるべきであるにもかかわらず、例えば就労への機会は、先進国の成員資格をもって偏って割り当てられていると言わざるをえないことから、こうした機会に関するグローバルな不平等を是正する積極的な義務がある。しかし、こうした議論は、問題となる積極的な義務が、国境を越える移動者に対して成員資格を開放する義務を必ずしも含意しない、という点から退けられる。というのも、成員資格の開放は、必ずしもグローバルな不平等の是正に貢献するわけではないと考えられるからである（Oberman 2011; Armstrong 2012: ch. 8; Blake 2014）。

〈6〉 とりわけミラーは、「基本的な諸自由」を保障するために適切な範囲が、人間の一般的な利益（generic human interests）をもって同定されるとしたうえで、とりわけリベラルな社会では、こうした一般的な利益は、国家内の移動の自由をもって十分な数の選択肢として提供されると主張する（Miller 2007: 206–208）。しかし、こうした議論は、「基本的な諸自由」に関連して、「普遍的な利益（universal interests）」と「一般的な利益」を混同している。というのも、人権として保障されるべき基本的な利益は、抽象的なレベルで、「普遍的な利益」であるべきだが、そのことは、具体的なレベルで、「一般的な利益」であることを含意するべきではないからである（Oberman 2016: 41; Brezger & Cassee 2016: 369–370）。

〈7〉なお、正統な国家が、特定の文化を保全するための支配権を備えた制度であると考えるような、リベラル・ナショナリズムまたはコミュニタリアニズム的な国家観は、とりわけ「領土への権利」に関連した別稿（福原 二〇一七a）において退けている。ただし、こうした国家観であっても、排除権は、文化的価値の保全を念頭において敷衍されるような、結社や自己決定、所有といった居住者の自由に依拠することから、以下で検討するテスト・ケースが、部分的に妥当すると考えられる。ただし、文化を含めた間主観的な価値は、価値づけられる内容の変化それ自体を排除するものではない以上、国境管理権限が、文化保全の手段として全面的に許容されるかは必ずしも判然としない。この点を指摘しているものとして、Scheffler 2007 を参照のこと。

〈8〉ウェルマンの議論は、成員資格といった集団の統一性を根拠としている点において、ウォルツァーに代表されるナショナリズムまたはコミュニタリアニズム的な議論、つまり国家の正統性の根拠を文化的な価値の保全とする議論と重なってくるが、ウェルマン自身は、こうした立場から距離を取っている（Wellman 2008）。

〈9〉この点に関しては、Fine 2013 が詳しい。とりわけ排除権を擁護する議論として口火を切ったウェルマンの議論は、個人と集団の間の類推に関連した論点を中心にして、多くの批判に晒されている（Fine 2010; Blake 2012; Van der Vossen 2015）。

〈10〉以下の議論は、とりわけブレイクの議論に対する評価に関連して、移民正義論に関する拙稿（福原 二〇一七b）とは若干異なっている点に注意されたい。

〈11〉この点をとりわけ植民地主義の悪性に関連して論じているものとして、福原 二〇一八を参照のこと。

〈12〉こうした説明は、D・エストランドが民主的な正統性が許容する不正義の閾値に関する条件として提示する「誠実な誤り（the honest mistake）」という考え方に類似している。つまり、民主的な意志決定は、たとえ決定内容が正しいとは言えない可能性があるとしても、居住者がさしあたり誠実な形で決定した内容に明らかな問題がない場合は、その正統性を保持するというものである（Estlund 2007）。

〈13〉排除権を擁護する論者も、「難民受け入れ」については、受け入れるべき場合があることを認めている（Blake 2014:

533–534; Wellman 2016: 87)。

〈14〉 本章の議論は、とりわけ離脱する自由を制限する議論としては、A・スティルツの立場に近い。ただし、スティルツも認めているように、こうした議論は、正統な国家による権利行使の許容性に関する議論であり、発展途上国における「頭脳流出」に直接的に応用できる訳ではない点は注意されたい（Stilz 2016: 73)。

〈15〉「さしあたり」が付言される点に関連して、本章の結論は、正統な国家のみが、移住権を制限する権利者であることを含意するわけではない以上、複数の国家により協働する形で、移住権を制限することは考えられる（Sager 2014)。ただし、こうした問題は、正統性条件の射程に関する問いとして別稿の課題としたい。

第８章　人口減少時代への対応としての外国人家事労働者の受け入れ
――相互行為と構造という二つの観点からの規範的考察

岸見太一

本章は、人口減少社会への対処策として日本でも導入された外国人家事労働者受け入れ政策の規範的妥当性を検討する。人口減少に伴う労働力不足への対応策として、多くの国において職種を限定した外国人労働者の短期受け入れ政策が実施されている。日本政府は、定住を前提とした外国人（「移民」）の受け入れには一貫して慎重であるが、二〇〇五年の第三次出入国管理基本計画「人口減少時代への対応」において「外国人労働者受け入れのあり方を検討すべき時期に来ている」という認識を表明している[1]。本章は外国人家事労働者の受け入れ政策に焦点を当てる。日本では長らく外国人家事労働者の就労は認められてこなかった。しかしながら二〇一四年に安倍内閣において、「人口減少社会への突入を前に……労働力人口を維持し、……労働生産性を上げ」る施策の一貫として、「女性の活躍」推進と「家事支援」のために外国人家事労働者を受け入れることが検討課題として掲げられた（「日本再興戦略（改訂二〇一四）」）[2]。翌二〇一五年には、国家戦略特区（当初は神奈川・大阪。以後、東京・兵庫・愛知が追加）に限って家事代行会社が外国人家事労働者を「外国人家事支援人材」として雇用できる規制緩和法案が可決され、二〇一七年からパソナなどの企業が実際に事業を開始している。

国際労働機関（ＩＬＯ）の二〇一三年の統計によれば、出身国の外で「家庭においてまたは家庭のために行われる労働」として定義される家事労働に従事する外国人家事労働者の数は約一一五〇万人である。この数は、世界の外国人労働者の七・七％にあたる。建設などそのほかの分野に比べた、家事労働者のきわだった特徴は、その多くが女性であることである（Parreñas 2015: 49）。やはり二〇一三年の時点で、外国人家事労働者の七三・四％が女性である（ILO 2015: xiii）。

受け入れ国は外国人家事労働者の受け入れに関してさまざまな条件を課している。家事労働者は、居住期間が制限されるだけでなく、しばしば雇用主の家への住み込みの要請や雇用主の変更の禁止も課せられる。さらに多くの国において家事労働者は、そのほかの労働者には認められている法的保護が適用されておらず、最低賃金の適用や休暇が認められない劣悪な労働条件を強いられている。[3] 欧米諸国における受け入れ条件は概してより寛容である。だが後述するように法的保護だけでは家事労働者の脆弱な社会的立場に十分に対処することはできない。[4]

国境を越える家事労働者の移動をめぐるいま述べたような状況は、移民の正義論（ないし移民の倫理学）において次のような一連の規範的な問いを惹起させる。外国人家事労働者が置かれている境遇は規範的にどのように評価されるべきだろうか。外国人家事労働者の受け入れがもし正当化されるとすれば、それはどのような条件だろうか。さらに、その条件を充たすためには、誰が、誰に対して、どのような義務や責任を負うべきだろうか。

外国人家事労働者受け入れ政策の規範的妥当性を考察するために本章は、Ｉ・ヤングが提示している規範的判断における相互行為的な観点と構造的な観点の区別に着目する（Young 2011）。[5]〈相互行為的観点〉は、ある状況の規範的評価を下す際に、特定の個人・集団とそのほかの特定の個人・集団との間で意識的になされる個別の取引や交換が道徳的に適切であるかどうかに着目する。それに対して〈構造的観点〉は、意識的になされる特定の相互行為の結果ではなく、人々の間で多くの場合意識されることなく形成されている社会関係のあり方に着目する。構造的観点においては例えば、階級や、ジェンダーや、人種の違いが、ある人の行為の結果や社会的経験にどのような違いを生じさせるかが重大な関心事となる。[6]

移民の正義論の先行研究には、相互行為的観点に基づく研究と、構造的観点に基づく研究という二つの潮流が存在する。[7] 外国人家事労働者の受け入れについての先行研究も、この二つの潮流のそれぞれからなされている。先行研究のほとんどは相互行為的観点に着目する第一の潮流に属する研究である。これらの研究で外国人家事労働者の受け入れの問題は、建設や農業などそのほかの分野の外国人労働者と一括りにして、短期労働者受け入れの問題として論じられている（Stilz 2010; Ottonelli & Torresi 2013; Miller 2016a; Carens 2008; 2013; Lenard & Straehle 2012）。[8] この潮流においては、論争における立場の違いにかかわらず、受け入れ国での就労の選択における外国人労働者の〈行為主体性（agency）〉を尊重することの重要性が認められている。

第二の潮流に属する外国人家事労働者についての先駆的な業績としてはE・キテイの議論が挙げられる（Kittay 2009）。彼女は家事労働者がおかれた社会関係に着目することで、子どもの世話には父親よりも母親が責任をもつべきであるというジェンダー規範の存在や、労働者とその子どもとの間の関係性に注目することの重要性を明らかにした。[9] 彼女の議論は、外国人家事労働者の立場の〈脆弱性（vulnerability）〉に焦点を当てるものである。[10]

先行研究は、外国人家事労働者の行為主体性と脆弱性のどちらか一方にだけ着目している。しかしながら規範的判断においては、ある人の行為主体性だけに着目してその人がしたすべての選択の責任を当人に帰すことと、ある人の脆弱性だけに着目してその人を他者の助けなしには何もできない人とみなすことは、ともに避けるべき道徳的誤りである（Miller 2007: 5–7／一〇―一一）。それに対して本研究は、外国人家事労働者の行為主体性と脆弱性の双方に適切に配慮する。

本章の構成は次のとおりである。第一節ではヤングが提示している相互行為的観点と構造的観点の区別がどのようなものか論じる。そのうえで、第二節と第三節においては二つの観点のそれぞれから外国人家事労働者の境遇を考察する。[11]

一　ヤングにおける相互行為的観点と構造的観点

本節では相互行為的観点と構造的観点の区別とその関係性についてのヤングの議論に注目する。ヤングは外国人労働者の境遇を直接的に論じているわけではないが重要な洞察を示している。

ヤングは『正義への責任』のなかで、二つの観点の違いを次のような具体例を用いて説明している（元の例は長いため短くなるよう筆者の判断で改変している）。

郊外のショッピングモールで働くシングルマザーのサンディは、二人の子どもと一緒に住むマンションが売却され改築されるのを機に引っ越しを決めた。不動産会社は丁寧に対応してくれたが、職場の近くにある物件は一戸建てしかないことがわかった。彼女が希望する家賃で借りることができ、子どもたちにとって安全だと感じられる地域にあるアパートは職場からみて町の反対側にしかない。どのアパートに住むにせよ通勤には車が必要である。そのため彼女は貯金の全額を頭金にして車を買った。住宅補助制度に申し込んだが待機期間は二年間だと教えられた。

結局、彼女には、職場から車で四五分かかる、三人で暮らすには少し小さすぎるアパートに決めるほかには選択肢はなかった。だが、そのアパートに住むためには保証金として三ヶ月分の家賃の前払いが必要であることがわかる。車購入のせいで貯金がないサンディはアパートを借りることができず、ホームレス状態になるかもしれない。

（Young 2011: 43–44／六二―六三）

以上のようなサンディの例は、相互行為的観点と構造的観点との違いを明確にする。相互行為的観点は、個々人の行為のどれか一つや、国家などの組織による行為（例えば特定の政策を実施すること）のどれか一つに注目し、その行為が規範的判断の対象となる人や集団にとって直接的な危害を意図的に生じさせるものであるかどうかに着目する。サンディの例においては、部屋探し中に彼女が会った人はみな誠実であると想定されている。したがって相互行為的な観点からは、サンディの陥っている状況は道徳的に誤ったものではないと判断される（Young 2011: 46–47／六六―六九）。

それに対して構造的観点からは、サンディの直面する状況は道徳的に問題含みである。構造的観点から規範的判断を下すことは、サンディのパーソナル・ヒストリーからは目を離して、彼女と、彼女とよく似た社会構造上の位置（position）にある人々に共通する社会的経験を見出そうとすることである。逆に言えば社会構造は、このような特定の見方をしてはじめてみつけることができる（Young 2011: 70–71／九九―一〇〇）。こうした見方をとれば、サンディが直面しているきちんとした住宅に手ごろな価格で入居することができないという困難は、彼女がおかれた「ホームレス状態に対して脆弱な」社会構造上の位置に起因することがわかる（Young 2011: 45／六五―六六）。この困難は、特定の行為や政策の直接的な結果生じたものではなく、消費者や投資家、官僚、大家らの何百何万の行為の蓄積によって意図せずして生じたものである（Young 2011: 63–64／九〇―九一）。サンディが直面した困難によく似た経験をしている人は、世界中の別の都市にも多くいるであろうことは容易に想像できるだろう。

社会構造上の位置の違いは、特定の直接的な行為とは異なる仕方で、ある人が選択を行う際に手にすることができる選択肢の種類と幅に違いを生じさせる。ヤングはこの点を鳥かごに喩えている。鳥かごの針金の一本一本は、どれも鳥が飛び去ることを制約するものではない。しかしながら、それらの針金が特定の仕方で組み合わさることで、鳥かごは鳥が飛び去ることを妨げている（Young 2011: 55／七九―八〇）。もしこのような仕方で異なる社会的位置に置かれた集団の間において利用可能な選択肢の種類と幅に大きな格差が生じているならば、そうした状況は不正であると判断できるだろう（Young 2011: 52／七五、55／八〇）。ヤングが定式化した構造的観点は、階級や人種やジェンダーに起因する社会的位置の違いから生じる、選択肢の種類と幅の格差を正義の問題として主題化するものである（Young 2011: 59／八四）。

ヤングの議論は、人間の行為主体性と脆弱性という二つの側面に適切な配慮をするものである。一方で、構造的観点は、ある社会的位置に置かれた人々が手許にある選択肢の種類や幅が制限された脆弱な立場にあることを明らかにする。このとき、サンディのような当事者にとっては、社会構造は自らの行為を制約する所与の条件のように感じられる。他方でサンディは、その社会的位置が課す制約によって自らが意図する結果を生じさせることはできないが、それでもなお自らの行為によって「差異をつくりだす能力」は保持しているという点において、行為主体性を失ってはいない（Giddens 1984: 14–15／四一）[12]。実際サンディは、ホームレス状態に対して脆弱な社会的位置が課す制約条件のもとでも、できるだけ安全な地域でアパートを探すという選択をすることで、結果に差異を生じさせている[13]。さらに次節でみるように社会的位置は、各人の意図する選択を可能とするための手段ともなることもある。

本章の議論において重要なこととして、社会構造は当の社会構造によって位置づけられた個々の行為者の選択によって再生産されていく。サンディができるだけ安全な地域でアパートを探そうという選択をするとき、彼女は暗黙裏のうちにどのような地域が「安全」であるかということについての同じ都市に住む人々のほとんどが抱くイメージに基づいている。米国の場合、安全な地域とは住人の大半が白人で中産階級が多く住む地域を指すことが多い。

多くの人々がこうしたイメージに基づいて不動産を探す結果、白人中産階級が多く住む地域の住宅の値段は向上する一方、マイノリティが多く住む地域は不動産投資が引き上げられ荒廃していく。行為主体としてのサンディの選択は、皮肉にも、きちんとした住宅に手ごろな価格で入居することができないという社会構造の再生産に加担してしまう（Young 2011: 62／八七―八八）。社会構造はこのように、一方で各人が行為主体として為す選択を可能とする背景的な条件として働くと同時に、他方で当の選択の結果を意図されざるものとする制約条件としても働くことで再生産されていく。[14]

二　相互行為的観点からの評価と対処策

前節の議論から、相互行為的観点と構造的観点という二つの異なる観点の区別と関係が明らかになった。二つの観点の区別は、政治理論においてはヤングを例外としてこれまであまり注目されてこなかったが、社会学の分野ではよく知られたものである。以下では、この二つの観点の違いに着目した国際社会学の知見を参照することで、外国人家事労働者の移動という社会現象を二つの観点から規範的に評価することを試みたい。[15] 本節ではまず、相互行為的観点から外国人家事労働者の境遇を考察する。

相互行為的観点は、個々人の特定の行為や国家の特定の政策が特定の行為者に直接的な危害を意図的に生じさせているかどうかに着目するものであった。この観点から外国人家事労働者が現に直面している状況を眺めれば、次に挙げるような行為は道徳的に正当化できない過失であると評価される。個々人の特定の行為に目を向ければ、雇用主による虐待や、渡航斡旋業者による外国での就労希望者に対する多額の「訓練費」の徴収や渡航先の情報の意図的な制限が、直接的な危害であることは明白である。[16] 国家の特定の政策に関していえば、ある政策が特定の行為者に直接的な危害を生じさせる場合だけでなく、容易に防止できる個々の行為者による直接的危害を立法措置によって防止することに失敗している場合にも、道徳的な過失とみなしうる。したがって多くの国で課せられている雇用主の変更の禁止は、雇用主からの虐待を受けた場合に短期受け入れプログラムから離脱するという選択肢を実質的に閉ざすことによって雇用主による虐待を助長するものであることから、道徳的な過失である。[17] 住み込み要件も同様の理由で過失とみなされる。また、最低賃金を含む労働法規を家事労働者に適用しないことは、劣悪な労働条件を許容するものであり過失に該当する。

相互行為の次元における道徳的過失に対して、私たちはどのように対処すべきだろうか。先述のヤングは、法や道徳の領域において広く採用されているような、当の過失について非難されるべき行為者を特定するという責任の考え方が、相互行為の次元における過失への対処として適切であると指摘している。[18] この考え方を敷衍すれば、相互行為の次元において私たちは、（1）自らの行為により他者に危害を加えることを差し控える責任と、（2）ほかの誰かが危害を被っている場合には危害を引き起こしている行為者を特定して非難する責任を負っているといえる。したがって外国人家事労働者の受け入れ政策において、雇用主変更の禁止や、住み込み要件の付加や、最低賃金などの労働法規からの適用除外は、なされるべきではない。

三　構造的観点からの評価と対処策

次に構造的な観点から外国人家事労働者の境遇についての規範的な評価を試みたい。第一節で確認したように構造的な観点から規範的判断をするためには、ある特定の個人のパーソナル・ヒストリーから目を離して、よく似た社会的位置にある人々に共通してみられる社会的経験に着目することが要請される。本節では構造的観点に基づいて、外国人家事労働者が置かれた社会的位置、その位置が家事労働者に課す脆弱性、その位置が行為主体としての家事労働者に可能とする選択肢のそれぞれを指摘する。

外国人家事労働者の社会的位置

はじめに外国人家事労働者の社会的位置がどのようなものかを指摘したい。考察の出発点となるのは、次のような〈グローバルなケアの連鎖（global care chain）〉ないし〈再生産労働の国際的分業（international division of reproductive labour）〉と呼ばれる三層からなる社会関係の存在である。すなわち（1）豊かな国の共稼ぎの家族は自分たちの子どもの世話のためにより貧しい国から単身で来た外国人家事労働者を雇い、（2）豊かな国で働くその家事労働者は、出身国に残した子どもの世話のために別のさらに貧しい家事労働者を雇い、（3）さらに貧しいその家事労働者の子どもの世話は子どものうちの年長者が担う、という関係が存在する（Hochschild 2000; Parreñas 2001; cf. Kittay 2009）[19]。

この関係における第二層を形成する外国人家事労働者が置かれた社会的位置の特徴として、国家間における経済発展の不均衡、ジェンダーと人種に関わる不平等、国際的な家事労働市場での競争という三つの要素を挙げることができる。

第一の要素は、国家間における経済発展の不均衡である。これについては、二つの点が指摘できる。第一に、受け入れ国である（相対的に）発展した諸国と発展途上国との間には大きな賃金格差が存在する。家事労働者が得られる賃金は、例えばアメリカとフィリピンでは一〇倍もの違いがある（Parreñas 2015: 58）。こうした賃金格差を背景として、フィリピンなど一部の送り出し国は外貨獲得のために家事労働者を含む移民労働者の送り出しを政策的に推進している（小ヶ谷　二〇一六a、第六章）。第二に、途上国では八〇年代から推進された構造調整政策などの結果福祉予算が削減され、国内で経済的に安定した暮らしをすることは貧困層だけでなく中産階級にとっても困難となった（Gheaus 2013: 6; Parreñas 2015: 31; 柄谷　二〇一六、三八、五四）。これら二点は、送り出し国において中産階級に属する労働者を国外へと押し出す大きな要因となっている。

外国人家事労働者の社会的位置を特徴づける第二の要素として、ジェンダーと人種に関わる不平等が挙げられる。受け入れ国と送り出し国双方におけるジェンダー不平等は、外国人家事労働者の社会的位置を規定する大きな要因である。先進諸国においては女性の労働市場への進出にともなって男女共稼ぎ世帯が増加したにもかかわらず、男性の家事分担率はそれほど変化していない。その結果共稼ぎによって所得が増加した世帯は、家庭内で不足する再生産労働力の担い手を、家事労働者をできるだけ低賃金で雇用することによって補おうとする。このように受け入れ国における外国人家事労働者への需要は、男女間の家事分担の不平等が要因となって生じる（Parreñas 2015: 39, 51; 筒井　二〇一六）。それに対して送り出し国におけるジェンダー不平等は、家事労働者の多くを占める女性労働者が途上国から移動する要因の一つとなっている。R・パレーニャスは、フィリピンの労働市場において女性が男性に比べて収益率の高い職を得られにくく昇進の機会も制限されていることが、フィリピン女性の国外移住を促進する一因となっていると指摘している（Parreñas 2015: 33）。さらに外国人家事労働者の社会的位置は人種間の不平等によっても部分的に規定されている。外国人家事労働者の需要の背景には、再生産労働は有色人種の労働者に安価に担わせることができるという人種間の分業についての意識がある（Parreñas 2015: 39）。

外国人家事労働者の社会的位置を特徴づける最後の要素は、国際的な家事労働者市場における競争である。外国人家事労働者は受け入れ国の家事労働市場において、常により低い労働条件で働くほかの国や地域出身の外国人家事労働者との競争に曝される[20]。この競争は受け入れ国における不平等な人種的階梯意識の影響を受けたものでもある。外国人家事労働者の間でもより低い地位にあると受け入れ国においてみなされる国の出身者は、しばしばより低い労働条件を余儀なくされる（Anderson 2003）[21]。

社会的位置が生じさせる脆弱性と行為主体性

以上のような三つの要素によって特徴づけられる外国人家事労働者がおかれた社会的位置は、彼／彼女らを脆弱な状態へと陥らせると同時に、行為主体性を発揮する条件ともなっているという二つの側面を持っている。

一方の側面として、家事労働者のおかれた社会的位置は次の三つの点において、外国人家事労働者を脆弱な状態に陥らせるものである。

第一に、外国人家事労働者は、雇用主からの虐待と過酷な労働条件に対して脆弱な位置にある。次に挙げる要因から、家事労働者は、たとえ運よく自らを公正な仕方で扱ってくれる雇用主を見つけることができ、受け入れ国において労働者としての権利が法的に保障されていたとしても、虐待や劣悪な労働環境に曝されやすい。家事労働者は職場が個人の家庭内であるという職業上の特性から監督が及びにくい。さらに受け入れ国におけるジェンダー不平等や人種的階梯意識の存在は、虐待や劣悪な労働の危険性を高める[22]。

第二に、外国人家事労働者は家族の別離に対して脆弱である。多くの外国人家事労働者は子どもやそのほかの家族と別々に暮らしているが、このような家族の別離は、家族の呼び寄せを禁止するという各国の政策の直接的な（相互行為の）結果としてだけ生じるわけではない。実際、イタリアにおいては一九九〇年に外国人家事労働者に家族再統合の権利が認められたにもかかわらず、その後も外国人家事労働者の大半は家族が別々の状態で暮らしている（Parreñas 2001: 244）。その要因としては、受け入れ国での養育のコストの高さ、外国人労働者の生活条件の不安定さ、子どもを世話するための時間がないことなどが挙げられる（Gheaus 2013: 5）。

第三に、外国人家事労働者は自らの家庭において再生産労働力の不足に陥りやすい社会的位置にある。このことは前述の三層からなる国際的分業関係を想起すれば明らかである。外国人家事労働者は、自らの再生産労働力を豊かな国の家庭のために提供することで、出身国に残した子どもを含む家族を養うための賃金を得る。この家事労働者はまた、出身国に残した家族の再生産労働力の不足を充たすために別のさらに貧しい家事労働者を雇う。その貧しい家事労働者の家庭では不足する再生産労働力を年長の子どもに頼らざるをえない。この関係においては、階層において下位に位置するより貧しい家事労働者の家庭は、より深刻な再生産労働力の不足に曝されている（Hochschild 2000; Parreñas 2001）。豊かな国で働く家事労働者の家庭は不足する再生産労働力を現在は補うことができているが、やはり再生産労働力の不足に陥りやすい状態にある。なぜなら（貧しい国はもちろん）豊かな国においても、家事労働者は自らが再生産労働を継続的に担うために必要な第三者からの支援を欠いた状態に置かれているからである（Kittay 2009: 69）。

他方の側面として、外国人家事労働者が課せられた社会的位置は、彼／彼女らが行為主体性を発揮するための背景的な条件にもなっている。外国人家事労働者にとって受け入れ国での就労は、出身国において中産階級であるという自らの社会的位置においてはじめて前景化される選択肢である。彼／彼女らは一方で、出身国の貧しい人々と異なり、外国での就労のための教育・訓練費用と渡航費を拠出することで受け入れ国における家事労働市場に参加できる。彼／彼女らは他方で、国家間の経済発展の不均衡から生じる賃金格差を利用することによって、受け入れ国においては低い賃金からでも、出身国に残した家族の生計を維持しより貧しい家事労働者を雇用するのに十分な貯蓄を得ることができる。このように外国人家事労働者としての就労は、自らの社会的位置における行為主体性の発揮の結果として選択される。この選択は外国人労働者にとって、送り出し国では得られない高い収入をもたらすだけでなく、（特に女性労働者にとっては）しばしば家庭において女性に求められる性別役割規範や配偶者の暴力からの解放も意味する（Parreñas 2015: 31–34; 柄谷 二〇一六、六六）。

外国人家事労働者の行為主体性について見過ごしてはならないこととして、彼／彼女らは出身国において相対的により低い社会的位置にある別の家事労働者を雇用することによって、再生産労働の国際的分業に加担している。この加担によって行為主体としての外国人家事労働者がどのような責任を負うべきかは次に述べる。

構造的観点から要請される対処策

外国人家事労働者がおかれた脆弱な社会的位置は、サンディの例と同様な不正な状態である。こうした構造的な不正義に対して私たちはどのように対処するべきだろうか。ヤングは構造的不正義に対処するためには、相互行為の次元における過失と異なり、脆弱な社会的位置を生じさせている構造的なプロセスに関与しているすべての行為者が、構造を変化させるためにそれぞれの社会的位置の違いに応じた責任を負わねばならないと指摘している（Young 2011: 144／二二四）[23]。以下では、外国人家事労働者を受け入れる相対的に豊かな国の人々、それらの国で就労する外国人家事労働者、途上国におけるより貧しい家事労働者という三つの集団がそれぞれの社会的位置に応じてどのような責任を負うべきであるかについての筆者の判断を述べる[24]。

外国人家事労働者を受け入れている相対的に豊かな国の人々は最も重要な責任を負うべきである[25]。上述のように外国人家事労働者の社会的位置を特徴づける要素の一つは国家間における経済発展の不均衡である。特に送り出し国では安定的な生活をすることが困難であることが中産階級の出国の大きな要因となっている。この論文では議論できないが、豊かな国の人々は途上国が貧困状態から脱し自らの国民が安定的な生活ができるよう支援する義務を負っている（Rawls 1999; Pogge 2008; 上原 二〇一七）。もし外国人家事労働者の受け入れによって利益を得ているならば、豊かな国の人々が負う途上国を支援する義務はさらに強いものとなる。

だが、経済発展だけでは構造的不正義は解消されないことには注意が必要である。外国人家事労働者の社会的位置は、人々の日常的ふるまいに浸透したジェンダーと人種に関わる不平等によっても規定されている。こうした日常的な意識にまで浸透した社会構造上の問題は、途上国の経済発展だけによっては解決しない（Young 1990: 53; Parreñas 2003; Higgins 2017: 516）。したがって豊かな国の人々は途上国の人々とともに、ジェンダーや人種間の不平等の解消に取り組まなければならない。特に重要なこととして、外国人家事労働者の受け入れは、再生産労働への男性の参加が進まない問題への解決策とみなされるべきではない。現在の国際的分業関係においては、再生産労働力の不足を途上国の家事労働者に頼れば、途上国の貧しい家庭から再生産労働力を剝奪してしまう。こうした構造上の連鎖を緩和するためには、男性の再生産労働への参加をいっそう促進することが必要である（Hochschild 2000; Gheaus 2013: 16）。

相対的に豊かな国の人々は、外国人家事労働者の家族の別離に対する構造的な脆弱性にも責任を負っている。賃金を、子どもを受け入れ国で育てるために十分なものとすること、就労形態を多様化すること、育児支援制度を外国人労働者にも利用しやすいものとすることが望まれる。また豊かな国の人々は、送り出し国における子どもの養育を支援する諸制度の整備にも適切な援助をすることが要請される。国際的分業関係において受け入れ国の人々は、途上国における子どもの養育を困難にすることに加担しているからである。A・ギハウスはさらに踏み込んで、これらの対処策にかかる費用の一部は、家事労働者の雇用者への課税と、送金により利益を得る送り出し国の政府から徴収されるべきだという提案をしている（Gheaus 2013: 17）。さらに、すぐ後で述べるように、豊かな国の人々は外国人家事労働者や途上国の家事労働が自助団体を設立し活動することを支援する責任も負っている。

外国人家事労働者もまた社会構造を変化させる責任の一端を負っている。彼／彼女らは、脆弱な社会的位置にある一方で、出身国で別の家事労働者を雇うことで国際的な再生産労働の分業関係に加担しているからである。そのため外国人家事労働者は、出身国のすべての人々が安定的な暮らしを享受すること、とりわけ出身国の貧困層が子どもに対する十分なケアと教育を受けることができるように支援する責任を、受け入れ国の人々とともに負っている。さらにまた、外国人家事労働者は自らの社会的位置がどのような困難を伴うものであり、その困難がどのようなプロセスで生じてくるかを公共的な場で発信する責任も負っている。ある社会的位置における経験がどのようなものかを、最もよく知るのは当事者だからである。

最も劣位の位置にある途上国の家事労働者とその家族もまた社会的位置に応じた責任を負っている。彼／彼女は、直前で述べたような公共的な場で発信する責任を、外国人家事労働者とともに負っている。もちろん公共的な場で発信することは、劣位の位置にある人々には特に難しい。したがって豊かな国の人々をはじめとする、より恵まれた位置にある人々には、劣位の位置にある人々に対する組織的な支援をする責任がある（Young 2011: 146／二一六―二一七）。

結　論

本章は、人口減少社会への対処策として日本でも開始された外国人家事労働者の受け入れ政策の規範的妥当性を、ヤングが掲げる相互行為的観点と構造的観点の双方から考察した。その結果、日本のような外国人家事労働者を受け入れる相対的に豊かな国の人々には、外国人家事労働者への直接的危害を差し控える義務があるだけでなく、社会構造上の位置から生じる多くの責任もあることを明らかにした。外国人家事労働者の受け入れはこれらの義務と責任が適切に果たされるという条件のもとでのみ正当化される。

強調されるべき重要な点として、相互行為的観点と構造的観点という二つの観点は、ある一つの事態を規範的に評価する際に同時に用いられねばならない（Young 2011: 73／一〇三）。外国人家事労働者の問題に即して言えば、もし構造的な観点だけに着目するならば、雇用主や渡航斡旋業者や受け入れ国の立法の不作為から生じている直接的な危害への対処策を問うことができない。逆に、もしも相互行為的観点だけに着目するならば、豊かな国の人々が途上国で家事労働者として働く貧しい人々の家庭の困窮に構造的に加担していることは見過ごされてしまう（cf. Young 2011: 163–164／二四八―二四九）。

本章の議論は日本の政策実践に対して次のような含意をもつ。国家戦略特区で開始された日本の外国人家事労働者の受け入れ政策では、家事労働者の受け入れ期間は三年までに限定されている[26]。日本の受け入れ政策の特徴として、（1）家庭による直接雇用ではなく派遣会社が雇用主となること、（2）住み込みではなく通いでの就労であること、（3）日本人家事労働者と同等の給与水準であることが義務づけられていることが挙げられる。相互行為的観点からは、多くの国で虐待の温床となっている直接雇用と住み込みが法的に禁止されていることは一定の評価ができる。しかしながら構造的観点からは日本の外国人家事労働者受け入れ政策は正当化できない。第一節で述べたように構造的な不正義は、人々の社会的位置の違いに着目することではじめて見出される。したがって、外国人家事労働者の社会的位置とそこから生じる責任が見出されることがまず必要である。さらに本章が示したように構造的観点は、家庭内での家事分担の仕方のような日常的なふるまいの次元まで含む変化が要請される。日本のジェンダー不平等や暗黙裏の人種的階梯意識を踏まえれば、責任の履行においても日本には多くの困難がある。

読者のなかには、構造的観点から要請される責任のあまりの多さに途方に暮れてしまった人もいるかもしれない。興味深いことに本章が多くを負っているヤングは、私たちが担いきれないほどの非常に多くの責任を負っているという事実を率直に認めている。だが、責任が非常に多いことを責任を回避する口実にしてはならない。問題解決のために各人の注ぐことができるエネルギーや時間にかぎりがあるなかで次に私たちがすべきなのは、何をすることが可能でありかつ適切であるかを考えることである（Young 2011: 124–123／一八六－一八八）。このヤングの見解は、私たちの日常的な考え方と実はそれほど大きくは乖離していないだろう。

注

〈1〉日本の政策動向については明石 二〇一七を参照。

〈2〉小ヶ谷千穂が指摘するように、外国人家事労働者の受け入れはしばしばジェンダー間の平等な家事分担の代替案として政策的に推進される（小ヶ谷 二〇一六b、三－四）。

〈3〉二〇一三年に、当事者である家事労働者の運動が結実する形で「家事労働者のディーセントワークに関する条約（ILO一八九号条約）」が発効した背景には、本文で述べたような家事労働者がおかれた脆弱な立場がある。同条約は、二〇一八年四月時点で、ドイツ、イタリア、ベルギーを含む二五ヶ国が批准している。なお日本は未批准である。

〈4〉各国における外国人労働者の受け入れ実践の概要については、ILO 2013; Parreñas 2015: ch. 1。

〈5〉J・ロールズやT・ポッゲは、ヤングと似た区別を提示している（Rawls 2001: sec. 15; Pogge 2008: 176–182／二六七－二七五、上原 二〇一七、第四章）。だが、紙幅の関係で詳しく論じることはできないが、ヤングの区別は構造の次元にジェンダーや人種のような日常的振る舞いまで含まれるとする点でロールズやポッゲとは異なる（Young 2011: 70–71／九九－一〇〇、141–142／二一〇－二一二、Payson 2012; cf. Mills 2010）。

〈6〉本章における「人種」とは、生物学的な区別ではなく、特定の社会的・政治的関係において構築された人為的な区別を指す（Fine 2016: 127–128）。

〈7〉正確を期すならば、研究者の間で移民の正義論の研究が二つの潮流に分かれるということについては一定の合意が形成されつつあるが、二つの潮流のそれぞれをどのように捉えるかについての合意は現在のところ存在しない。相互行為の次元と構造の次元の区別に基づく本章の定義は、筆者独自のものである。この定義をするにあたりヤングの「分配パラダイム」批判を念頭においている（Young 1990; 2011）。二つの潮流を、本章とおおむね重なるが、異なる仕方で整理する議論としてReed-Sandoval 2016を参照。本章の議論は第二の潮流に属する。それに対して本書第7章における福原の議論は第一の潮流に属する議論であるといえる。

〈8〉建設や農業分野においても家事労働においてと同様に、延長が原則的に認められない、家族の同伴が認められないなどの制約が課されることが多い。

〈9〉キテイは、本文で後述する再生産労働の国際的分業に着目している。注19が付された段落を参照。

〈10〉キテイは外国人家事労働者の選択に一定の行為主体性が見出しうることを否定していない（Kittay 2009: 58, 60）。だが彼女の論証において家事労働者の行為主体としての側面は考慮されていないように思われる。

〈11〉本章で提示する二つの観点からの評価と対処策はあくまでも筆者自身の判断である。この判断は、周縁化された人々も含む関連するすべての人々にとって受容可能なものであるという条件を充たすならば信頼できるものとみなしうる。もしこの条件を充たさないならば、筆者の判断は条件を充たすよう修正されねばならない。この点については別稿を予定している。

〈12〉ヤングが依拠しているA・ギデンズは、行為者の意図に焦点が当てられる「所為（act）」と、結果に差異を生じさせる能力に焦点が当てられる「行為主体性（agency）」を概念的に区別している（Giddens 1984: 9／三五）。

〈13〉もしもサンディが安全よりも家賃を最優先していたならば、彼女は引っ越し先を見つけることはできていただろう。

〈14〉この事態はギデンズが言う「構造の二重性（duality of structure）」にほかならない（Giddens 1984; Young 2011: 60–62／八五–八八）。

〈15〉この二つの次元の違いに着目した研究として、パレーニャスと小ヶ谷の研究を特に参照した（Parreñas 2001; 2015; 小ヶ谷 二〇一六a）。

〈16〉渡航斡旋業者による多額の訓練費の徴収や渡航先情報の限定の結果、家事労働者の移動はしばしば人身売買にきわめて近いものとなる（小ヶ谷　二〇〇八、九八–一〇二、cf. 稲葉　二〇〇八）。

〈17〉多くの外国人労働者は、訓練費や渡航費によってすでに多くの負債を抱えているために、たとえ虐待を被っても就労の継続を選択するからである。

〈18〉ヤングはこうした考え方を帰責（liability）モデルと呼んでいる（Young 2011: 97／一四五）。

〈19〉〈グローバルなケアの連鎖〉という概念はA・ホックシールドが、パレーニャスの調査結果に対して使用したことで有名になった（Parreñas 2001; Hochschild 2000）。だが当のパレーニャスは、〈再生産労働の国際的分業〉という概念の方がより適切であると主張している（Parreñas 2015: 46f.）。

〈20〉例えば東アジアの家事・介護労働者市場においては、英語が使用できるため従来有利な労働条件を獲得してきたフィリピン人労働者が、インドネシアなどのより低賃金で働く労働者との間の競争に曝されている（伊藤ほか 二〇〇八、一一六—一一七）。

〈21〉小ヶ谷によれば香港とシンガポールにおいては実際に、出身国ごとに外国人家事労働者の労働条件は異なっている（小ヶ谷 二〇一六a、八三—八五）。

〈22〉そのため外国人家事労働者は、たとえ最低賃金が法的に保障されている国においても、しばしば最低賃金以下での労働を強いられる（伊藤ほか 二〇〇八）。

〈23〉ヤングはこうした責任の捉え方を「社会的つながりモデル」と呼んでいる（Young 2011）。

〈24〉本章で提示しているのはあくまで筆者の判断であるということについて注11を参照。

〈25〉相対的に豊かな国の人びとは、社会構造を変化させるうえで最も大きな影響力を持っているだけでなく、外国人家事労働者に関わる社会構造から得られる利益を最も多く享受しているからである（cf. Young 2011: 144-145／二一四—二一六）。なお、ここで念頭に置かれている相対的に豊かな国の人びとには、公職や、渡航斡旋業や人材派遣業に就いている人びとは含まれていない。公職者や、渡航斡旋業者や人材派遣業者は、それぞれの社会的位置に応じたさらなる義務を負うと考えられるが、紙幅の関係で本章では論じることができない。

〈26〉滞在資格の更新は認められていない。

第Ⅴ部

世代間正義の問題

第9章　人口問題における世代間公正

宇佐美　誠

一　世代間問題としての人口問題

人口問題は、世代間関係が問われる領域の一つである。ある時点での社会には、特定の数の人々がすでに存在するから、それ以後の何らかの時点についてしか、可変的な人口規模を語りえない。そして、この両時点間に一定以上の距離がある長期的人口問題を論じる際には、現時点で生存している現在世代の行動によって左右され、将来に誕生するだろう将来世代の規模を語ることになる。それゆえ、長期的人口問題においては、現在世代は将来世代との間でいかなる規範的関係をもつかが問われざるをえないのである。

世代間関係という人口問題の一側面は、人口倫理学の従来の研究ではしばしば捨象されてきた。顕著な一例は、D・パーフィット（Parfit 1984: 381-390／五一九―五三一）により指摘されたいとわしい結論（repugnant conclusion）である。任意の数の諸個人が高い福利（wellbeing）水準にある状態を高質状態と呼び、はるかにより多くの諸個人が著しく低い水準にある状態を多数状態と呼ぶことにしよう。いとわしい結論とは、多数状態が高質状態よりも望ましいという逆説的判断をさす（第1章第一節・第2章第一節参照）。基数効用すなわち四則演算が可能な基数として表現される効用を前提としたうえで、諸個人の効用の総和を最大化するべきだと主張する総量功利主義は、この結論に至る。例えば、図9－1で、IよりもIIの方が望ましいとされる。いとわしい結論に達する推論では、無時間的に把握された二つの状態が比較されている。こうした無時間的思考実験は、複数の帰結状態の比較に私たちの注意を集中させるという利点をもつ半面、いずれの状態にも移行しうる現状の存在が提起する規範的諸論点を不可視化するという難点をはらむ。図9－1が、二一五〇年の日本社会における二つの可能的状態を描いていると仮定しよう。いま日本に住む私たちは、IとIIのいずれかと同一であるかもしれず、あるいは私たちの福利水準や人口規模がIとIIの間のどこかにあるのかもしれない。現在世代がいかなる規模であり、どのような水準の福利をもつかによって、二一五〇年の将来世代がIとIIのいずれとなるように現在世代が行動するべきか、その理由は何かなどの問いに対する答えは異なりうる。

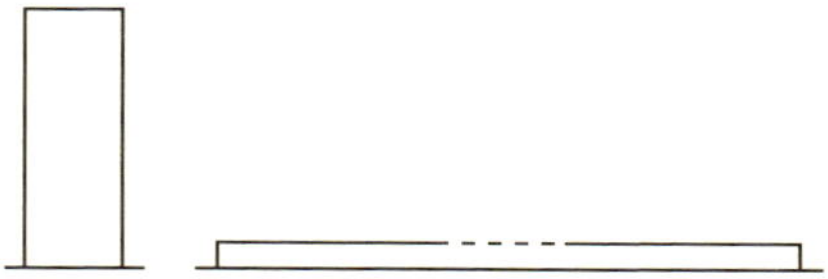

図9–1　いとわしい結論

右の例が示すように、人口問題を的確に考察するためには、無時間的分析のみならず異時点間分析も行う必要がある。相異なった時点に存在する世代の間の規範的関係は、過去数十年にわたって主に環境問題の文脈で検討されてきた。こうした研究主題は、わが国では世代間倫理と呼ばれてきたが、政治哲学・倫理学の国際学界で通用している呼称は、「世代間正義」である。世代間正義での一大論点は、現在世代が将来世代に配慮して環境保全を行うべき根拠は何かにある。将来世代への配慮の正当化をめぐっては、じつにさまざまな学説が提示され、百家争鳴の観がある。〈1〉私自身は、自然的遺産の世代間継承関係のなかに現在世代を位置づける議論をつとに唱えていたが、近年には継承関係での公正の理念に訴えかける公正説を発展させるよう努めている（例えば、宇

佐美　二〇〇六a、二〇〇六b、Usami 2011a, 宇佐美　二〇一六a)。こうした私論を足がかりとして、人口問題に関する異時点間分析の重要性という基本認識のもと、人口倫理学での無時間的分析の知見を活用しつつも、世代間正義の考察の射程を環境問題から人口問題へと拡張し、公正説を長期的人口問題に応用した新たな議論を素描し擁護することが、本章の目的である。

以下では、まず予備的作業として、鍵的概念となる将来世代について、意味を定義し、若干の区分を導入し、主な特徴を同定する（第二節）。次に、環境問題の世代間正義の文脈において、将来世代の特徴を参照しつつ代表的な二学説の難点に言及したうえで、公正説を要約的に提示し、これが他説の難点を回避していることを指摘する（第三節）[2]。続いて、人口倫理学に目を転じ、従来の無時間的分析において、主要理論がいかなる逆理に直面するかを概観する（第四節）。それを踏まえて、公正説を人口問題に適用した議論を素描し、この議論が右の主要理論の逆理やほかの逆理をいずれも免れていることを論証する（第五節）。最後に結論を述べる。

二　将来世代の意味・区分・特徴

人口問題や環境問題における現在世代と将来世代の関係を精確に分析するためには、まず将来世代を一義的に定義する必要がある。また、将来世代は時間的にも空間的にも多様な諸個人からなる集合だから、これを相異なる範疇に区分するのが適切である。さらに、将来世代がもつ特徴は、世代間正義を論じる際に重要となるだろう。本節では、将来世代について、その意味を定義し、若干の区分を導入し、主要な特徴を同定する。

一般に、「世代」という語は三つの意味で用いられる。第一に、この語は、一九六〇年生まれなどの同時期出生集団（cohort）を意味しうる。例えば、人口ピラミッドでは、すべての同時期出生集団の規模が図示される。第二に、特定時点での親世代と子世代、稼働世代と非稼働世代など、年齢集団（age groups）をさすこともある。社会意識の世代間ギャップが指摘されるときや、社会保障とりわけ公的老齢年金の世代間公正が論議されるときには、年齢集団が念頭におかれている。第三に、異時点で存在する相異なった個人集合を意味することがある。これが狭い意味での世代（generation）である。将来世代とは、現時点ではまだ誕生していないすべての個人を意味し、また現在世代は、現時点で生存している諸個人であり、そして過去世代とは、現時点ですでに死亡している人たちをさす。将来世代と現在世代や現在世代と過去世代の間の境界線は、時々刻々と移動している。

将来世代は現在世代からの時間的距離において多様であることが、しばしば指摘されてきた。この観点からは、一年後に誕生する嬰児たちのような近接将来世代と、一〇〇〇年後に生まれる人々といった遠隔将来世代という二つの範疇を概念的に区別できる。両者の差異は程度問題である。こうしたグラデーションのなかでも後の考察で重要となるのは、現在世代の一部の構成員と生存期間が部分的に重なる重複将来世代と、現在世代のうち最後の一人が死亡した後に誕生する諸個人からなる非重複将来世代との区別である。他方、従来は見落とされがちだったが、空間的には、将来世代はローカル・ナショナル・リージョナル・グローバルという四層で把握できる。ナショナルなレベルに即して言えば、ある世代と同一の国に生活の本拠をもつだろう同胞将来世代と、他国を本拠とするだろう異邦将来世代に区分できる。もっとも、国家の分裂・統合が今後生じる可能性もあるから、同胞将来世代と異邦将来世代の境界線は可変的である。なお、これらと同様の時間的・空間的区別は、過去世代にも適用できる。

将来世代は三つの顕著な特徴をもつ。第一に、私たちは彼ら・彼女らの価値観・嗜好・生活様式・科学技術等を知りえないという属性の不可知性を挙げられる。確かに、三〇〇年後の人々も食物を必要とするなど、基本的な生物的特徴は不変であるはずだが、しかしその人々がどのような料理を食べ、いかなる食文化をもつかといった習慣を、私たちは知りえない。第二に、現在世代は将来世代に正・負の影響を与えうるが、その逆は不可能だという影響の一方向性がある。いま五〇歳の男が、一〇〇年後に確実に爆発する爆弾を渋谷駅前の交差点に埋めても、未来の負傷者や死者の遺族から報復されることはない。属性の不可知性も影響の一方向性も、重複将来世代に関しては、その構成員が誕生して現在世代の一部の構成員の同時代人となる時点までの時限的なものであるのに対して、非重複将来世代については、永久に存続する。加えて、不可知性を多少とも補いうる属性の予測可能性は、遠隔な将来世代になるほど縮減してゆき、また異邦将来世代に関する予測可能性は、同胞将来世代のそれよりもいっそう限定される。

第三の特徴として、将来世代の構成と規模は現在世代の行動によって部分的に左右されるという存在の生物的依存性がある。存在の生物的依存性は、パーフィットら（e.g. Parfit 1984: 351–379／四七九–五一八）によって発見された非同一性問題（non-identity problem）の論理的帰結である。非同一性問題とは、個人の生物的同一性が受胎時の細胞の偶然的な組み合わせによって規定されるため、それに先行する父親・母親の生物的同一性や行動、さらには受胎に先行し両親の同一性や行動の一因となった無数の出来事に左右されるということを意味する。このように、個人の生物的同一性が受胎に先行する諸事象に左右される以上、将来世代の各構成員の同一性は、部分的には現在世代の各人の行動に依存する。逆に、特定の出来事を基準点として未来を観望すると、その出来事からの因果系列が長いほど、より広い範囲で個人の同一性が影響を受ける。それゆえ、存在の生物的依存性は、現在世代から遠隔な将来世代ほど、また重複将来世代よりも非重複将来世代について、いっそう顕著となる。

三　環境問題の公正説

本節では環境問題の世代間正義論を考察する。まず、この主題に関する二つの代表的学説を取り上げ、前節で同定した将来世代の諸特徴を参照しつつ、各説がはらむ難点を指摘する。次に、私が唱えてきた代替的見解を素描し、これが既存の二学説の難点を回避しえていることを論証する。

環境問題の世代間正義論に関する主な学説として、ここでは、私が権利説と呼ぶ見解と、功利説と呼ぶ見解を取り上げたい。広範に支持されてきた権利説によれば、将来世代は、現在世代に対して環境保全を要求する権利をもつ（e.g. Hiskes 2009; Tremmel 2009）。だが、権利説に対しては、権利者が誕生する以前に権利がすでに存在するといかにして説明しうるかなど、いくつかの批判や疑義が向けられてきた。

最も強力かつ頻繁に提起されてきた批判は、非同一性問題から導かれる存在の生物的依存性に基づくものである。私たちがいま、環境保全促進政策か環境破壊放置政策かの選択を迫られていると仮定しよう。権利説によれば、放置政策が採用された可能世界 PW_d において、将来の個人 p_d がもつ福利 w_d は、促進政策の可能世界 PW_c での w_c よりも小さくなるだろう（$w_d < w_c$）。それゆえ、p_d は、より大きな福利を自らにもたらす促進政策を策定し実施するよう現在世代に求める権利をもつというのである。しかしながら、PW_d と PW_c では、現在世代の各構成員は相異なった行動をとり、異なった男女が出合うから、前者の可能世界に存在する p_d は、後者には存在しえない。PW_c での p_d の不存在は二通りに解釈されうる。ゼロ福利説と呼ぶべき解釈によれば、p_d の不存在は、p_d がゼロの福利をもつことと同値である。それゆえ、PW_d で p_d が正の福利をもつかぎり、w_d は w_c よりも大きいから（$w_d > w_c$）、より大きな福利を根拠とする促進政策の請求権は存立しえない。だが、ゼロ福利説には異論の余地がある。むしろ、p_d の不存在は、福利をもつ主体の不存在を意味するから、w_cもまた存在しえず、w_dとw_cを比較できないと考えるいわば比較不能説が、より的確であるように思われる。w_cとw_dの比較が不可能だとすれば、より大きな福利を根拠として促進政策を求める権利はやはり存立しえない。以上のような非同一性問題に基づく批判から権利説を救出するいくつかの試みはあるが、主要な試みのいずれも成功に至っていない（Usami 2011a; 2011b, 宇佐美 二〇一六b も参照）。

功利説は、功利主義を世代間関係に適用して、将来世代の総効用または平均効用を最大化するべきだと主張する（cf. Mulgan 2006）。しかしながら、将来世代の総効用の最大化をめざす総量功利説は、すでに本章冒頭で見たように、いとわしい結論に至る。他方、平均効用の最大化をめざす平均功利説は、次節で見るように、いとわしい結論を回避できるものの、別の逆理に逢着することが知られている。

功利説の難点はこれらにとどまらない。総量型か平均型かを問わず、功利説は属性の不可知性に悩まされる。現在世代が、将来世代の効用を増加させるか、少なくとも減少させないためには、その効用関数を知る必要がある。しかし、私たちは、彼ら・彼女らの効用関数の背後にある価値観・嗜好・生活様式等を知りえないのである。功利説にとって二つ目の躓きの石は、影響の一方向性である。現在世代の公共政策や個人の行為が将来世代の生活環境に影響を及ぼすと、それを所与として効用関数が形成される。いわば存在の社会的依存性である。例えば、私たちが気候変動の緩和策を怠るならば、遠隔な非重複将来世代は、温暖化の深刻な悪影響にさらされるだろう。その場合、未来の人々が、極端な暑熱に甘んじ、砂漠化や熱帯性伝染病の拡大を受け入れるとしても不思議ではない。このような存在の社会的依存性のもとにおける効用関数の形成を勘案すれば、現在世代の政策・行為に関する功利説的提言は循環的推論をはらむことがわかる。

権利説も功利説も蹉跌を免れないならば、これらに代替する新たな正当化論を構築する必要がある。以下では、私が別所で提案し擁護してきた公正説を要約したい。この要約は、J・ロールズ（Rawls 1999 [1971]: 215–217

／三二九―三三二）以来広く知られてきた理想理論と非理想理論という二段階を経る。理想理論とは、現実社会での種々の制約が存在しないと仮定し、また現実の複雑性を捨象したうえで、社会制度や分配状況を考察するものである。非理想理論とは、現実の諸制約を所与とし、複雑性を考慮に入れたうえで、理想理論での結論を修正し発展させるものである。

　理想理論において、以下の関係を想定しよう。ある個人p_{i-1}が別の個人p_iに何らかの価値あるものを無償で譲渡する。この譲渡は、p_{i-1}にある程度の負担を生じさせる一方で、p_iに基底的利益を与える。同様の関係は、p_iとさらに別の個人p_{i+1}の間にも成立している。このとき、p_{i-1}から価値あるものを譲渡されたp_iは、今度はp_{i+1}にこれを譲渡するよう、公正理念によって要求される。公正は受益と負担の権衡を要求するからだ。ここで、譲渡義務の存在が、基底的利益の存在を前提としていることに留意されたい。p_{i-1}からの譲渡によりp_iにもたらされる利益が些少である場合にさえ、p_iはつねにp_{i+1}への譲渡を義務づけられるとかりに想定するならば、それはp_iの自由を過度に制約し過重な負担を課していると言わざるをえない。それに対して、p_iの利益が、例えば安全や健康のように基底的なものである場合には、p_iへの義務づけは理にかなうだろう。

　同一時点に存在する諸個人の間で妥当する公正の要請は、異時点に存在する諸集団の間にも妥当しうる。ある世代G_iが先行世代G_{i-1}から価値ある遺産を受け継ぎ、それにより基底的利益を享受する場合、G_iは公正理念により、後続世代G_{i+1}に遺産を引き渡すよう求められる。わが国を含む多くの国で、現在世代は、過去世代から多かれ少なかれ良好な自然環境や天然資源などの自然的遺産を受け取り、その恩恵により安全・健康・快適な生活を営んでいる。過去世代から自然的遺産を受け継いだ現在世代は、今度は将来世代にこれを引き渡すよう、公正理念によって義務づけられる。また、この命題の系として、自然的遺産の引渡しに資する、例えば再生可能エネルギー技術などの新たな人為的遺産を発展させることも求められる。[3] 公正理念が各世代に課する自然的遺産の引渡しや、それに資する人為的遺産の発展の義務を、環境上の世代間公正義務と呼ぼう。

環境上の世代間公正義務の議論を非理想理論で首尾よく作動させるためには、いくつかの限定または拡張が必要となる。ここでは二点に触れたい。第一に、この義務が存在するためには、先行世代からの価値ある遺産の譲渡が意図的に行われたことは必要でない。古代地中海諸文明の栄枯盛衰など、局地的な自然破壊・資源枯渇は古代より世界各地で生じてきた。だが、いかなる国・地域の過去世代も、今日ほど高度な科学技術をもたなかったため、各国の現在世代は結果的に、多かれ少なかれ自然的遺産を受け取っている。多くの国の過去世代は、意図せずに引渡義務を果たしてきたのである。しかるに、私たちは、人類史上初めて、未曾有の規模と速度で自然環境を悪化させ化石燃料・鉱物資源を費消しうる高度な科学技術を手にした。そのため、私たちは祖先と異なり、自然的遺産の保全を意図して行動することを要求される。

第二に、各国の現在世代は、重複過去世代のような近接過去世代から多くの自然的・人為的遺産を引き継いでいるが、遠隔な非重複過去世代からもまた遺産を受け取ってきた。室町時代に始まり江戸時代には本格化した植林が、かりにほとんど行われなかったならば、今日の私たちは森林から種々の生態系サービスを受けられなかっただろう。現在世代はまた、同胞過去世代から多くの自然的・人為的遺産を受け取る一方で、より小さい程度では異邦過去世代にも負っている。T・エジソンらによる白熱電球の発明・改良のおかげで、世界中の人々はいま大きな利益を得ている。各国の現在世代が、時間的・空間的に広範囲にわたる過去世代からの遺産に負っている以上、遺産を渡すべき将来世代も同様に広がっていると考えられる。すなわち、同胞重複将来世代には特に多くの自然的・人為的遺産を引き渡す義務を負うが、それにとどまらず異邦重複将来世代・同胞非重複将来世代・異邦非重複将来世代にも遺産を渡す義務を負う。こうした広い射程の世代間公正義務は、気候変動、海洋汚染、生物多様性の縮減など、グローバルかつ長期的な環境問題の文脈で実践的に重要となる。

公正説は、権利説・功利説がはらむ困難を回避しえている。まず、安全・健康・快適な生活という基底的利益に着目する公正説は、功利説と異なって、将来世代がいかなる価値観・嗜好・生活様式をもつかに関する情報をさほど必要としない。例えば、彼ら・彼女らがいかなる世界観を抱いていようとも、一定以上の放射線を受けるならば、重大な健康被害のリスクを負うだろうから、私たちは彼ら・彼女らを核廃棄物にさらしてはならないと言える。属性の不可知性が大きな桎梏とならない点で、公正説は功利説よりも優れている。次に、自然的遺産の継承関係を所与とする公正説は、功利説と異なり、影響の一方向性に基づく存在の社会的依存性によって推論の循環に陥ることがなく、むしろ存在の社会的依存性を前提とした立論となっている。さらに、世代間公正義務は将来世代の構成や規模を問わず妥当すると考えられるから、公正説は権利説と対照的に、非同一性問題に由来する存在の生物的依存性によって掘り崩されない(4)。

四　人口をめぐる逆理

本節では、環境問題から人口問題へと目を転じて、人口倫理学におけるいくつかの重要な知見を確認する（広範な概観としては、Greaves 2017）。人口倫理学で主流をなすのは、諸個人が存在する状態に対する道徳的評価を行う過程のなかに、諸個人の福利を集計する手続きを含める集計説（aggregationism）である。ここで言う福利は、厚生主義、資源主義、ケイパビリティ・アプローチのいずれの観点から解釈されてもよい。厚生主義とは一般には、諸個人の間で分配されるべき分配目的物（distribuendum）を、効用、すなわち個人の快苦・選好・欲求のいずれかという心理状態を引き起こす物の性質と解する立場を意味する。だが、集計説を有意味に語るには、ある個人の快苦等を基数として把握し、かつ別の個人の快苦等と比較可能だと想定する個人間比較可能な基数的厚生主義に依拠する必要がある。他方、資源主義とは、分配目的物を私的財の束として捉える立場であり、ケイパビリティ・アプローチとは、価値ある何事かを行い、価値ある状態でいる現実的機会として考える立場である。これらの立場も、集計説と両立するためには、個人間比較可能で基数的な資源主義やケイパビリティ・アプローチでなければならない(5)。

集計説の代表的な形態として、総量説（totalism）と平均説（averagism）を区別できる。総量説によれば、ある状態がもつ道徳的価値は、その状態に存在する諸個人がもつ福利の総量に等しい。本章冒頭で触れた総量功利主義は、厚生主義的総量説に他ならない。他方、平均説は、状態の価値が、福利の総量を員数により除した平均量に等しいとする。諸個人の効用の平均の最大化をめざす平均功利主義は、厚生主義的平均説に相当する。

二つの形態の集計説を数学的に表現するならば、各形態の特徴がいっそう明確となる。任意の状態に存在する諸個人が何らかの水準の福利を享受しているとき、諸福利の集合Xについて、要素である福利の個数――これはもちろん員数に等しい――を$|X|$、福利の平均値を$\bar{X}$としよう。総量説は、Xがもつ道徳的価値を示す式9－1の価値関数によって表される。

$$V_{Tot}(X) = |X|\bar{X} \qquad \text{式9－1}$$

この式が示すとおり、福利の平均値が微小である場合にも、その微小性は員数の膨大性によって相殺されうるから、本章冒頭で見たように、総量説はいとわしい結論に逢着しうる。いとわしい結論は、相異なる人口を比較する文脈において、総量説の規範的魅力を大きく掘り崩す。

そこで、平均説に目を転じたい。平均説は式9－2により表される。

$$V_{Ave}(X) = \bar{X} \qquad \text{式}9-2$$

Xがもつ道徳的価値は平均的福利のみに依存し、員数の多寡には左右されないから、平均説はいとわしい結論へと向かわない。

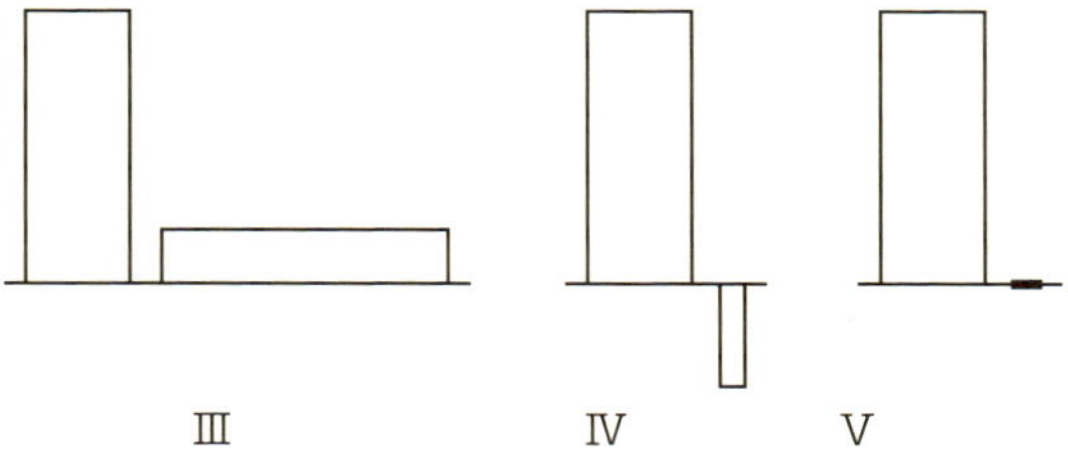

図9−2　おぞましい結論

しかしながら、平均説は、私がおぞましい結論（revolting conclusion）と呼ぶ逆理に直面する。おぞましい結論は強い形態と弱い形態に二分される。強意のおぞましい結論とは、任意の数の諸個人が高い福利水準にあり、はるかにより多数の諸個人がより低い水準にある状態よりも、前者と同数の諸個人が同一の高い福利水準にあり、より少数の諸個人が負の福利水準にある状態の方が望ましいという判断をさす[6]。厚生主義では、個人は負の福利をもちうると想定されているから、厚生主義的平均説は強意のおぞましい結論に至りうる。例えば、図9−2のⅢよりもⅣの方が望ましいとされる。

他方、資源主義やケイパビリティ・アプローチでは、福利は最小でもゼロであって負の値をとりえないから、これらの立場に依拠する平均説の諸形態が強意のおぞましい結論に達することはない。だが、弱意のおぞましい結論には至りうる。弱意のおぞましい結論とは、任意の数の諸個人が高い福利水準にあり、はるかにより多数の諸個人がより低い水準にある状態よりも、前者と同数の諸個人が同一の高い福利水準にあり、より少数の諸個人がゼロの福利水準にある状態の方が望ましいという判断をさす。平均説は、分配目的物の解釈を問わず、図9－2のⅢよりもⅤの方が望ましいと判断してしまう。[7]

平均説はいとわしい結論に向かわない半面、おぞましい結論という重大な逆説的帰結に至るとすれば、いとわしい結論を部分的にであれ回避できる別の理論を探究する必要があるだろう。そうした理論として、臨界説（critical level theory）と呼びうる立場がある。この立場では福利の臨界水準τが想定される。τは、それに等しい福利水準の個人が新たに現れるとき、Xの道徳的価値が変化しない正の数である（$0<\tau$）。臨界水準を上回る福利の個人が追加的に現れるならば、Xの価値は増加し、反対に下回る個人が現れれば、価値は減少する。臨界説は式9－3のように表される。

$$V_{CLT}(X)=|X|(\bar{X}-\tau) \qquad \text{式9－3}$$

C・ブラッコビー、W・ボッサール、D・ドナルドソンは、臨界的功利主義を提唱し発展させたが（Blackorby & Donaldson 1984; Blackorby, Bossert & Donaldson 1995; 2005）、これは厚生主義的臨界説に属する（第3章第一節参照）。だが、臨界説は資源主義やケイパビリティ・アプローチとも整合しうる。[8]

臨界説はいとわしい結論に至りうるか。この問いへの答えは、多数状態における諸個人の福利水準がτに対していかなる位置にあるかに左右される。当該の福利水準がτを下回る場合には、臨界説によれば、高質状態は多数状態よりも多くの価値をもつ。例えば、図9－3のⅠ′はⅡ′よりも望ましい。したがって、臨界説はいとわしい結論に至らない。次に、この福利水準がτを上回る場合には、高質状態は多数状態よりも小さな価値しかもたない。図9－3のⅠ″はⅡ″よりも望ましくない。それゆえ、臨界説はいとわしい結論に行き着く。もっとも、τが大きくなるにつれて、いとわしい結論がもついとわしさは弱まってゆくから、τが十分に大きければ、いとわしい結論は臨界説にとってもはや脅威でなくなるだろう。

しかしながら、臨界説はおぞましい結論に帰着しうる。ある状態がもつ望ましくない程度は、閾値とそれを下回る福利水準との差に、当該の福利水準にある個人の員数を掛け合わせた積として表される。図9−4における網掛け部分の面積が、これに当たる。Ⅲ′とⅣ′を比較するならば、Ⅲ′が望ましくない程度はⅣ′のそれを大きく上回るから、厚生主義的臨界説は強意のおぞましい結論に達する。また、Ⅲ′とⅤ′の比較からわかるように、臨界説は、より強い理由から（a fortiori）弱意のおぞましい結論にいたる。

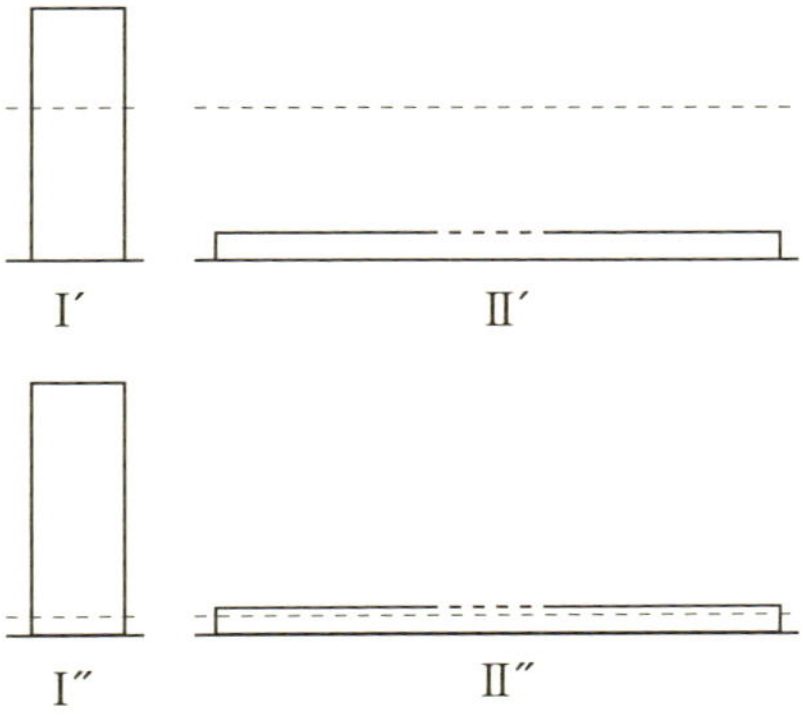

図9−3　臨界説でのいとわしい結論

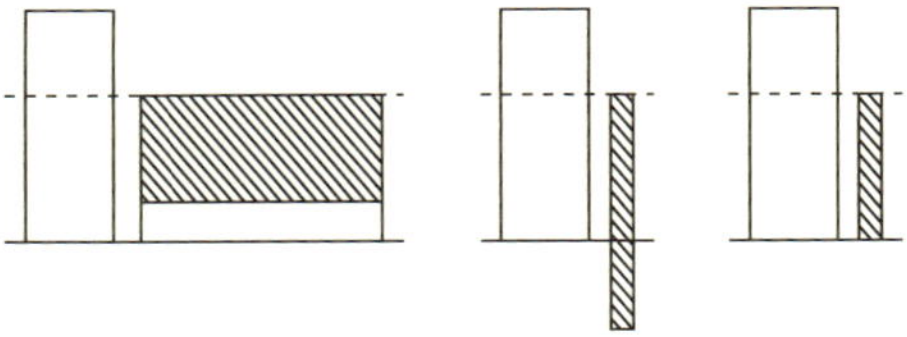

図9−4　臨界説でのおぞましい結論

しかも、各集団の員数が一定だとすれば、τが上方に移動するほど、Ⅲ′の網掛部分の面積とⅣ′やⅤ′のそれとの差は増加するから、Ⅲ′よりもⅣ′やⅤ′の方がいっそう大きな程度で望ましいとされる。つまり、おぞましい結論がより深刻となる。したがって、臨界説はディレンマに陥っている。この理論は、臨界水準を上げるにしたがって、一方ではいとわしい結論の反直観性を弱めてゆくことができるが、他方ではおぞましい結論の反直観性が強まってしまう。反対に、臨界水準を下げるならば、おぞましい結論を緩和できるが、いとわしい結論が先鋭化してしまうのである。

以上の検討から、人口倫理学の主要な諸学説が重大な欠陥を抱えていることを確認できる。総量説はいとわしい結論にときに達する一方で、この結論を回避できる平均説はおぞましい結論に至りうる。臨界説は、多数状態での福利水準が閾値を上回るとき、いとわしい結論に行き着くが、閾値を高めるならばその反直観性を減少させられる。しかし、閾値が高くなるほど、おぞましい結論に逢着しやすく、しかもその反直観性は増大する。こうした困難な状況を打開する方策ははたしてありうるか。すなわち、いとわしい結論とおぞましい結論の双方を免れた理論は存在しうるか。この設問への肯定的解答を、次節で示したい。

五　人口問題の公正説

環境問題における公正説を人口問題に応用すると、その中核的主張は以下のようになるだろう。ある時点での特定の人口集団P_iが、先行する集団P_{i+1}からの自然的・人為的遺産のゆえに、理にかなった閾値以上の福利水準を享受していると仮定する。このとき、P_iは公正理念により、後続する集団P_{i+1}への遺産の引渡しによって、P_{i+1}がP_iと少なくとも同程度の福利水準を享受することを妨げないよう求められる。敷衍したい。ある人口集団の福利は、その集団が自らの意志により左右できない状況と、集団の各構成員の個別的行為や集団全体の集合的行為の選択とによって規定される。P_{i+1}は、個別的・集合的選択をなし、これらがP_iからの自然的・人為的遺産を含む状況と相まって、P_{i+1}の福利が定まる。P_iは、自らと同水準かそれを上回る福利をP_{i+1}が享受することを困難にしないよう、充分な遺産を引き渡すことを要求されるのである。

右の主張に対しては、以下の疑義が出されうる。特定の個人が正の福利を享受するとき、それを可能にする最も基底的な条件は、当該個人が誕生し生存していることである。正の福利をもつあらゆる個人は、過去世代からの自然的・人為的遺産の継承から受益する以前に、そもそも存在することを可能にした両親による（今日では生殖補助医療技術の利用を含む）生殖から受益している。それゆえ、このような個人は、生殖能力をそなえているかぎり、一人の個人を存在させることを、公正理念により求められるはずである。人口集団とは、特定時点に存在する諸個人の集合であるから、各人が両親の生殖から利益を受けている以上、ある人口集団は、部分的に重複する先行集団での生殖の集積から受益していると言える。したがって、人口上の世代間公正義務は、ある人口集団が、遺産を譲渡するよりも以前に、自らと同規模の集団を創出することを求めるのではないか。

この疑義に応答する第一歩として、人口問題の文脈で考えられる二つの形態の公正説を区別するのが有用である。生殖型公正説によれば、任意の時点に存在し、正の福利を享受するP_iは、何よりもまず、自らと同規模のP_{i+1}の創出を要求される。次に、P_{i+1}が自らの福利と比肩する福利をもつことを妨げない程度まで、充分な人為的・自然的遺産を引き渡すことを求められる。件の疑義はこの立場を示唆している。他方、環境型公正説は、P_iに対して、自らと同規模のP_{i+1}の創出を要請しない。P_iが求められるのは、自らと少なくとも同水準の福利をP_{i+1}が享受するのを妨げない程度まで、充分な遺産を引き渡すことだけである。以下では、前節で確認した逆理やほかの逆理も参照しつつ、生殖型公正説との比較を通じて、環境型公正説が説得的であることを示してゆきたい。

生殖型公正説は、個人レベルでも集団レベルでも問題ある帰結をもたらす。個人レベルにおいては、この見解は明らかに、個人のリプロダクションの自由に対して重大な制約を課する。子どもをもつ自由とコインの裏表の関係にあるのは、子どもをもたない自由であるが、後者を否定するのが生殖型公正説なのである。しかも、リプロダクションに伴う身体的な負担やリスクが女性に大きく偏っているという生物学的事実に鑑みるならば、ジェンダーの観点からも、この見解には大きな異論の余地がある。

問題はこれらにとどまらない。次の二つの命題は私たちの道徳的直観に適合的だと思われる。一方では、ある個人が、不存在よりも悪い生、言うなれば生きるに値しない生を送るだろうことは、その個人が存在するようにしない強い道徳的理由となる。生きるに値しない生という観念は多様に解釈されうる。一典型例として、誕生時から重度の身体障碍のゆえに激痛にさいなまれ、激痛を緩和する薬品を投与すると深刻な副作用に悩まされ、そして一年以内に死亡する確率が高い新生児を想像することにしよう。他方では、ある個人が、不存在よりもよい生、いわば生きるに値する生を送るだろうことは、その個人を存在させる道徳的理由とならない。例えば、富裕で高学歴で円満な夫婦が子どもをもたないと決めていても、彼らの決定を非難するべき根拠はない。生きるに値しない生を送るだろう個人を存在させない強い道徳的理由がある一方で、生きるに値する生を送るだろう個人を存在させる道徳的理由がないという言明は、J・マクマハン（McMahan 1981: 100）によって非対称命題（Asymmetry）と名づけられた。非対称命題は、私たちが、生きるに値しない生の個人をもたらさないという限られた条件のもとで、広範なリプロダクションの自由をもつことを意味する。マクマハンは、非対称命題をJ・ナーヴソンに帰している。だが、ナーヴソンは実際には、この命題の前段については沈黙し、後段のみを肯定した。彼によれば、「私たちは、人々を幸福にすることに対して好意的だが、幸福な人々を創り出すことに関しては中立的である」（Narveson 1973: 80）。この引用文の後段は、中立性命題（Neutrality）と呼ばれる。

マクマハンをはじめとする一群の論者は、非対称命題がじつは擁護しがたいものだと論じてきたが、私は賛同できない。だが、彼らの多様な議論をここで順次精査する紙幅はないので、むしろ二段階の簡潔な考察を行うことによって、非対称命題の頑健性を示唆したい。第一段階では、非対称命題が理に反するという主張が、論議の余地ある見解に立脚していることを浮き彫りにする。

非対称命題は、例えば図9―5の事例では、首尾一貫しないように見える。Ⅵでは、ある個人の福利を、0から生きるに値しない水準の-10まで減少させない強い理由があると考えられる。これが正しいとすれば、Ⅶで、別の個人の福利を、生きるに値する水準の10から0まで減少させない理由はないと言うことは、平仄があわないだろう。結局、ⅥでもⅦでも、個人の福利を10単位減少させない理由の有無が等しく問われているように見えるからだ。こうした見解はゼロ福利説を前提としている。しかし、第三節で示唆したように、ゼロ福利説よりも比較不能説の方が説得的だとすれば、Ⅵの右側の領域とⅦの左側には、個人の福利を示す点を記すことができない。そうすると、問われているのは、Ⅵの左側にある-10の点を存在させない理由があるか否か、またⅦの右側にある10の点を存在させる理由があるか否かである。前者では負の福利が問われているのに対して、後者では正の福利がかかっているから、負の福利を現実化するべきでないことは、正の福利を現実化するべきだということを必ずしも含意しない。

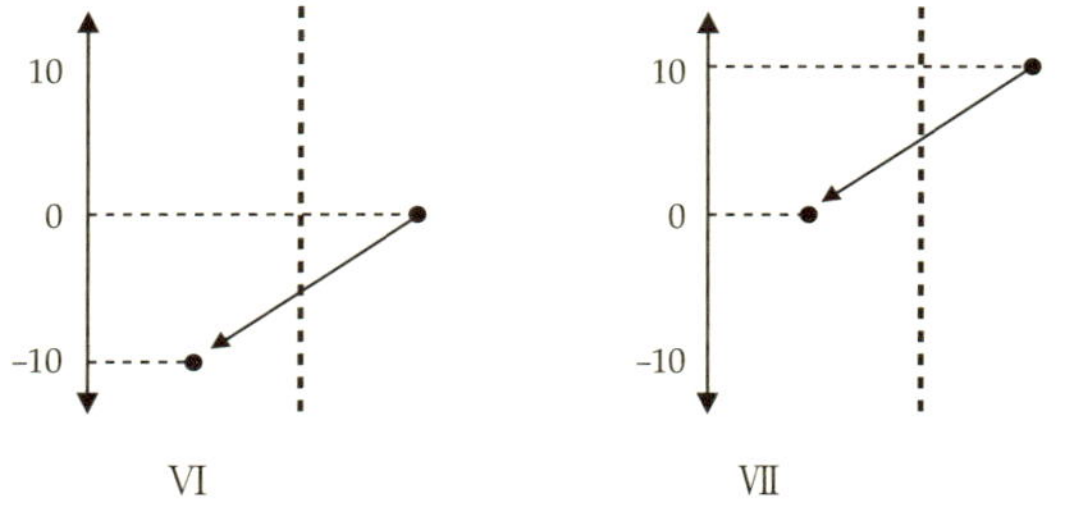

図9-5　非対称命題

第二段階では、非対称命題を積極的に支持する理由を挙げよう。倫理学では従来、帰結主義／義務論の二元論が広く用いられてきたが、私はより正確を期するべく、帰結主義／非帰結主義／反帰結主義の三元論を唱えてきた（例えば、宇佐美 二〇一〇、五）。帰結主義は、行為や制度を評価するにあたって、それらがもたらす結果状態のみに視野を限定する。功利主義の多くの形態はこれに属する。その対極に位置する反帰結主義は、行為や制度を評価する際に、それらの目的・様態のように結果状態とは異なる側面のみに着目する。これは、義務論と呼ばれてきた立場に等しい。その代表例とみなされてきたのは、カント倫理学である。帰結主義と反帰結主義は両極端をなすから、その中間に非帰結主義を位置づけることができる。非帰結主義は、行為や制度の評価時に、結果状態と目的・様態をともに考慮に入れる。私はかねてより、帰結主義の視野狭窄性を批判し非帰結主義を採用してきた。このような視座からは、悲惨な個人を創出するという作為と、幸福な個人を創出しないという不作為の間には、行為の様態において無視できない相違がある。これは独り私のみの見解ではない。実際、人を殺すという作為と、人が死ぬに任せるという不作為の間に有意味な差異を認めない功利主義は、多くの批判を招いてきた。

以上の二段階の考察から、非対称命題は頑健な判断だと考えられる。しかるに、生殖型公正説はこの命題に違背する。生殖型公正説によれば、正の福利を享受し生殖能力をもつあらゆる個人は、公正理念により、一人の個人を誕生させることを要求される。ここでは、公正理念は、生きるに値する生を送るだろう個人を存在させる道徳的理由を提供する。したがって、生殖型公正説は非対称命題に反する。

もっとも、非対称命題と整合的な既存の諸理論は逆理につきまとわれる。ここでは二つの代表的理論を取り上げる。実在説（actualism）は、実際に存在するか存在した個人がもつ福利のみを考慮し、潜在的に存在しうる個人の福利を考慮しない。また、現在説（presentism）は、現時点で存在している個人がもつ福利のみに配慮し、それ以外の個人の福利には配慮しない。実在説も現在説も、図9－5のⅥの右側の領域とⅦの左側を考慮しないから、非対称命題に適合する。しかしながら、両説はともに、未来の至福と悲惨と呼びうる逆理に直面する。図9－6の例では、将来の特定の時点で、想像を絶するほど幸福な生を送る個人（Ⅷ）と、筆舌に尽くしがたいほど悲惨な生の個人（Ⅸ）のいずれかが存在するだろう。将来の個人は潜在的にすぎないから、実在説によれば、ⅧとⅨは無差別である、すなわち望ましさにおいて選ぶところはない。現在説からも同じ判断が導かれる。しかしながら、ⅧはⅨよりも明らかに望ましい。このような実在説・現在説の欠陥をいかに回避できるかという論点には、後に戻ってこよう。

集団レベルに目を移すならば、生殖型公正説は、ある仕方で解釈される場合には、いとわしい結論に至りうる。個人レベルでは、正の福利を享受する個人p_iは、一人のp_{i+1}を誕生させる義務を負う。それゆえ、二人以上を誕生させるならば、義務以上の行為（supererogation）をなしたとして称賛されると考えるのが自然だろう。これは、集団レベルでは、人口集団P_iが、自らを上回る規模のP_{i+1}を創出するならば、義務以上の行為をなしたと評価されることを意味する。次に、P_{i+1}の福利を総量説的に解釈するときには、P_iが自らの福利を上回る総量の福利をP_{i+1}に享受させることは、義務以上の行為として称えられるだろう。これはいとわしい結論への途である。例えば、図9－1のⅠと同一状態にあるP_iは、P_{i+1}がⅠでなくⅡとなることをめざすよう推奨される。

ここまでの考察から、生殖型公正説は個人レベルでは非対称命題に違背し、集団レベルではいとわしい結論に逢着しうることが明らかとなった。それとは対照的に、集計説に立脚しない環境型公正説は、これらの困難に直面しない。個人レベルにおいては、この形態の公正説は、正の福利を享受するp_iに対してp_{i+1}の創出の理由を提供しないから、非対称命題から逸脱しない。しかも、この立場は実在説や現在説とは対照的に、将来に存在するだろう潜在的個人の福利への配慮を眼目とするから、未来の至福と悲惨の逆理を回避できている。例えば、図9－6で、Ⅷ はⅨよりも望ましいと判断される。

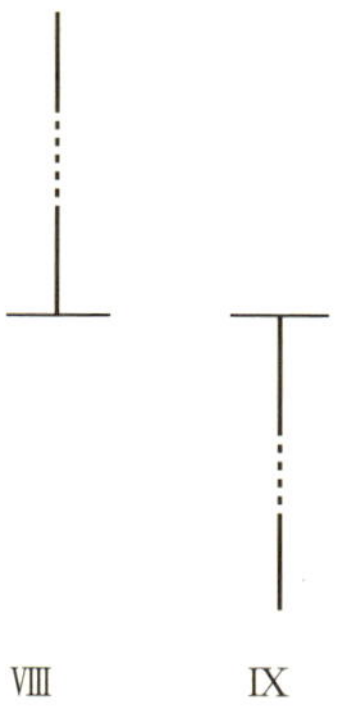

図9－6　未来の至福と悲惨

集団レベルでは、環境型公正説はいとわしい結論に陥らない。この見解では、P_iは、自らを上回る規模のP_{i+1}を創出することを推奨されず、自らと等しい福利水準をP_{i+1}が享受するのを妨げないことのみを要求される。例えば、図9－1で、P_iがⅠに等しい福利水準を享受している場合、P_i

はP_{i+1}についてⅡでなくⅠを実現するように努めるべきである。P_iがⅡの福利水準をもつ場合には、P_{i+1}につきⅡの実現に努めれば義務をはたしたと認められ、Ⅰをめざすならば義務以上の行為をなしたと称えられる。また、環境型公正説は平均説や臨界説と異なり、おぞましい結論へと向かわない。P_iが、図9―2のⅢにおける左側の人口集団に等しい福利水準をもつと仮定しよう。P_iは、P_{i+1}がⅢ、Ⅳ、Ⅴのいずれになるように行動するかを決定する際、Ⅲが最善で、Ⅴが次善、Ⅳが最悪だと評価するよう求められる。以上を要約すると、環境型公正説は、総量説・平均説・臨界説に執拗につきまとってきたいとわしい結論もおぞましい結論も免れている。そのうえ、実在説・現在説と異なって、未来の至福と悲惨の逆理に悩まされることなく、非対称命題を尊重できるのである。

結論

本章の目的は、長期的人口問題では現在世代の将来世代に対する規範的関係が不可避的に問われるのだと示すべく、環境問題の文脈で提案し擁護してきた私論を人口問題に応用することにあった。まず、予備的作業として、現時点ではいまだ存在しない諸個人の集合として将来世代を定義したうえで、時間的および空間的な観点から将来世代の範疇区分を行い、さらに範疇間の相違に留意しつつ、属性の不可知性、影響の一方向性、存在の生物的依存性という三つの特徴を同定した（第二節）。次に、環境問題の世代間関係に関する主要学説である権利説と功利説は、将来世代の諸特徴のゆえに困難に直面すると指摘した。それを踏まえて、過去世代から受け継いだ自然的遺産の恩恵により安全・健康・快適な生活を送る現在世代は、受益と負担の権衡を求める公正理念によって、この自然的遺産を将来世代に引き渡すことを要求されるという公正説を素描した。さらに、公正説は権利説・功利説と異なって、将来世代の諸特徴によって脅かされないことを論証した（第三節）。続いて、人口倫理学における代表的学説に目を転じ、総量説はいとわしい結論に達し、これを避けうる平均説はおぞましい結論に至ることを確認した。また、臨界説は、いとわしい結論の反直観性が弱まるにつれて、おぞましい結論の反直観性が強まるというディレンマに陥ることを指摘した（第四節）。人口問題の公正説によれば、先行する人口集団から継承された人為的・自然的遺産の恩恵によって正の福利水準を享受する集団は、自らと少なくとも同水準の福利を後続の集団がもつのを妨げないことを要求される。こうした見解は、生殖型公正説と環境型公正説の二通りに解釈されうる。前者は、非対称命題に違背し、いとわしい結論に到達しうるのに対して、後者は、未来の至福と悲惨の逆理にさらされない仕方で非対称命題に従い、いとわしい結論に陥らず、さらにおぞましい結論にも達しない（第五節）。

このような本章の議論は、環境問題と人口問題のいずれの文脈でも、いっそう彫琢し鍛錬される必要があると自覚している。だが、各文脈での公正説への評価から独立に、本章の基本的動機は評定されるべきである。長期的人口問題が不可避的に世代間関係を含む以上、人口倫理学は異時点間分析を避けて通れないという私の基本的主張に読者が説得力を見出すならば、本章の意図は達せられたのである。

注

〈1〉学説史の時期区分や諸学説の分類については、宇佐美　二〇〇四、二一一六、二〇一六a、七五―七七を参照。

〈2〉第二節・第三節での論述は、宇佐美　二〇〇六a、二〇〇六b、Usami 2011a, 宇佐美　二〇一六aに依拠している。

〈3〉自然的遺産と人為的遺産は、現実には、人工林、棚田、都市内の緑地公園のように相異なった程度と様態においてしばしば混合している。

〈4〉D・ブーニン（Boonin 2014: 139–140）は、非同一性問題の包括的検討のなかで私論への批判を行っているが、それに対する反論は、紙幅の制約ゆえに他の機会に譲らざるをえない。

〈5〉ただし、多様な私的財を個人間比較可能で基数的なものと捉える形態の資源主義や、同様の仕方でケイパビリティを解する形態のケイパビリティ・アプローチの前には、元来はロールズの基本財の観念に対して提起された指標化問題が、いっそう先鋭化された形で立ち現れることになる。

〈6〉強意のおぞましい結論は、負のいとわしい結論（Broome 2004: 213）とも呼ばれる。

〈7〉平均説が直面する他の逆理として、嗜虐的な結論（Arrhenius 2000）が知られている（第1章第三節・第2章第一節参照）。

〈8〉なお、J・ブルーム（Broome 2004: 199–214）は、式9－3と同型の式を支持しつつも、臨界水準が曖昧性をもつことを強調して、数値0を包含する幅をもった臨界帯を想定し、自説を標準化された総量説として性格づけている。それゆえ、彼の立場は臨界説とは別異のものと解される。


本章は、JSPS科研費16K13313および17H02445による研究成果の一部である。

第10章　互恵性は世代間正義の問題を解決するか？

森村　進

はじめに

近年出版された中項目主義の倫理学百科事典で、「世代間倫理（Intergenerational Ethics）」の項目を執筆したT・マルガンは、

> 世代間倫理の一特徴は互恵性がまったく存在しないことだ。われわれの決定は未来の人々の生に影響するが、かれらの行為はわれわれにインパクトをもたない。われわれは後世の人々にたくさんのことができるが、後世はわれわれに何もできない。もしわれわれが道徳を取引か契約として考えるならば、われわれは未来の人々に対して何ら責務を負わないように思われる。（Mulgan 2013: 2681）

と書いている。

互恵性（reciprocity.「互酬性」という訳語もある）は多くの人間関係のなかで重要な役割を果たしているのだが、それは世代間倫理の領域では何の役割も果たさない——。マルガンはそう断定するわけだが、実際には世代間正義論にも互恵性の観念が適用できると考える論者は存在する。本章はそのような議論を検討する。私の結論を前もって言うと、互恵性は世代間正義の問題においてもある程度の役割を果たすが、その役割は世代内正義の領域に比べると小さく、世代間正義の問題を考えるにあたってはそれ以外の考慮が（むしろそれらの方が）必要だ、というものである。

一　互恵性と契約主義道徳

「互恵性」の観念は契約主義道徳において重要な役割を果たすことがあるが、その意味するところは論者によってかなり異なる。その例を挙げる前に、「契約主義」という言葉を説明しよう。

契約主義（contractualism）は（遅くとも）近世の社会契約説に起源をもつ思想だが、それは現実の国家が社会契約によって生じたという主張をするわけではなく、仮説的な社会契約によって道徳を説明あるいは正当化しようとする思想である。それはD・パーフィットによれば、「ある諸原理が普遍的に受け入れられることに合意することが誰にとっても理性的であるような、そのような諸原理に誰もが従うべきである」という「理性的合意の定式化」によって特徴づけられる（Parfit 2011: vol. 1, 343）。

そこで当然予想できるように、契約主義の内部ではどのような原理の普遍的受容を受け入れることが理性的あるいは合理的であるかが中心的な問題になるが、その際に自己利益の相互の増進＝相互利益に訴えかけるヴァージョンと、例えば「公平」といった端的に道徳的な考慮に（も）訴えかけるヴァージョンがある。前者のヴァージョンの契約主義の代表者として、古典では一七世紀のT・ホッブズ、現代では『合意による道徳』のD・ゴティエ（ゴティエ　一九九九）、後者のヴァージョンの代表者として、古典では一八世紀のI・カント、現代では『正義論』のJ・ロールズ（ロールズ　二〇一〇）と『われわれは相互に何を負うているか』（Scanlon 1998）のT・スキャンロンが挙げられるのが常である。

　現代の哲学者のなかには、前者の相互利益型の契約主義を〝contractarianism〟、後者のより道徳主義的な契約主義を〝contractualism〟と呼び分け、両者の総称として〝contract theories〟という言葉を使う人もいるが（例えばGardiner 2009）、両者を共に〝contractualism〟と呼ぶ人も多い（例えばScanlon 1998: 375 n. 2; Parfit 2011）。私は本章でいずれのタイプの理論も「契約主義」と呼ぶことにする。

　その理由は二つある。第一に、〝contractarianism〟と〝contractualism〟の区別は英語圏でも一般的なわけではないし、ましてや日本語には移しにくい。第二に、相互利益型契約主義といっそう道徳主義的な契約主義との区別は、確固たるものではなくて程度の問題のように思われる。例えばゴティエは、ホッブズだけでなくD・ヒュームも相互利益型契約主義者のなかに入れているが、ゴティエ自身認めているように「ヒュームは道徳を人々の共感的な、それゆえ他者を配慮する感情に基礎づけて」（ゴティエ　一九九九、三六一）いる。また私がかつて指摘したように、ゴティエの契約主義はホッブズのように略奪・防御の相互作用から生ずる「自然分配」の状態から出発するものではなく、略奪や威嚇が存在せず自己所有権が認められているJ・ロック的自然状態から出発するものだが（森村　一九九七、一九六―二〇〇）、そのような前提自体は、相互利益とはまた別の道徳的信念に基づいていると思われるからだ。また道徳主義的な契約主義も、自己利益の考慮をまったく無視してしまったら説得力が乏しいだろう。

　話を互恵性の概念に戻すと、本章で採用する広い意味での契約主義者のなかには、ゴティエのように「互恵性」

という言葉を相互利益という意味で用いる者（ゴティエ　一九九九、特に二二三―二二四）もあり、この種の契約主義は「取引契約主義bargaining contractarianism」と呼ばれたりするが（Mackenzie 2013: 4434-4435）、道徳主義的な契約主義は「互恵性」を別の意味で用いることが多い。

その典型はロールズだ。管見のかぎりロールズの「互恵性」の観念が一番よくわかるのは、生前最後の著書となった『公正としての正義　再説』（ロールズ　二〇〇四）のなかである。彼は「生まれつきの才能を共同資産とみる見解について」という節の末尾で次のように書いている。

ここで決定的に重要なのは、格差原理が互恵性の観念を含むということである。才能に恵まれている人々は、なおいっそうの利益――なぜなら、彼らは才能分配の幸運な地位にあるということからだけでもすでに恩恵を受けているから――を獲得することを奨励されるが、それは、彼らが生まれつきの才能を訓練し、またそれを、才能に恵まれない人々の善に貢献する仕方で使用するという条件が満たされているかぎりでのことである。互恵性は、不偏性impartiality――これは利他的である――と、相互利益との間に位置する道徳的観念である。（ロールズ　二〇〇四、一三三〔ただし原文のかっこ内を省略し、訳文の「公平性」を「不偏性」に変えた〕。なおロールズの「互恵性」観念については亀本、二〇一二、第二章第四節「格差原理と互恵性」、特に六一―六四が参考になる）

そうすると、「才能に恵まれない人々」が「才能に恵まれている人々」に利益を与えないにもかかわらず、後者は前者に対して利益を与えるという条件下でしか「いっそうの利益を獲得すること」が許されないのだから、利益の方向は「才能に恵まれている人々」からそうでない人々への一方的なもの――「フリーライド」とさえ言えるもの――である。つまりロールズの言う「互恵性」とは、相互利益のことではなく、むしろ〈不偏的な平等主義によって制限された自己利益の実現〉とでも言うべきものだ。これは「互恵性」という言葉から普通受ける印象とはずいぶん違うが、ロールズがこの意味でその言葉を使っているという事実は動かない。

そこで以下本章では、ロールズの言う意味での「互恵性」も、ホッブズ流の相互利益も、ヒューム的な共感に結びついた互恵性も、すべて含めた広い意味で互恵性という言葉を使うことにしよう。（なおスキャンロンの契約主義は互恵性という言葉を使わないが、それが未来の人々に対していかなる態度をとる［べき］かについてはParfit 2011: secs. 78–79を見よ。）

二　三種類の互恵性

ロールズほど平等主義的ではないが、狭い相互利益よりは広い意味で互恵性を理解する論者として、世代間正義論の研究者A・ゴスリがいる。彼は「世代間互恵性の三つのモデル」という論文のなかで、互恵性を「交換の文脈における、相互の寄与分の等価性」と定義したが、それは世代間正義においては「誰も最終的に、正味の寄与者（net contributor）にも正味の受益者（net recipient）にもなるべきでない」ということを意味する（Gosseries 2009: 120）。

私は「互恵性」と「等価性」をこのように緊密に結びつけることは不適切だと思う。なぜなら当事者相互の必要性や欲求の相違、また個々の状況における財の希少性の相違、時間の経過による投資効果など、多様な原因から、寄与分と受益分が等価にならないことはいくらでもあるからだ。そしてその場合、「正味の寄与者」にさせられる、つまり寄与の程度よりも受益の程度が小さいことは不公正だから文句を言えるが、「正味の受益者」になることは問題がないだろう。そして自由市場におけるほとんどの取引は両当事者にとって有利な不等価交換である——ウィーン関係である——からこそ成立する。交換取引における等価性という観念はアリストテレスの正義論以来の誤った想定である（森村 二〇一五、二四五）。だから互恵性は等価性という意味ではなく、「誰も正味の寄与者にさせられるべきでない」という、パレート改善の意味で解するべきだ。以下ではゴスリの互恵性の観念をこのように読み替えることにする。（だが正味の受益分が当事者間で異なるということは、公正の問題を生じさせないだろうか？ 交渉能力の差のために、片方が大きな利益を受け、他方は小さな利益しか得られないことは不当ではないか？ 私自身はここに深刻な問題を見出さないが、平等主義者のなかにはそれが不公平だと感ずる人もいるだろう。本章ではこの問題を論じられない。）

だがゴスリの互恵性論の意義は以上の点でなく、三つの世代間互恵性のモデルを析出したことにある。以下それを説明するわけだが、そのため彼にならって、一〇年間ごとに生まれる人々からなる、G1からG2、G3……と続く世代（コホート集団）を想定することにしよう。世代の間隔は別に一〇年である必要はなく、むしろ大体一世代である二〇年から三〇年にした方が世代間の相互関係が明確になるのでいっそう適切ではないかと私は思うが、ともかく同じ時期に生きているという同時代性をもっていなければならない。またこの三つのモデルのそれぞれには「正当化的（justificatory）」形態と「実質的（substantive）」形態があるとされるが、まず前者の正当化的形態から説明しよう。

最初のモデルは「下降（descending）」モデルだ。それは「G1がG2に何かを移転したのだから、G2はG3に何かを負う」というものである。例えば、過去の世代が現在世代に天然資源や資本を遺してくれたのだから、現在世代は次の世代にそれを遺さねばならない、という発想はそれに当たる。

第二のモデルは「上昇（ascending）」モデルで、「G2がG1に何かを移転したのだから、G3はG2に何かを負う」というものだ。例えば、退職世代はそれよりも前の世代のために年金の財源を負担したのだから、現役世代は退職世代への年金のために寄与する責務を負う、という発想はそれに当たる。

そして第三の「二重（double）」モデルは、「G１がG２に何かを移転したのだから、G２はG１に何かを負う」というものだ。例えば、かつて親の世代は教育や扶養によって子の世代のために負担したのだから、現在後者の世代は前者の世代のためにその返礼をすべき責務を負う、という発想がそうだ。

三つの互恵性モデルの正当化的形態から実質的形態に移ろう。それぞれの実質的形態は、下降モデルの場合、「G２は、少なくともG１がG２に移転しただけをG３に負う」であり、上昇モデルの場合、「G３は、少なくともG２がG１に移転しただけをG２に負う」であり、二重モデルの場合、「G２は、少なくともG１がG２に移転しただけをG１に負う」である（以上の五段落につきGosseries 2009: sec.1）。

ゴスリの三つのモデルのうち、上昇モデルと下降モデルを本当に互恵性と呼ぶのが適切かどうか疑う人もいるだろう。いずれのモデルでも、寄与した集団はそれに対する責務から利益を受ける集団と同一でないからだ。ゴスリは、その互恵性は「間接的」であり、それに対して二重モデルでは寄与した集団がそのお返しを受けるわけだからその互恵性は「直接的」だと言うが（Gosseries 2009: 123–125）、前者の「互恵性」はそもそも互恵性でないと感じられるかもしれない。しかしこれはかなりの程度まで用語法の問題だ。ゴスリの言う互恵性の「間接的」と「直接的」は、「推移的」と「相互的」と言い替えることもできようが、ともかくいずれのタイプの関係も、〈受益に従った寄与の責務がある〉という観念を表現している。〈先祖から受けた恩を子孫に返す〉という発想は十分理解できる観念だから、それが典型的な相互利益の関係ではなくても、互恵性の一種に含めることは不自然でない。

もっと実質的に重要な問題は、互恵性がある程度の感謝の念や返報への社会的圧力を生み出すとしても、本当に道徳的な義務、それどころか強制可能な義務までも生み出すだろうか――特に世代間で――という問題だ。例えば、私が誰かから頼みもしない利益を受け取ったからといって、私はその人物に対して少なくとも同じだけの利益を返さなければならないという義務を負うとは言えないし、ましてやほかの人々に同様の利益を与えねばならないとは思えない（Gosseries 2009: sec. 2）。

互恵性は政治的責務や順法義務の正当化論において、しばしば「フェアプレイ」や「公平性」や「フリーライド」といった名前のもとで持ち出される観念だ。本章ではそのタイプの政治的責務論を検討する余裕がないので（この問題については横濱 二〇一六、第一〇章を見よ）、私が妥当だと思う――そして願わくは読者も賛成するであろう――結論だけを述べたい。それはこうだ。互恵性が何らかの道徳的義務を生み出すためには、少なくとも（1）それは「押し売り」でなく、受益者の自発的な受容を条件とするか、あるいは（2）その返礼の内容が相手にとってぜひ必要なものか権利の対象であって、受益者が返礼しなければそれは実現されない、という条件のいずれかが必要だ。いずれの条件も満たされなければ、「フリーライド」は決して不正ではない。例えば多くの「正の外部性」に報いる義務がないのは（1）の条件が該当しないからであり、大金持ちから贅沢品を自発的にもらったからといってお返しをする義務がないのは（2）の条件が満たされないからだ。

この発想を世代間正義にあてはめると、過去の世代から得た、天然の、あるいは人間の作り出した遺産の多くについて（1）の条件は該当しないだろうが、（2）の条件が該当するかどうかは一概には言えない、ということになるだろう。例えば特定の文化遺産はそれに該当しないが、人類の健康な生存にとって欠かせないような環境は該当するだろう。〈この地球は未来世代からの借り物だ〉という、よく聞く表現が説得力をもちうるのはそのときである。

三　短期的な世代間正義——年金

ゴスリは、三つの互恵性モデルは人口変動が調節できない場合にすべて問題を含むと考える。まず下降モデルだが、将来世代に残すことができる財の量が変わらないとすると、人口増加に伴って後の世代になるほど生活水準が悪くなっても構わない——どの世代も、自分たちが受け継いだだけの財を次に遺せば足りるので、後の世代の生活水準を悪化させないという責務を負わない——という結論が出てくるが、これは直観に反するという（Gosseries 2009: 139）。

ゴスリはまた上昇モデルも二重モデルも人口変動に対応しがたいとするが、そこでは年金の財源と給付に関する世代間正義という、比較的短期的な問題を検討している。なおゴスリが想定している年金は、高齢者のための生活保障という（再）分配的目的のための公的制度であって、個人単位での保険料の後払いではない。

この年金は現役世代から高齢世代への財の移転だから、上昇モデルと二重モデルがあてはまると思われる。上昇モデルによれば、高齢世代はすでにそれ以前の世代のために寄与したのだから現役世代も高齢世代のために寄与するのが公正であり、そして若い世代も将来は現在の現役世代＝将来の高齢世代のために寄与するのが公正だ、ということになる。また二重モデルによると、高齢世代はすでに現役世代が若いころにかれらに寄与したのだから、現役世代はその分だけ高齢世代に返礼をするのが公正だ。

各世代の人口が変わらない場合、両者のモデルの発想はそれなりの説得力をもっているように見える。しかし人口が減少する場合、上昇モデルは難点をもつ。なぜなら各世代の個々人の負担分が変わらないとすると、例えばG3の人口がG2の半分しかない場合、G2の各個人は自分がG1のために負担した額の半分の年金しか得られないだろう。またG２の各人をこのような正味の負担者にしないためには、G３はG２が寄与した分の倍を負担しなければならないが、これは不公正だ。今日の日本の年金制度はまさにこのジレンマに陥っている。

それに対して二重モデルならばこの問題を避けられそうだ。なぜなら多産な世代は子どもの数に応じて大きな富を若い世代に投資したのだから、その分だけ大きな年金を得られるのに対して、少子化世代は若い世代への投資分が少ないから、それに比例して年金が少なくても文句を言えないからだ。前の段落の例で言えば、子どもをあまり作ろうとしないG２がG３から得られる年金の総額は、G１が得た額の半分で構わない——。これはコホートという集団レベルで考えた帰結だが、この発想を個人レベルで実現しようとすれば、子どもをたくさん生んだ親はそれだけ多くの年金をもらえるが、子どもをもたなかった人はずっと少なくしか、あるいは全然年金を受け取れない、という制度が考えられる。この意味で、二重モデルは人口感応的（demo-sensitive）と言える（Gosseries 2009: 141–143）。

しかしこの制度にも問題がある。子どもの数とかれらへの教育費などの投資量は比例するとは限らない。子どもの数が大きくなるほど、一人あたりの投資量は逓減するだろう。また人口の減少のため、後の世代は一人当たりの空間や天然資源の点では前の世代よりも大きな利益を得られるかもしれない。かくして互恵性の二重モデルも人口変動に対して十分な解決を与えられない、とゴスリは判断する（Gosseries 2009: 143–144）。

以上の議論はある程度の説得力がある。特にゴスリが世代間の互恵性の三種類を区別したことは、日常的な議論ではこれらの考慮が十分区別されていないこともあり——それどころか、年金問題において世代間の公平性を語ること自体が世代を対立させると批判されることさえ多いから——きわめて有益だ。

しかし私は年金の公平さに関するゴスリの議論に納得できない点がある。ゴスリは世代間の財の分配を政府が行う年金制度をあたかも人類社会に普遍の必然的な制度でもあるかのように書いているが、そんなことはない。そのような年金制度が世代間の（互恵性の意味での）不公正を生み出すなら、その制度を廃止すればそれにつきまとう不公正もなくなる。各人が自分の老後に備えるという個人年金の制度は世代間の不公正から解放されている。もっともその場合、個人の責に帰せない世代間の不平等は生ずるが、それは互恵性の考慮では解決できない問題だ。その不平等は、もし対応すべきだとしたら、それ以外の考慮——例えば平等主義的考慮——によって対応すべき問題だ。

また下降モデルが反直観的な帰結をもたらす例としてゴスリが挙げた、人口上昇時における財の枯渇という問題については次節で考えよう。そこでは長期的な世代間正義を考察する。

四　長期的な世代間正義——投資と環境

ロールズの貯蓄原理

よく知られているように、ロールズは『正義論』において、「無知のヴェール」におおわれた「原初状態」の人々が選ぶであろう正義の原理を求めるという仮説的社会契約タイプの契約主義を提唱したが、その当事者は自分たちがどの世代に属するかを知らないものの、自分たちが同じ世代に属しているということは知っている、と想定した（ロールズ　二〇一〇、三八六）。換言すれば、「原初状態は、あらゆる現実の人々、もしくはあらゆる可能な人々からなる集まりではない」。なぜなら、「もしわれわれが原初状態を右のどちらかのように思い描くならば、原初状態という概念装置は直観を無理のない仕方で導くことを止めるであろうし、明確な意味を欠くことにもなるだろう」（ロールズ　二〇一〇、一八七）からだ。

私としては、ロールズの「原初状態」はきわめて厚い「無知のヴェール」のせいですでに「直観を無理のない仕方で導くことを止め」、「明確な意味を欠く」ことになっているのではないかと疑うのだが、ともかく彼は原初状態の解釈として〈現時点参入説〉（ロールズ　二〇一〇、三八六）をとる。

だがそうなると、原初状態の当事者は将来世代の利益を配慮しないのではないかという懸念が生ずる。ロールズはこの懸念を払いのけるために、当事者たちは（1）「おのおの一家の長であり、それゆえ少なくともかれらのより身近な子孫の暮らしよさを増進したいという欲求を抱いている」、そして（2）「〈先行する全世代が全く同一の諸原理に従ってきた〉ということを望むという制約に従うかたちで、諸原理に同意すべきだ」という、二つの制約を課する（ロールズ　二〇一〇、一七三。三八六も参照）。

このうち（1）はご都合主義的な想定のように思われる。そのせいか、ロールズは『公正としての正義　再説』においては（2）の制約だけに頼って、世代間正義に関する「貯蓄原理」の正当化を試みる。彼によると、「正しい原理は、どの世代であれその構成員が（したがってすべての世代の構成員が）、どこまで時間をさかのぼっても先行する世代が従ってきたことを欲するだろうような原理として解釈するであろう、そのような原理である」（ロールズ　二〇〇四、二八一、また三八七註三九も参照）とのことだ。

世代間正義原理へのこのアプローチは、ゴスリの言う互恵性の「下降モデル」に属すると思われる。それは一見説得力があるようだが、以下の難点を含んでいる。

第一に、それは先行する世代をもたない最初の世代が大きな犠牲を払うことを正当化しかねない。貯蓄原理の発想では、各世代は先行した諸世代の行った貯蓄のおかげで社会を保持していけるのだが、最初の世代は一方的に負担を強いられるだけだ。

第二に、それは社会、それどころか人類全体の消滅を正当化しかねない。ある世代が自分たちの世代でそれまでの貯蓄（人間が作り出したものだけでなく、天然資源も含む）を使いきって社会を消滅させることを選ぶとしても、それに続く世代は存在しないのだから、〈かりに将来世代のために貯蓄する結果として自分たちの世代が貧しい生活を強いられるくらいなら、それよりも自分たちが最後の世代になって豊かな暮らしをしよう〉という原理は、自分たちの存在することがわかっている各世代が、過去における採用を欲するような原理と言えるからだ（Gardiner 2009: 109–114）。

この二つの反論は必ずしも決定的なものではないかもしれない。両者を回避するような仕方で貯蓄原理を解釈（改釈）することは可能だろう。それでもそれは互恵性論一般の難点を共有している。

ロールズの貯蓄原理にはほかの批判もある。それは彼がもともと一九七一年に『正義論』の初版を公刊したせいか、世代間正義の問題として社会資本の形成・維持しか考えておらず、天然資源の枯渇や環境の悪化といった、今日重大化している問題を無視しているということだ。そのため現代では彼の議論はいささか時代遅れと感じられる（森村　二〇〇六、二九〇―二九五）。

オーバーラップする世代間の互恵性

環境問題のような長期的な世代間問題に対して道徳理論はいかなるアプローチをとるべきか？　それについては複数の回答があるが、本章が取り上げる互恵性重視の契約主義からは、ロールズ以外にも、オーバーラップする世代間の互恵性に訴えかける議論がある。

この発想を明示的に述べたのは、相互利益に基づく契約論者のゴティエである。ゴティエはロールズと違って資源枯渇問題を明示的に念頭に置いているが、契約論が未来の人々への配慮を説明できないのではないかという懸念に対して論ずる際、「相互的無関心」という仮定を捨てる可能性をまず示唆する。もしそのようにして「感情の道徳を探求する」ならば、「人々に特徴的なこととして、少なくとも自分の直接的な子孫に対しては関心を示す」という事実から、「人間の共同体は時間のなかで持続し、人々は子孫を自分と同じ社会のメンバーとみなす」という発想に、またそこからさらに、「人間は、すべての人々が分かちあう生活形態としての一つの社会を、時間の経過を通じて共同で想像し維持することに従事する」という考え方に至り（かなりの飛躍！）、「現在、過去、未来の諸世代間の契約」という「フィクションとしての合意を想定し、この合意に基礎を置く権利義務の関係を決定する」こともできるだろう、と彼は想像する（ゴティエ　一九九九、三五〇―三五一。傍点は引用者）。これはロールズが斥けた、世代間の社会契約という観念だ。

しかし結局ゴティエは、世代間の相互的無関心という想定から離れなくても世代間の公平を実現できると考える。彼がそう主張する議論は重要だから、煩を厭わずに引用しよう。

> 人類の各世代を、一つの肉体内の生命の舞台に登場しては退場していくようなものとして、そしてどの時点をとっても舞台には一つの世代しかいないようなものとして、理解すべきではない。各々の人間が他人と相互作用するとき、その他人の中には自分より若い人も年上の人も含まれており、このことによって、各人はわれわれ人類の極めて遠い過去からはるかに先の未来へと延びる一筋の連続的な相互作用の中に加わるのである。相互に利益をもたらす協力は、異なってはいるが部分的に重なりあう世代の人々を直截的に含んでおり、このことが歴史を通じて伸びる協力の間接的な連結を創出する。各々の人間は自分より以前の世代と協力する際の条件を考察するとき、後の世代の人々とも同様な条件を確定する必要があることを念頭に置かなければならず、引き続いてこれら後の人々もさらに後の世代のメンバーと協力する必要性を念頭に置かねばならない。このようにして各個人は、たとえ同時代人と合意する際にこれらから生まれてくる人々を顧慮することなく世界の資源を使い果たしてしまうことに合意する用意があるとしても、時の経過を通じて何らかの合意を続けていく必要があり、死去する人々との合意が消滅するときに誕生する人々へと合意を拡張していく

> 必要があることから、合理的人間の間で合意の条件が常に一定であることが保証され、従って世界の資源を使い果たすような選択肢が合意によって採用されることはありえない。（ゴティエ　一九九九、三五一－三五二。傍点は引用者による）

これはゴスリの言う互恵性の二重モデルの連鎖によって世代間正義の問題を解決しようとする試みとして理解できる。それは世代間の協力という要素を考慮しているという長所があるが、それでもいくつかの重大な難点をもっている（Gardiner 2009: 99–108）。

第一に、先行する世代が「後の世代のメンバーと協力する必要性」をそれほどもっている、あるいはそう感じている、とは限らない。先行する世代はもしかしたら、後の世代から一方的に援助を受けることしか考えていないかもしれない。日本の現在のシルバー・デモクラシーにおける世代間格差問題（吉良　二〇一六、二〇一七を参照）を考えると、このような可能性はあながち杞憂とは思えない。

第二に、あらゆる世代間の関係が、オーバーラップする世代間の関係に還元できるわけではない。例えば核燃料廃棄物問題におけるように、今から数百年後になって初めて人々に影響を与える政策というものもある。このようなケースでは、現在の世代は遠く離れた世代に対して（中間世代を経由してではなく）直接かつ片面的に配慮すべき理由がある。

第三に、この発想によると、天変地異とか戦争とか現在世代の利己主義とか単なる無責任といった原因で、ひとたび世代間の互恵性の連鎖が損なわれてしまうと、それ以降の世代はいくら直前の世代と協力しても、過去の世代が得ていたほどの利益を決して得られないかもしれない。互恵性の「間接的な連結」という条件は脆弱すぎる。

第四に、ゴティエは「世界の資源を使い果たすような選択肢が合意によって採用されることはありえない」と言うが、それは間違いだ。このモデルでは、ある世代が世界の資源を使い果たして穏やかに死滅していこうという決定を下すことは十分に考えられる。最後の世代は別にそれ以後の世代が存在しなくても、死滅を迎えるまで、残った資源だけで十分に豊かな暮らしができるだろうからだ。もっとも最近、〈存在してしまうことは常に害悪である〉という前提から人類の段階的絶滅を提唱する論者がいるが（ベネター 二〇一七）、私は――そしておそらくほとんどの人は――その前提に賛同しないから、人類の絶滅は可能なかぎり避けるべき事態だと考える（次節で紹介するシェフラーの主張も参照）。

第五に、それは人口の変動を考慮に入れていない。例えば人口が増大するという仮定のもとでは、前の世代が後の世代に協力すべき理由が弱まる。この場合、世代間の協力は前の世代に正味の負担を負わせることになりそうだからだ。逆に人口が減少する場合には、後の世代が前の世代に協力する理由の方が弱まるだろう。

最後に、この議論によると、将来の世代の暮らし向きが、人間の行為によらない自然の原因（例えば大隕石の衝突や太陽の活動の変化）で大幅に悪化することが確実に予測されても、それより前の世代はそれについて責任を負わないのだから未来の世代の福利に配慮すべき理由はない、ということになる。これは未来世代に対して冷淡すぎる結論だろう。もっともこれはゴティエに限らず、互恵性論一般に言える難点だ。

五　遠く離れた世代間の直接の互恵性

以上見てきたように、互恵性の観念をゴスリのように間接的なものまで含むにしても、ロールズのように道徳的に理解するにしても、ゴティエのように相互利益として狭く捉えるにしても、それによって世代間正義の問題を解決することは難しいと思われる。私は互恵性の観念がこの分野でまったく役に立たないとまでは主張しない。互恵性はある程度の役割を果たすだろうが、適用範囲においても説得力においても不十分だろうというのである。

互恵性からの議論が世代間正義問題において不十分である最大の原因は、遠く離れた世代間に直接の互恵性が存在しないことだ。しかし考えようによってはそこにも直接の互恵性を想定する余地があるのではないだろうか？二つの可能性があるように思われる。

第一は、前節の最初に触れたように、ロールズの仮説的社会契約の発想を改訂し、すべての世代の代表者が参加する社会契約を想定して、そこで選ばれるであろう世代間正義の原理を探ることだ。これまでの多くの契約論者は、このような仮定から生ずる概念上の困難や結論の不確定性に尻込みしてきたが、その困難は必ずしも決定的なものではないだろう。そもそもロールズ版の社会契約から彼の二つの正義原理が出てくるかどうか自体が疑わしかった。しかしこのアプローチを提唱する論者も認めているように、「純粋な世代間契約という領域は相対的に未開拓なままにとどまっており、考慮されるべき可能性の種類が複数存在する」（Gardiner 2009: 115）。

もう一つの可能性は、遠く離れた世代間にも直接の互恵性、それも狭い相互利益という意味での互恵性が存在する、と考えることだ。現在世代が遠い将来の世代に利益を（そして不利益をも）因果的に与えられるということは疑う余地がないが、まだ生まれていない未来の世代は現在の世代に影響を与えられないから利益を与えることができない、と想定されてきた。

しかし最近S・シェフラーは『死と後世』という書物のなかで、各人にとって自分の死後も長い間人類が存続し続けることが自身にとって重要な意味をもっており、もし自分の死後すぐに人類が消滅してしまうと信じていたらその生活からはきわめて多くの価値が失われるだろう、と主張した（Scheffler 2013. 私は森村 近刊でその議論を紹介した）。シェフラーのこの主張が受け入れられるならば、遠い将来の世代が存在すること自体、ではなくても、立派に存在するだろうという信念が、現在の世代に大きな利益――物質的な財ではないが――を与えていることになる。そして将来の世代が存在するだろうと信じられるような状態を作り出すことは、未来におけるかれらの存在の確保に至る蓋然性を強める。かくして現在世代と遠い将来世代との間にもある意味では相互利益が存在すると言える。このアプローチは、世代間の「相互的無関心」という想定を捨てるという、ゴティエが示唆した（が結局採用しなかった）方法だが、人々は現実に将来の人々に対していくらかは関心をもっているのだから、「相互的無関心」という前提にこだわる必要はないだろう。

これら二つの発想は世代間正義論における互恵性の役割をいくらか増大させる。しかしそれでも完全には程遠い。世代間の仮説的社会契約という発想はいまだ十分に展開されていないし、未来世代の存在が現在の世代に利益を与えるという主張が正しいとしても、その考慮が未来世代に（単なる生存にとどまらない）どれだけの福利を保証できるか疑問が残るからだ。また両者の発想とも、「非同一性問題」や「最適人口規模」といった、人口問題の難問に直接答えるものではない。

それゆえ私の結論は、世代間正義の問題を考えるにあたっては、互恵性の観念も重要だがそれだけでは不足で、端的な人道主義的考慮や公正の観念や功利主義的発想にも訴えかけることが必要だろうという、歯がゆいものにならざるをえない。

追記

原稿提出後、Rahul Kumar (ed.), *Ethics and Future Generation* (Routledge, 2018) という論文集に接した。その中で Eric Brandstedt, “The Saving Problem in the Original Position: Assessing and Revising a Model” という論文は、本章五節で紹介したシェフラーの発想を受け入れて、遠く離れた世代間にも「互恵性」の観念を拡張し、そしてロールズの言う「基本財」の中に「価値の持続可能性」というものを取り入れることによって世代間正義の問題を解決しようとするものだから、本章の議論と似た点がある。しかし私は、著者がこの議論をなぜそこまでロールズの「原初状態」アプローチと「貯蓄原理」正当化論の改訂案として提出しようとするのか、その動機がわからない。その原因は、著者がはじめからロールズの正義論を基本的に受け入れている（らしい）ということ以外にあるのだろうか？

あとがき

井上 彰

人口問題は、古くて新しい問題である。序章で共編者の松元雅和が書いているように、古くはマルサスの時代から、急激な人口増加を懸念しての人口抑制に関する議論がある。二〇世紀後半以降、地球規模の人口変動や移動を伴う地球環境問題や移民問題が、喫緊に解決しなければならない問題としてクローズアップされてきた。

こうした問題に対し近年、倫理学や政治哲学、法哲学といった規範理論の側からも応じようという機運が大いに高まっている。D・パーフィットの『理由と人格』(一九八四年)が公刊されて以降、構成員もその数も異なる人口集団を伴う事態評価に関して、私たちの道徳的直観に適う診断を下すことができる理論Xが求められてきた。そうしたなか、急激な気候変動を引き起こす温室効果ガスの排出をめぐる、多国間の国際的な協定に基づく規制を後押しするような、世代をまたいでも通用する排出(権)の配分についての正義の構想が求められてきた。また、ヨーロッパをはじめとする先進国に押し寄せる発展途上国や紛争国からの移民・難民の受け入れに関して、一定の規範的指針を示しうる理論も同様に求められている。本書に収められた各論考とも、そうした要請に応じようとしてきた理論的知見を明らかにし、そのうえで独自の規範理論の展開を試みるものである。

もっとも、こうした古くて新しい人口問題に対して応答可能な規範理論を追究する試みは、まだ歴史が浅い。そのこともあって、さまざまな論争がいまなお決着をみていない。各論考とも、そうした論争を踏まえたうえで独自の理論的貢献を図ろうとする、言うなれば非常に困難な課題に果敢に取り組んだ唯一無二の研究成果である。もちろん、各論考がその目論見どおり成功しているかどうかについては、読者諸賢の判断に委ねたい。

＊＊＊

本書は、松元が世界思想社の機関誌『世界思想』第四三号（二〇一六年）に「子育ての負担は誰が負うべきか——公平性の観点から」を寄稿したことをきっかけに生まれたものである。私は松元から二〇一六年の九月に、本書の企画趣旨について説明を受け、共編者として加わることを打診された。当時私は、勤務先の立命館大学で、人口倫理学の第一人者であるストックホルム大学のグスタフ・アレニウス氏を招いたこともあって、集中的に人口倫理学について勉強していた。そのこともあってか、松元の企画は非常に魅力的でかつ重要なものだと思った。いや、そう確信したと言っても過言ではない。だからこそ私は二つ返事で、共編者になることを快諾した。

実際、本書に寄稿された論考は、その魅力と重要性を十分伝えるものとなっていると自負している。編者からの修正要求に快く応じてくれた執筆者のみなさん、そしてこのようなすばらしい論文集の編者になるきっかけを与えてくれただけでなく、編者としての手腕をおしみなく発揮してくれた松元氏には、心よりお礼申し上げたい。

むろん、この企画は世界思想社からの話がなければ、論文集として成立することはなかった。出版事情が厳しいなか、本書のような専門性の高い論文集を公刊する機会を与えてくれた世界思想社には、ここに記して深く感謝申し上げたい。

引用・参考文献

外国語文献

Anderson, Bridget, 2003, "Just Another Job? The Commodification of Domestic Labor," in Barbara Ehrenreich and Arlie Russell Hochschild (eds.), *Global Woman: Nannies, Maids, and Sex Workers in the New Economy*, New York: Henry Holt and Company.

Anglin, Bill, 1977, "The Repugnant Conclusion," *Canadian Journal of Philosophy* 7/4.

Armstrong, Chris, 2012, *Global Distributive Justice*, Cambridge: Cambridge University Press.

Arneson, Richard J., 1989, "Equality and Equal Opportunity for Welfare," *Philosophical Studies* 56/1.

———, 1990, "Liberalism, Distributive Subjectivism, and Equal Opportunity for Welfare," *Philosophy and Public Affairs* 19/2.

———, 2000, "Welfare Should Be the Currency of Justice," *Canadian Journal of Philosophy* 30/4.

Arrhenius, Gustaf, 2000, "An Impossibility Theorem for Welfarist Axiologies," *Economics and Philosophy* 16/2.

———, 2015, "The Affirmative Answer to the Existential Question and the Person Affecting Restriction," in Iwao Hirose and Andrew Evan Reisner (eds.), *Weighing and Reasoning*, Oxford: Oxford University Press.

———, forthcoming, *Population Ethics: The Challenge of Future Generations*, Oxford: Oxford University Press.

Arrhenius, Gustaf et al. (eds.), forthcoming, *The Oxford Handbook of Population Ethics*, Oxford: Oxford University Press.

Asheim, Geir B. and Stéphane Zuber, 2014, "Escaping the Repugnant Conclusion: Rank-Discounted Utilitarianism with Variable Population," *Theoretical Economics* 9/3.

Banks, Melany, 2013, "Individual Responsibility for Climate Change," *Southern Journal of Philosophy* 51/1.

Barry, Brian, 1989, *Theories of Justice*, Berkeley: University of California Press.

Bates, Stanley, 1971, "The Responsibility of 'Random Collections'," *Ethics* 81/4.

Bayles, Michael D. (ed.), 1976, *Ethics and Population*, Cambridge, M.A.: Schenkman Publishing.

Benatar, David, 2006, *Better Never to Have Been: The Harm of Coming into Existence*, Oxford: Clarendon Press.（小島和男・田村宜義訳『生まれてこないほうが良かった——存在してしまうことの害悪』すずさわ書店、二〇一七年）

Bentham, Jeremy, 1789, *An Introduction to the Principle of Morals and Legislation*, London: Payne.（〔抄訳〕山下重一訳「道徳および立法の諸原理序説」『世界の名著　四九』中央公論新社、一九七九年）

Blackorby, Charles and David Donaldson, 1984, "Social Criteria for Evaluating Population Change," *Journal of Public Economics* 25/1–2.

Blackorby, Charles, Walter Bossert, and David Donaldson, 1995, "Intertemporal Population Ethics: Critical-Level Utilitarian Principles," *Econometrica* 63/6.

———, 1996, "Leximin Population Ethics," *Mathematical Social Sciences* 31/2.

———, 1997, "Critical-Level Utilitarianism and the Population-Ethics Dilemma," *Economics and Philosophy* 13/2.

———, 2004, "Critical-Level Population Principles and the Repugnant Conclusion," in Jesper Ryberg and Torbjörn Tännsjö (eds.), *The Repugnant Conclusion: Essays on Population Ethics*, Dordrecht: Kluwer Academic Publishers.

———, 2005, *Population Issues in Social Choice Theory, Welfare Economics, and Ethics*, New York: Cambridge University Press.

Blake, Michael, 2002, "Discretionary Immigration," *Philosophical Topics* 30/2.

———, 2012, "Immigration, Association, and Antidiscrimination," *Ethics* 122/4.

———, 2013, "Immigration, Jurisdiction, and Exclusion," *Philosophy and Public Affairs* 41/2.

———, 2014, "The Right to Exclude," *Critical Review of International Social and Political Philosophy* 17/5.

Boonin, David, 2014, *The Non-Identity Problem and the Ethics of Future People*, Oxford: Oxford University Press.

Bradley, Ben, 2010, "Benatar and the Logic of Betterness," *Journal of Ethics and Social Philosophy* March.

Brandt, Richard B., 1979, *A Theory of the Good and the Right*, Oxford: Clarendon Press.

Brezger, Jan and Andreas Cassee, 2016, "Debate: Immigrants and Newcomers by Birth-Do Statist Arguments Imply a Right to Exclude Both?" *Journal of Political Philosophy* 24/3.

Brock, Gillian, 2016, "Debating Brain Drain: An Overview," *Moral Philosophy and Politics* 3/1.

Brock, Gillian and Michael Blake, 2015, *Debating Brain Drain: May Governments Restrict Emigration?* Oxford: Oxford University

Press.

Brock, W. Dan, 2010, "Shaping Future Children: Parental Rights and Social Interest," in Fishkin and Goodin 2010.

Broome, John, 1993, "Goodness Is Reducible to Betterness: The Evil of Death Is the Value of Life," in Peter Koslowski and Yuichi Shionoya (eds.), *The Good and the Economical: Ethical Choices in Economics and Management*, Berlin: Springer-Verlag.

———, 2004, *Weighing Lives*, Oxford: Oxford University Press.

———, 2010, "Should We Value Population?" in Fishkin and Goodin 2010.

Caney, Simon, 2014, "Two Kinds of Climate Justice: Avoiding Harm and Sharing Burdens," *Journal of Political Philosophy* 22/2.

Carens, Joseph H., 1987, "Aliens and Citizens: The Case for Open Borders," *The Review of Politics* 49/2.

———, 1992, "Migration and Morality: A Liberal Egalitarian Perspective," in Brian Barry and Robert E. Goodin (eds.), *Free Movement: Ethical Issues in the Transnational Migration of People and of Money*, University Park: University of Pennsylvania Press.

———, 2008, "Live-in Domestics, Seasonal Workers, and Others Hard to Locate on the Map of Democracy," *Journal of Political Philosophy* 16/4.

———, 2013, *The Ethics of Immigration*, Oxford: Oxford University Press.

Carr, Alan, 2011, *Positive Psychology: The Science of Happiness and Human Strengths*, 2nd ed., New York: Routledge.

Casal, Paula, 2007, "Why Sufficiency Is Not Enough?" *Ethics* 117/2.

Chang, Ruth, 1997, "Introduction," in Ruth Chang (ed.), *Incommensurability, Incomparability, and Practical Reason*, Cambridge, M.A.: Harvard University Press.

Clayton, Matthew and Andrew Williams (eds.), 2000, *The Ideal of Equality*, New York: St. Martin's Press.

Cole, Phillip, 2000, *Philosophies of Exclusion: Liberal Political Theory and Immigration*, Edinburgh: Edinburgh University Press.

———, 2011, "Open Borders: An Ethical Defense," in Christopher Heath Wellman and Phillip Cole (eds.), *Debating the Ethics of Immigration: Is There a Right to Exclude?* Oxford: Oxford University Press.

Conly, Sarah, 2016, *One Child: Do We Have a Right to More?* Oxford: Oxford University Press.

Cripps, Elizabeth, 2011, "Climate Change, Collective Harm and Legitimate Coercion," *Critical Review of International Social and Political Philosophy* 14/2.

Dasgupta, Partha, 1988, "Lives and Well-Being," *Social Choice and Welfare* 5/2–3.

———, 2001, *Human Well-being and the Natural Environment*, Oxford: Oxford University Press.（植田和弘監訳『サステイナビリティの経済学——人間の福祉と自然環境』岩波書店、二〇〇七年）

Eco, Umberto and Marylyn Migiel, 1988, "An Ars Obivinalis? Forget It!" *PMLA* 103/3.

Estlund, David, 2007, "On Following Orders in an Unjust War," *Journal of Political Philosophy* 15/2.

Eyal, Nir and Samia A. Hurst, 2008, "Physician Brain Drain: Can Nothing Be Done?" *Public Health Ethics* 1/2.

Feinberg, Joel, 1970, *Doing and Deserving: Essays in the Theory of Responsibility*, Princeton: Princeton University Press.

———, 1974, "The Right of Animals and Unborn Generations," in William Blackstone (ed.), *Philosophy & Environmental Crisis*, Athens, G.A.: University of Georgia Press.（鵜木奎治郎訳「道徳と生まれざる世代のさまざまな権利」『現代思想』第一八巻第一一号、一九九〇年）

———, 1984, *Harm to Others: The Moral Limits of the Criminal Law, vol. 1*, New York: Oxford University Press.

Fine, Sarah, 2010, "Freedom of Association Is Not the Answer," *Ethics* 120/2.

———, 2013, "The Ethics of Immigration: Self-Determination and the Right to Exclude," *Philosophy Compass* 8/3.

———, 2016, "Immigration and Discrimination," in Ypi and Fine 2016.

Fishkin, James S. and Robert E. Goodin (eds.), 2010, *Population and Political Theory: Philosophy, Politics and Society 8*, Oxford: Wiley Blackwell.

Fourie, Carina and Annette Rid (eds.), 2017, *What Is Enough? Sufficiency, Justice, and Health*, New York: Oxford University Press.

Fragnière, Augustin, 2014, "Climate Change, Neutrality and the Harm Principle," *Ethical Perspectives* 21/1.

Frankfurt, Harry G., 1987, "Equality as a Moral Ideal," *Ethics* 98/1.

French, Peter A., 1984, *Collective and Corporate Responsibility*, New York: Columbia University Press.

Friedrich, Daniel, 2013, "A Duty to Adopt?" *Journal of Applied Philosophy* 30/1.

Frye, Marilyn, 1983, "Oppression," *The Politics of Reality: Essays in Feminist Theory*, Trumansburg: Crossing Press.

Gardiner, Stephen M., 2009, "A Contract on Future Generation," in Gosseries and Meyer 2009.

Gheaus, Anca, 2012, "The Right to Parent One's Biological Baby," *Journal of Political Philosophy* 20/4.

———, 2013, "Care Drain: Who Should Provide for the Children Left Behind?" *Critical Review of International Social and*

Political Philosophy 16/1.
———, 2015, "Could There Ever Be a Duty to Have Children?" in Sarah Hannan, Samantha Brennan and Richard Vernon (eds.), *Permissible Progeny? The Morality of Procreation and Parenting*, Oxford: Oxford University Press.
Giddens, Anthony, 1984, *The Constitution of Society: Outline of the Theory of Structuration*, Berkeley: University of California Press.（門田健一訳『社会の構成』勁草書房、二〇一五年）
Godoy, Eric S., 2017, "Sharing Responsibility for Divesting from Fossil Fuels," *Environmental Values* 26/6.
Gosseries, Axel, 2009, "Three Models of Intergenerational Reciprocity," in Gosseries and Meyer 2009.
Gosseries, Axel and Lukas H. Meyer (eds.), 2009, *Intergenerational Justice*, Oxford: Oxford University Press.
Greaves, Hilary, 2017, "Population Axiology," *Philosophy Compass* 12/11.
Hardin, Garrett J., 1968, "The Tragedy of the Commons," *Science* 162/3859. Reprinted in Bayles 1976.（松井巻之助訳「共有地の悲劇」『地球に生きる倫理——宇宙船ビーグル号の旅から』佑学社、一九七五年）
Harman, Elizabeth, 2004, "Can We Harm and Benefit in Creating?" *Philosophical Perspectives* 18/1.
Held, Virginia, 1970, "Can a Random Collection of Individuals Be Morally Responsible?" *Journal of Philosophy* 67/14.
Higgins, Peter, 2013, *Immigration Justice*, Edinburgh: Edinburgh University Press.
———, 2017, "A Feminist Approach to Immigrant Admissions," *Hypatia* 32/3.
Hiller, Avram, 2011, "Climate Change and Individual Responsibility," *Monist* 94/3.
Hirose, Iwao, 2015, *Egalitarianism*, London: Routledge.（齊藤拓訳『平等主義の哲学——ロールズから健康の分配まで』勁草書房、二〇一六年）
———, 2017, "Axiological Sufficientarianism," in Fourie and Rid 2017.
Hiskes, Richard P., 2009, *The Human Right to a Green Future: Environmental Rights and Intergenerational Justice*, New York: Cambridge University Press.
Hochschild, Arlie Russell, 2000, "Global Care Chains and Emotional Surplus Value," in Will Hutton and Anthony Giddens (eds.), *On the Edge: Living with Global Capitalism*, London: Vintage.
Holtug, Nils, 2010, *Persons, Interests, and Justice*, New York: Oxford University Press.
Huseby, Robert, 2010, "Sufficiency: Restated and Defended," *Journal of Political Philosophy* 18/2.

———, 2017, “Sufficiency, Priority, and Aggregation,” in Fourie and Rid 2017.

ILO, 2013, *Domestic Workers across the World: Global and Regional Statistics and the Extent of Legal Protection*, International Labour Organization.

———, 2015, *ILO Global Estimates on Migrant Workers, Results and Methodology: Special Focus on Migrant Domestic Workers*, International Labour Organization.

Johnson, Baylor L., 2003, “Ethical Obligations in a Tragedy of the Commons,” *Environmental Values* 12/3.

Kamaga, Kohei, 2016, “Infinite-Horizon Social Evaluation with Variable Population Size,” *Social Choice and Welfare* 47/1.

Kates, Michael and Ryan Pevnick, 2014, “Immigration, Jurisdiction, and History,” *Philosophy and Public Affairs* 42/2.

Kavka, Gregory S., 1982, “The Paradox of Future Individuals,” *Philosophy and Public Affairs* 11/2.

Kernohan, Andrew, 1998, *Liberalism, Equality, and Cultural Oppression*, Cambridge: Cambridge University Press.

Kittay, Eva Feder, 2009, “The Moral Harm of Migrant Carework: Realizing a Global Right to Care,” *Philosophical Topics* 37/2.

Kyllönen, Simo, forthcoming, “Climate Change, No-Harm Principle, and Moral Responsibility of Individual Emitters,” *Journal of Applied Philosophy*.

LaFollette, Hugh, 1980, “Licensing Parents,” *Philosophy and Public Affairs* 9/2.

———, 2010, “Licensing Parents Revisited,” *Journal of Applied Philosophy* 27/4.

LaFollette, Hugh (ed.), 2013, *The International Encyclopedia of Ethics*, Chichester: Wiley Blackwell.

Lenard, Patti Tamara and Christine Straehle, 2012, “Temporary Labour Migration, Global Redistribution, and Democratic Justice,” *Politics, Philosophy and Economics* 11/2.

Mackenzie, Catriona, 2013, “Reciprocity,” in LaFollette 2013.

McMahan, Jeff, 1981, “Problems of Population Theory,” *Ethics* 92/1.

Miller, David, 2005, “Immigration: The Case for Limits,” in Andrew I. Cohen and Christopher Heath Wellman (eds.), *Contemporary Debates in Applied Ethics*, Malden, M.A.: John Wiley & Sons.

———, 2007, *National Responsibility and Global Justice*, Oxford: Oxford University Press.（富沢克・伊藤恭彦・長谷川一年・施光恒・竹島博之訳『国際正義とは何か——グローバル化とネーションとしての責任』風行社、二〇一一年）

———, 2016a, *Strangers in Our Midst: The Political Philosophy of Immigration*, Cambridge, M.A.: Harvard University Press.

———, 2016b, “Is There a Human Right to Immigrate?” in Ypi and Fine 2016.
Mills, Charles W., 2010, “Realizing (through Recializing) Pogge,” in Alison M. Jaggar (ed.), *Thomas Pogge and His Critics*, Cambridge: Polity Press.
Mulgan, Tim, 2006, *Future People: A Moderate Consequentialist Account of Our Obligations to Future Generations*, Oxford: Oxford University Press.
———, 2013, “Intergenerational Ethics,” in LaFollette 2013.
Myrskylä, Mikko, Hans-Peter Kohler and Francesco C. Billari, 2009, “Advances in Development Reverse Fertility Declines,” *Nature* 460/7256.
Nagel, Thomas, 1970, “Death,” *Nous* 4/1. Reprinted with various revisions in *Mortal Questions*, Cambridge: Cambridge University Press, 1979.（永井均訳「死」『コウモリであるとはどのようなことか』勁草書房、一九八九年）
Narveson, Jan, 1967, “Utilitarianism and New Generations,” *Mind* 76/301.
———, 1973, “Moral Problems of Population,” *The Monist* 57/1. Reprinted in Bayles 1976.
Ng, Yew-Kwang, 1986, “Social Criteria for Evaluating Population Change: An Alternative to the Blackorby-Donaldson Criterion,” *Journal of Public Economics* 29/3.
———, 1989, “What Should We Do about Future Generations? Impossibility of Parfit’s Theory X,” *Economics and Philosophy* 5/2.
Nielsen, Lasse, 2016, “Sufficiency Grounded as Sufficiently Free: A Reply to Shlomi Segall,” *Journal of Applied Philosophy* 33/2.
Nozick, Robert, 1974, *Anarchy, State, and Utopia*, New York: Basic Books.（嶋津格訳『アナーキー・国家・ユートピア——国家の正当性とその限界』木鐸社、一九九二年）
Oberman, Kieran, 2011, “Immigration, Global Poverty and the Right to Stay,” *Political Studies* 59/2.
———, 2016, “Immigration as a Human Right,” in Ypi and Fine 2016.
Organski, Katherine and A. F. K. Organski, 1961, *Population and World Power*, New York: Alfred A. Knopf.
Ottonelli, Valeria and Tiziana Torresi, 2013, “When Is Migration Voluntary?” *International Migration Review* 47/4.
Overall, Christine, 2012, *Why Have Children? The Ethical Debate*, Cambridge, M.A.: MIT Press.
Parfit, Derek, 1976, “On Doing the Best for Our Children,” in Bayles 1976; Fishkin and Goodin 2010.

———, 1984, *Reasons and Persons*, Oxford: Oxford University Press.（森村進訳『理由と人格——非人格性の倫理へ』勁草書房、一九九八年）

———, 1986, "Overpopulation and the Quality of Life," in Peter Singer (ed.), *Practical Ethics*, Oxford: Oxford University Press.

———, 2000, "Equality or Priority?" in Clayton and Williams 2000.（堀田義太郎訳「平等か優先か」広瀬巌編・監訳『平等主義基本論文集』勁草書房、二〇一八年）

———, 2011, *On What Matters*, 2 vols., Oxford: Oxford University Press.

———, 2017, "Future People, the Non-Identity Problem, and Person-Affecting Principles," *Philosophy and Public Affairs* 45/2.

Parreñas, Rhacel Salazar, 2001, *Servants of Globalization: Women, Migration and Domestic Work*, 1st ed., Stanford: Stanford University Press.（〔抄訳〕小ヶ谷千穂訳「グローバリゼーションの使用人（サーバント）——ケア労働の国際的移動」『現代思想』第三〇巻第七号、二〇〇二年）

———, 2003, "The Care Crisis in the Philippines: Children and Transnational Families in the New Global Economy," in Barbara Ehrenreich and Arlie Russell Hochschild (eds.), *Global Woman: Nannies, Maids, and Sex Workers in the New Economy*, New York: Henry Holt and Company.

———, 2015, *Servants of Globalization: Women, Migration and Domestic Work*, 2nd ed., Stanford: Stanford University Press.

Payson, Jessica, 2012, "Individuals, Institutions, and Structures: Agents of Political Responsibilities in Cohen, Pogge, and Young," *Social Theory and Practice* 38/4.

Pevnick, Ryan, 2009, "Social Trust and the Ethics of Immigration Policy," *Journal of Political Philosophy* 17/2.

———, 2011, *Immigration and the Constraints of Justice: Between Open Borders and Absolute Sovereighty*, Cambridge: Cambridge University Press.

Pogge, Thomas W., 2008, *World Poverty and Human Rights: Cosmopolitan Responsibilities and Reforms*, 2nd ed., Cambridge: Polity Press.（立岩真也監訳『なぜ遠くの貧しい人への義務があるのか——世界的貧困と人権』生活書院、二〇一〇年）

Ramsey, Frank P., 1928, "A Mathematical Theory of Saving," *The Economic Journal* 38/152.（西川弘展訳「F・P・ラムゼー『貯蓄の数学理論』——その試訳、注釈および解題（1）」『大阪市大論集』第一〇一号、二〇〇一年九月）

Rao, Radhika, 2000, "Property, Privacy and the Human Body," *Boston University Law Review* 80/359.

Rawls, John, 1971, *A Theory of Justice*, Cambridge, M.A.: Belknap Press of Harvard University Press.

———, 1999, *The Law of Peoples*, with The Idea of Public Reason Revisited, Cambridge, M.A.: Harvard University Press. (中山竜一訳『万民の法』岩波書店、二〇〇六年)

———, 1999 [1971], *A Theory of Justice*, revised ed., Cambridge, M.A.: Harvard University Press. (川本隆史・福間聡・神島裕子訳『正義論　改訂版』紀伊國屋書店、二〇一〇年)

———, 2001, *Justice as Fairness: A Restatement*, ed. Erin Kelly, Cambridge, M.A.: Belknap Press of Harvard University Press. (田中成明・亀本洋・平井亮輔訳『公正としての正義　再説』岩波書店、二〇〇四年)

Reed-Sandoval, Amy, 2016, "The New Open Borders Debate," in Sager 2016.

Rieder, Travis N., 2016, *Toward a Small Family Ethic: How Overpopulation and Climate Change Are Affecting the Morality of Procreation*, Dordrecht: Springer.

Roberts, Melinda A., 2015, "Population Axiology," in Iwao Hirose and Jonas Olson (eds.), *The Oxford Handbook of Value Theory*, New York: Oxford University Press.

Roberts, Melinda A. and David T. Wasserman (eds.), 2009, *Harming Future Persons: Ethics, Genetics and the Nonidentity Problem*, Dordrecht: Springer.

Robertson, John A., 1994, *Children of Choice: Freedom and the New Reproductive Technologies*, Princeton: Princeton University Press.

Sager, Alex, 2014, "Reframing the Brain Drain," *Critical Review of International Social and Political Philosophy* 17/5.

——— (ed.), 2016, *The Ethics and Politics of Immigration: Core Issues and Emerging Trends*, Lanham: Rowman & Littlefield.

Scanlon, T. M., 1998, *What We Owe to Each Other*, Cambridge, M.A.: Harvard University Press.

Scheffler, Samuel, 2007, "Immigration and the Significance of Culture," *Philosophy and Public Affairs* 35/2.

———, 2013, *Death and the Afterlife*, Oxford: Oxford University Press.

Schwenkenbecher, Anne, 2014, "Is There an Obligation to Reduce One's Individual Carbon Footprint?" *Critical Review of International Social and Political Philosophy* 17/2.

Segall, Shlomi, 2016a, "What Is the Point of Sufficiency?" *Journal of Applied Philosophy* 33/1.

———, 2016b, *Why Inequality Matters: Luck Egalitarianism, Its Meaning and Value*, New York: Cambridge University Press.

Shachar, Ayelet, 2009, *The Birthright Lottery: Citizenship and Global Inequality*, Harvard University Press.

Shields, Liam, 2012, "The Prospects for Sufficientarianism," *Utilitas* 24/1.

———, 2016, *Just Enough: Sufficiency as a Demand of Justice*, Edinburgh: Edinburgh University Press

———, 2017, "Some Questions (and Answers) for Sufficientarians," in Fourie and Rid 2017.

Sider, Ted R., 1991, "Might Theory X Be a Theory of Diminishing Marginal Value?" *Analysis* 51/4.

Sidgwick, Henry, 1981 [1907], *The Methods of Ethics*, 7th ed., Indianapolis: Hackett.

Singer, Peter, 1972, "Famine, Affluence, and Morality," *Philosophy and Public Affairs* 1/3. Reprinted in Helga Kuhse (ed.), *Unsanctifying Human Life*, Oxford: Blackwell Publishers, 2002.（井保和也訳「飢えと豊かさと道徳」児玉聡監訳『飢えと豊かさと道徳』勁草書房、二〇一八年）

———, 1976, "A Utilitarian Population Principle," in Bayles 1976.

———, 1993, *Practical Ethics*, 2nd ed., Cambridge: Cambridge University Press.（山内友三郎・塚崎智監訳『実践の倫理　新版』昭和堂、一九九九年）

———, 2002, *One World: The Ethics of Globalization*, New Haven & London: Yale University Press.（山内友三郎・樫則章監訳『グローバリゼーションの倫理学』昭和堂、二〇〇五年）

———, 2010, "Should Be the Last Generation?," *The New Times* June 6, 2010. 〈https://opinionator.blogs.nytimes.com/2010/06/06/should-this-be-the-last-generation/〉

———, 2015, *The Most Good You Can Do: How Effective Altruism Is Changing Ideas about Living Ethically*, New Haven and London: Yale University Press.（関美和訳『あなたが世界のためにできるたったひとつのこと――〈効果的な利他主義〉のすすめ』NHK出版、二〇一五年）

Sinnott-Armstrong, Walter, 2005, "It's Not *My* Fault: Global Warming and Individual Moral Obligations," in Walter Sinnott-Armstrong and Richard Howarth (eds.), *Perspectives on Climate Change*, Amsterdam: Elsevier.

Smilansky, Saul, 1995, "Is There a Moral Obligation to Have Children?" *Journal of Applied Philosophy* 12/1.

Stilz, Anna, 2010, "Guestworkers and Second-Class Citizenship," *Policy and Society* 29/4.

———, 2016, "Is There an Unqualified Right to Leave?" in Ypi and Fine 2016.

Suzuki, Makoto, 2017, "Arrhenius' Population Ethics," *Ars Vivendi Journal* 8–9.

Temkin, Larry S., 1993, *Inequality*, New York: Oxford University Press.

———, 2000, "Equality, Priority, and the Levelling Down Objection," in Clayton and Williams 2000.

———, 2012, *Rethinking the Good: Moral Ideals and the Nature of Practical Reasoning*, New York: Oxford University Press.

Thomson, Judith Jarvis, 1971, "A Defense of Abortion," *Philosophy and Public Affairs* 1/1.（塚原久美訳「妊娠中絶の擁護」江口聡編・監訳『妊娠中絶の生命倫理――哲学者たちは何を議論したか』勁草書房、二〇一一年）

Tremmel, Joerg Chet, 2009, *A Theory of Intergenerational Justice*, London: Earthscan.

Usami, Makoto, 2011a, "Intergenerational Justice: Rights versus Fairness," *Philosophy Study* 1/4.

———, 2011b, "Intergenerational Rights: A Philosophical Examination," in Patricia Hanna (ed.), *An Anthology of Philosophical Studies*, *Vol. 5*, Athens: Athens Institute of Education and Research.

Van der Vossen, Bas, 2015, "Immigration and Self-Determination," *Politics, Philosophy and Economics* 14/3.

Walzer, Michael, 1983, *Spheres of Justice: A Defense of Pluralism and Equality*, New York: Basic Books.（山口晃訳『正義の領分――多元性と平等の擁護』而立書房、一九九九年）

Warnock, Mary, 2002, *Making Babies: Is There a Right to Have Children?* Oxford: Oxford University Press.

Watson, R. Ronald (ed.), 2015, *Handbook of Fertility: Nutrition, Diet, Lifestyle and Reproductive Health*, Amsterdam: Academic Press.

Weil, Simone, 1943, "En quoi consiste l'inspiration occitanienne?" *Œuvres complètes*, tone. IV, *Écrits de Marseille: vol. 2: 1941–1942: Grèce—Inde—Occitanie*, édition publiée sous la direction de Devaux, André-A. et de Lussy, Florence: Paris, Gallimard, 2009.（松崎芳隆訳「オク語文明の霊感は何にあるか?」『シモーヌ・ヴェーユ著作集　II』春秋社、一九六八年）

Wellman, Christopher Heath, 2008, "Immigration and Freedom of Association," *Ethics* 119/1.

———, 2011, "Freedom of Association and the Right to Exclude," in Christopher Heath Wellman and Phillip Cole (eds.), *Debating the Ethics of Immigration: Is There a Right to Exclude?* Oxford: Oxford University Press.

———, 2016, "Freedom of Movement and the Rights to Enter and Exit," in Ypi and Fine 2016.

Wilcox, Shelley, 2009, "The Open Borders Debate on Immigration," *Philosophy Compass* 4/5.

Wissenburg, Marcel, 1998, *Green Liberalism: The Free and the Green Society*, London: UCL Press.

Young, Iris M., 1990, *Justice and the Politics of Difference*, Princeton: Princeton University Press.

——, 2011, *Responsibility for Justice*, Oxford: Oxford University Press.（岡野八代・池田直子訳『正義への責任』岩波書店、二〇一四年）
Young, Thomas, 2001, "Overconsumption and Procreation: Are They Morally Equivalent?" *Journal of Applied Philosophy* 18/2.
Ypi, Lea, 2008, "Justice in Migration: A Closed Borders Utopia?" *Journal of Political Philosophy* 16/4.
Ypi, Lea and Sarah Fine (eds.), 2016, *Migration in Political Theory: The Ethics of Movement and Membership*, Oxford: Oxford University Press.

日本語文献

明石純一　二〇一七「安倍政権の外国人政策」『大原社会問題研究所雑誌』第七〇〇号。

伊藤るり・足立眞理子編　二〇〇八『国際移動と〈連鎖するジェンダー〉』作品社。

伊藤るり・小ヶ谷千穂・ブレンダ・テレグラ・稲葉奈々子　二〇〇八「いかにして『ケア上手なフィリピン人』はつくられるか？——ケアギバーと再生産労働の『国際商品化』」伊藤・足立　二〇〇八。

稲葉奈々子　二〇〇八「女性移住者と移住システム——移住の商品化と人身売買」伊藤・足立　二〇〇八。

井上彰　二〇一七ａ『正義・平等・責任——平等主義的正義論の新たなる展開』岩波書店。

——　二〇一七ｂ「功利主義と優先主義——人格の別個性を切り口に」若松良樹編『功利主義の逆襲』ナカニシヤ出版。

——　二〇一九ａ「充分主義の検討——人口倫理学の観点から」本書第2章。

——　二〇一九ｂ（近刊）「気候変動の正義をめぐって——世代間正義を軸として」宇佐美誠編『気候正義（仮題）』勁草書房。

ヴァインリヒ、ハラルト　一九九九『〈忘却〉の文学史——ひとは何を忘れ、何を記憶してきたか』中尾光延訳、白水社。

上原賢司　二〇一七『グローバルな正義——国境を越えた分配的正義』風行社。

ウォルツァー、マイケル　一九九九『正義の領分——多元性と平等の擁護』山口晃訳、而立書房。

宇佐美誠　二〇〇四「将来世代・自我・共同体」『経済研究』第五五巻第一号。

——　二〇〇六ａ「将来世代への配慮の道徳的基礎——持続可能性・権利・公正」鈴村興太郎編『世代間衡平性の論理と倫理』東洋経済新報社。

——二〇〇六b「将来世代をめぐる政策と自我」鈴村興太郎・宇佐美誠・金泰昌編『公共哲学二〇　世代間関係から考える公共性』東京大学出版会。

——二〇一〇「効率性と正義——法と経済学の基礎理論のために」宇佐美誠編『法学と経済学のあいだ——規範と制度を考える』勁草書房。

——二〇一六a「世代間正義の根拠と目標」楜澤能生編『持続可能社会への転換と法・法律学』成文堂。

——二〇一六b「非同一性問題——生命倫理・世代間正義のアポリア」角田猛之・市原靖久・亀本洋編『法理論をめぐる現代的諸問題——法・道徳・文化の重層性』晃洋書房。

宇佐美誠・児玉聡・井上彰・松元雅和（近刊）『正義論——ベーシックスからフロンティアまで（仮題）』法律文化社。

内田善美　一九八五—八六『星の時計のLiddell』全三巻、集英社。

浦山聖子　二〇一一—一二「グローバルな平等主義と移民・外国人の受け入れ（一～五）」『國家學會雑誌』第一二四巻第七・八号、第一二四巻第九・一〇号、第一二四巻第一一・一二号、第一二五巻第一・二号、第一二五巻第三・四号。

エッカースレイ、ロビン　二〇一〇『緑の国家——民主主義と主権の再考』松野弘監訳、岩波書店。

小ヶ谷千穂　二〇〇八「移住家事労働者における『ヴァルネラビリティ』の構造と組織化の可能性——香港におけるインドネシア人家事労働者の事例」伊藤・足立　二〇〇八。

——二〇一六a『移動を生きる——フィリピン移住女性と複数のモビリティ』有信堂高文社。

——二〇一六b「〈移住家事労働者〉という存在を考える——個人的なことはグローバルである時代において」『理論と動態』第九号。

オニール、ジョン　二〇一一『エコロジーの政策と政治』金谷佳一訳、みすず書房。

カイロ国際人口・開発会議編　一九九六『国際人口・開発会議「行動計画」——カイロ国際人口・開発会議（一九九四年九月五—一三日）採択文書』外務省監訳、世界の動き社。

亀本洋　二〇一二『格差原理』成文堂。

柄谷利恵子　二〇一六『移動と生存——国境を越える人々の政治学』岩波書店。

カレンズ、ジョセフ　二〇一七『不法移民はいつ〈不法〉でなくなるのか——滞在時間から滞在権へ』横濱竜也訳、白水社。

カント、イマヌエル　二〇〇六「世界市民という視点からみた普遍史の理念」『永遠平和のために／啓蒙とは何か』中山元訳、光文社古典新訳文庫。

岸見太一　二〇一四「J・H・カレンズの移民の倫理学――政治理論における理想と現実の統合の一方法」『早稲田政治公法研究』第一〇五号。
吉良貴之　二〇〇六「世代間正義論――将来世代配慮責務の根拠と範囲」『國家學會雜誌』第一一九巻第五・六号。
――　二〇一六「年金は世代間の助け合いであるべきか?」瀧川裕英編『問いかける法哲学』法律文化社。
――　二〇一七「シルバー民主主義の憲法問題」『別冊法学セミナー八　憲法のこれから』日本評論社。
楠本修　二〇〇六『アジアにおける人口転換――一一カ国の比較研究』明石書店。
ケインズ、ジョン・メイナード　二〇一三「人口減少の経済的帰結」『デフレ不況をいかに克服するか――ケインズ一九三〇年代評論集』松川周二編訳、文藝春秋。
厚生労働省　二〇一七『平成二九年（二〇一七）人口動態統計の年間推計』。
厚生労働省政策統括官（統計・情報政策担当）二〇一七『平成二九年　我が国の人口動態　平成二七年までの動向』。
国立社会保障・人口問題研究所　二〇一七『日本の将来推計人口　平成二九年推計』。
ゴティエ、デイヴィド　一九九九『合意による道徳』小林公訳、木鐸社。
小林和之　一九九九「未来は値するか――滅亡へのストラテジー」井上達夫・嶋津格・松浦好治編『法の臨界Ⅲ――法実践への提言』東京大学出版会。
小林直樹　一九九三―九四「人口問題の法哲学――個人・国家・人類公共性の問題　一〜五」『法律時報』第六五巻第一〇号、第六五巻第一一号、第六五巻第一二号、第六六巻第一号、第六六巻第二号。
桜井徹　二〇〇七『リベラル優生主義と正義』ナカニシヤ出版。
佐野亘　二〇〇六「人類絶滅を許容・肯定する議論について」『人間環境論集』第五号。
シュレーダー＝フレチェット、K・S　一九九三『環境の倫理　上下』京都生命倫理研究会訳、晃洋書房。
白川俊介　二〇一七「『頭脳流出』はいかなる道徳的課題を喚起するか――『移住のグローバル正義論』序説」『総合政策研究』第五四号。
シンガー、ピーター　一九九九『実践の倫理　新版』山内友三郎・塚崎智監訳、昭和堂。
人口問題審議会編　一九七四『日本人口の動向――静止人口をめざして』大蔵省印刷局。
杉田菜穂　二〇一〇『人口・家族・生命と社会政策――日本の経験』法律文化社。
――　二〇一三『〈優生〉・〈優境〉と社会政策――人口問題の日本的展開』法律文化社。

鈴木江理子　二〇一四「人口政策としての外国人政策」『別冊　環——なぜ今、移民問題か』藤原書店。

セン、アマルティア　二〇〇〇『自由と経済開発』石塚雅彦訳、日本経済新聞社。

瀧川裕英・宇佐美誠・大屋雄裕　二〇一四『法哲学』有斐閣。

ダスグプタ、パーサ　二〇〇七『サステイナビリティの経済学——人間の福祉と自然環境』植田和弘監訳、岩波書店。

辰井聡子　二〇〇二「生命倫理と堕胎罪・母体保護法の問題点——人工妊娠中絶をめぐって」『現代刑事法』第四二号。

筒井淳也　二〇一六『結婚と家族のこれから——共働き社会の限界』光文社新書。

鶴田尚美　二〇〇八「飢餓救済の倫理」山内友三郎・浅井篤編『シンガーの実践倫理を読み解く——地球時代の生き方』昭和堂。

——　二〇一五「夭折はなぜ不幸なのか」『実践哲学研究』第三八号。

——　二〇一九「生殖の正義と人口問題」本書第6章。

利光恵子著、松原洋子監修　二〇一六『戦後日本における女性障害者への強制的な不妊手術』立命館大学生存学研究センター。

ドブソン、アンドリュー　二〇〇六『シチズンシップと環境』福士正博・桑田学訳、日本経済評論社。

内閣府　二〇一七『平成二九年版少子化社会対策白書』。

内閣府・文部科学省・厚生労働省　二〇一七『子ども・子育て支援新制度　なるほどBOOK　平成二八年四月改訂版』。

中山伊知郎・南亮進　一九五九『適度人口』勁草書房。

中山道子　一九九九「公私二元論崩壊の射程と日本の近代憲法学」井上達夫・嶋津格・松浦好治編『法の臨界I——法的思考の再定位』東京大学出版会。

ニール、フェルナン　一九七九『異端カタリ派』渡邊昌美訳、白水社。

日本産科婦人科学会　二〇一七「平成二八年度倫理委員会　登録・調査小委員会報告　二〇一五年分の体外受精・胚移植等の臨床実施成績および二〇一七年七月における登録施設名（一八四二）」『日本産科婦人科学会雑誌』第六九巻第九号。

日本人口学会編　二〇〇二『人口大事典』培風館。

野崎亜紀子　二〇〇一「特別関係に基づく義務と責任」日本法哲学会編『法哲学年報二〇〇〇』有斐閣。

——　二〇〇七「私事・自己決定・関係性——プライバシーの観念という視点」『高等研報告書　国際比較から見た日本社会における自己決定と合意形成（研究代表者/田中成明）』財団法人国際高等研究所。

——　二〇一四「規範的関係論・序説」『千葉大学法学論集』第二九巻第一・二号。

——　二〇一七「〈個人の尊重〉と〈他者の承認〉——新型出生前検査から考える」『同志社アメリカ研究』第五三号。

ハーディン、ガレット　一九七五「共有地の悲劇」「救命艇上に生きる」『地球に生きる倫理――宇宙船ビーグル号の旅から』松井巻之助訳、佑学社。

パーフィット、デレク　一九九八『理由と人格――非人格性の倫理へ』森村進訳、勁草書房。

バリー、ブライアン　一九八九「相互性としての正義」E・カメンカ、A・イア・スーン・テイ編『正義論』田中成明・深田三徳監訳、未來社。

ファインバーグ、ジョエル　一九九〇「動物と生まれざる世代のさまざまな権利」鵜木奎治郎訳『現代思想』第一八巻第一一号。

福原正人　二〇一七a「領有権の正当化理論――国家は何をもって領土支配を確立するのか」『法と哲学』第三号。

――　二〇一七b「移民の倫理学をめぐる一試論――国家に個人を排除する道徳的権利はあるのか」『立命館言語文化研究』第二九巻第二号。

――　二〇一八「グローバリゼーションと支配――植民地主義の悪性を題材として」田上孝一編『支配の政治理論』社会評論社。

プラトン　一九七四『ゴルギアス――弁論術について』加来彰俊訳『プラトン全集九　ゴルギアス／メノン』岩波書店。

――　一九七六『法律――立法について』森進一・池田美恵・加来彰俊訳『プラトン全集一三　ミノス／法律』岩波書店。

――　一九九三『法律　上』森進一・池田美恵・加来彰俊訳、岩波文庫。

ベネター、デイヴィッド　二〇一七『生まれてこないほうが良かった――存在してしまうことの害悪』小島和男・田村宜義訳、すずさわ書店。

ボールディング、ケネス　一九六七『二十世紀の意味――偉大なる転換』清水幾太郎訳、岩波新書。

松元雅和　二〇一九「人口問題の正義論――研究動向の道案内」本書序章。

マルクス　一九六九『資本論　三』エンゲルス編、向坂逸郎訳、岩波文庫。

マルサス、トマス・ロバート　一九六二『初版　人口の原理』高野岩三郎・大内兵衛訳、岩波文庫。

――　一九八五『人口の原理　第六版』大淵寛・森岡仁・吉田忠雄・水野朝夫訳、中央大学出版部。

マルサス学会編　二〇一六『マルサス人口論事典』昭和堂。

ミラー、デイヴィッド　二〇一一『国際正義とは何か――グローバル化とネーションとしての責任』富沢克・伊藤恭彦・長谷川一年・施光恒・竹島博之訳、風行社。

ミル、ジョン・スチュアート　一九五九―六三『経済学原理　一～五』末永茂喜訳、岩波文庫。

森岡次郎　二〇〇六「『内なる優生思想』という問題――『青い芝の会』の思想を中心に」『大阪大学教育学年報』第一一号。

森岡正博・吉本陵　二〇〇九「将来世代を産出する義務はあるか？――生命の哲学の構築に向けて（二）」『人間科学』第四号。

森村進　一九九七『ロック所有論の再生』有斐閣。

――　二〇〇六「未来世代への道徳的義務の性質」鈴村興太郎編『世代間衡平性の論理と倫理』東洋経済新報社。

――　二〇一五『法哲学講義』筑摩選書。

――　二〇一九（近刊）「未来世代に配慮すべきもう一つの理由」宇佐美誠編『気候正義（仮題）』勁草書房。

山中美智子・玉井真理子・坂井律子編著　二〇一七『出生前診断　受ける受けない誰が決めるの？――遺伝相談の歴史に学ぶ』生活書院。

山根純佳　二〇〇四『産む産まないは女の権利か――フェミニズムとリベラリズム』勁草書房。

横濱竜也　二〇一五「移民正義論は何を考えるべきか――ウェルマンとコールの対論を手掛かりにして」『静岡大学法政研究』第二〇巻第二号。

――　二〇一六『遵法責務論』弘文堂。

吉永明弘　二〇一二「社会倫理の資料　日本語で読める世代間倫理文献リスト」『社会と倫理』第二七号。

ヨナス、ハンス　二〇一〇『責任という原理――科学技術文明のための倫理学の試み　新装版』加藤尚武監訳、東信堂。

ラングトン、J、R・J・モリス編　一九八九『イギリス産業革命地図――近代化と工業化の変遷　一七八〇―一九一四』米川伸一・原剛訳、原書房。

ルクレティウス　一九七六『事物の本性について』藤沢令夫訳『古典世界文学二〇　ウェルギリウス／ルクレティウス』筑摩書房。

ロールズ、ジョン　二〇〇四『公正としての正義　再説』田中成明・亀本洋・平井亮輔訳、岩波書店。

――　二〇一〇『正義論　改訂版』川本隆史・福間聡・神島裕子訳、紀伊國屋書店。

渡邊昌美　一九八九『異端カタリ派の研究――中世南フランスの歴史と信仰』岩波書店。

ウェブサイト

◇ Arrhenius, Gustaf, Jesper Ryberg and Torbjörn Tännsjö, "The Repugnant Conclusion," *The Stanford Encyclopedia of Philosophy*

(Spring 2017 ed.), Edward N. Zalta (ed.)
https://plato.stanford.edu/archives/spr2017/entries/repugnant-conclusion/
◇日本産科婦人科学会「倫理に関する見解」
http://www.jsog.or.jp/ethic/index.html

非対称性／非対称性問題／非対称命題　11, 12, 44, 99, 130, 138, 164, 204–209
非同一性問題　7–9, 12, 19, 24, 47, 69, 74, 99, 132–136, 145, 192–194, 197, 210, 228
一人っ子政策　15, 94, 106, 121
平等主義／平等論　13, 46, 49, 53, 55–59, 214–216, 221
　運の――　55
　厚生への機会――　59
不妊治療　117, 118, 120, 128
不平等回避　75, 78–80, 83
不偏性　25, 214
プライバシー（権）　99, 113, 120, 122–127
　関係的――　18, 122–124
フリーライド　214, 218
分配的正義（論）　13, 49, 51, 53, 55, 68, 149, 164
平均説　34, 198–200, 202, 208–210
ポリアンナ原理　140

ま行

無相違説　8, 9
無知のヴェール　25, 221

や行

優境思想　115, 127
優生思想／優生学　17, 115, 119, 120, 127
　内なる――　119, 120, 127
優生保護法　115, 119, 129
優先主義　13, 46, 49, 53, 54, 56, 57, 62, 63, 66, 67, 69, 70

ら行

理想理論　195
　非――　195, 196
理に適った受容可能性　22, 161
リバタリアン（自由至上主義者）　21
リプロダクティブ・ヘルス　97, 109
リプロダクティブ・ライツ　16, 17, 97, 109
リベラリズム／自由主義　18, 96–98, 100, 106, 107, 112, 113, 119, 120, 124, 126, 127, 129
リベラル・ナショナリズム／リベラル・ナショナリスト　21, 165
理論X　12, 13, 50, 54, 60, 62, 64, 69
臨界水準による追い越し基準　15, 73, 88–91
臨界水準によるレキシミン原理　79, 92
累積的危害　16, 99–104, 108

子どもをもつ権利　16–18, 112, 113
　──自由　96, 113, 125, 126, 144, 203
　──義務　18, 124
　──資格　96
コミュニタリアニズム／コミュニタリアン　21, 165

さ行

最適人口　14, 15, 93, 94, 96, 98, 105
　──規模　13, 15, 73, 81–86, 91, 92, 228
　──論　13, 14
ジェンダー　169, 172, 175–177, 180, 182, 183, 203
嗜虐的な結論　11, 12, 35, 37–39, 45, 46, 52, 54, 210
　非常に──　63, 64, 78, 80, 81, 92
資源主義　197–200, 210
実在説　206–208
社会契約（説）　25, 212, 221, 224, 227, 228
社会的協働　24, 157, 159
社会的選択理論　72
社会的な平等　22, 160–163
収穫逓減の法則　4
集計説　197, 198, 207
集計問題　66–68
集合行為（問題）　102, 103, 121
集合的責任　16, 101–104, 108
自由主義　→リベラリズム
充分主義　13, 46, 49, 50, 54–60, 62–70
出生前検査／出生前・着床前検査／出生前に行われる検査および診断　118, 126, 128
承継　113, 124–127, 129
所有　22, 156, 157, 159, 160, 165
自律（性）　13, 22, 58–60, 70, 119, 125, 154–156
人格影響説／人格影響的アプローチ／人格影響的原理　8, 9, 11, 53, 69, 134
　狭義の──　69
　広義の──　69
人口転換（理論）　3, 4, 14, 20, 107, 108
人口倫理学　7, 26, 49–54, 63, 64, 68, 69, 73, 74, 91, 188, 190, 197, 202, 209
推移性／推移的／推移律　31, 37, 39, 40, 47, 100, 217
頭脳流出　22, 148, 149, 162–164, 166
正義感覚　22, 154–156
脆弱性　169, 172, 175, 177, 180
生殖補助　17, 113, 116–118, 126–128, 203
生存独立性　89–91
世界人口会議　15, 93, 94, 108
世代間正義（論）　2, 6, 15, 23–25, 132, 189, 190, 193, 212, 215, 218, 219, 221–223, 225–228
ゼロ福利説　193, 205
相互行為的観点　23, 168–171, 173, 181, 182
相互的無関心／相互に無関心　25, 223, 224, 228
相互利益　212–215, 217, 223, 226–228
創世記問題　15, 73, 81, 82, 85, 87, 91
相対的過剰人口論　4
総量説　198, 202, 207–210
存在先行説　9

た行

単純追加（原理）　47, 48
　負の──　80, 81, 92
中立性命題　204
貯蓄原理　25, 51, 221–223, 229
同意　22, 156–161

な行

年金　18, 25, 191, 216, 217, 219–221

は行

排除権　22, 156–160, 165
反出生主義　19, 131, 137
比較不能説　194, 205

事項索引

あ行

移住権　22, 152, 153, 156, 160, 161, 163, 166
いとわしい結論　10–13, 15, 24, 30–33, 36–43, 45–48, 51, 52, 54, 63, 72, 73, 76, 78, 80, 81, 84, 87, 91, 136, 188, 189, 194, 198–202, 207–209
　超——　54
　負の——　70, 210
移民正義論　20, 22, 149, 150, 165
宇宙船地球号　5, 96
おぞましい結論　199–202, 208–210
　強意の——　199, 201, 210
　弱意の——　199, 201

か行

カタリ派　139, 146
価値論　6, 46, 50, 60, 62, 64
　人口——　7, 50
可変的価値原理　42
環境倫理学　2, 6, 19
危害原理　98, 100
帰結主義　205, 206
　反——　205, 206
　非——　205, 206
基本財　210, 228
義務論　205
グローバル正義論　2, 20
ケイパビリティ（・アプローチ）　197–200, 210
契約主義　212–215, 221, 223
契約論　50–52, 223, 227
結社　21, 22, 102, 154–158, 160, 165
現在説　206–208
原初状態　221, 222, 229
権利説　24, 193, 194, 197, 208
行為主体（性）　102, 169, 172, 173, 175, 177–179, 184
公共財　121
厚生経済学　72
厚生主義　197–201
公正説　24, 189, 190, 193, 194, 197, 202, 203, 207–209
　環境型——　24, 203, 207–209
　生殖型——　24, 203, 206, 207, 209
構造的観点　23, 168–173, 175, 179, 181, 182
公平（性）　24, 104, 213, 214, 218, 220, 224
　社会的——　18
　不——　216
功利主義／功利説
　減衰換算人口による——　15, 73, 74, 76–79, 81, 82, 85, 91
　古典的——　72, 75, 76–79, 82, 86, 87, 91
　総量——　9–12, 14, 15, 31, 33, 36–39, 42–45, 51, 52, 54, 62, 63, 67, 189, 194, 198
　正負《プラスマイナス》場合分け——　12, 37, 39, 42–46, 48
　平均——　9–12, 14, 32–39, 42, 45, 48, 51, 52, 76, 78, 194, 198
　ランク割引による——　15, 73, 74, 78–82, 84, 85, 92
　臨界水準による——／臨界値——／臨界説／臨界値理論　15, 41, 48, 73–77, 79, 81–83, 85, 87–92, 200–202, 208–210
国際人口会議　15, 93
国際人口開発会議　16, 97
互恵性／互酬性　24, 25, 51, 130, 211–223, 225–228
国境開放（論）　21, 150

な行

ナーヴソン、J（Jan Narveson） 6, 9, 12, 27, 131, 132, 145, 146, 204
ネーゲル、T（Thomas Nagel） 136
ノージック、R（Robert Nozick） 32, 34

は行

ハーディン、G（Garrett Hardin） 5, 6, 20, 95, 96, 109, 142
パーフィット、D（Derek Parfit） 6–12, 19, 24, 27, 30, 31, 46–48, 50, 54, 72, 74, 76, 80, 96, 100, 131, 133–136, 140, 145, 188, 192, 212
バリー、B（Brian Barry） 25
パレーニャス、R（Rhacel Salazar Parreñas） 168, 175–180, 183–185
ピグー、A（Arthur Pigou） 14
ヒューズビー、R（Robert Huseby） 62, 64, 65–68, 70
ヒューム、D（David Hume） 213, 215
広瀬巌 60, 62–64
ファインバーグ、J（Joel Feinberg） 23, 100, 102, 132, 133
ブーニン、D（David Boonin） 145, 210
ブラッコビー、C（Charles Blackorby） 48, 75, 76, 78, 81, 92, 200
プラトン（Plato） 14, 141, 144, 145
フランクファート、H（Harry Frankfurt） 55
ブルーム、J（John Broome） 41, 53, 63, 92, 210
ブレイク、M（Michael Blake） 157–160, 162–165
ベネター、D（David Benatar） 19, 40, 99, 131, 136–142, 146, 226
ペブニック、R（Ryan Pevnick） 151, 153, 154, 157, 159, 162, 164
ヘルド、V（Virginia Held） 103
ベンサム、J（Jeremy Bentham） 72
ホックシールド、A（Arlie Russell Hochschild） 175, 178, 180, 185
ポッゲ、T（Thomas Pogge） 179, 183
ボッサール、W（Walter Bossert） 48, 76, 78, 81, 92, 200
ホッブズ、T（Thomas Hobbes） 213, 215
ボールディング、K（Kenneth Boulding） 96

ま行

マクマハン、J（Jeff McMahan） 131, 204
マルガン、T（Tim Mulgan） 194, 211, 212
マルクス、K（Karl Marx） 4
マルサス、T・R（Thomas Robert Malthus） 3, 4, 26, 95, 96, 109
ミード、J・E（James Edward Meade） 14
ミラー、D（David Miller） 21, 22, 153, 154, 164, 165, 169
ミル、J・S（John Stuart Mill） 4, 14

や行

ヤング、I（Iris Marion Young） 23, 104, 168–174, 179–185
ヨナス、H（Hans Jonas） 18, 19

ら行

ラムジー、F（Frank Ramsey）43
リーダー、T（Travis N. Rieder） 132, 143
ルクレティウス、T（Titus Lucretius） 144, 146
ロック、J（John Locke） 157, 213
ロールズ、J（John Rawls） 6, 20, 24, 25, 51, 132, 145, 179, 183, 194, 210, 213–215, 221–224, 226–229

わ行，ん

黄有光（Yew–Kwang Ng） 42, 76, 77

人名索引

あ行

アスハイム、G（Geir B. Asheim）　76, 78, 79, 81, 82, 85, 86, 91
アリストテレス（Aristotle）　216
アレニウス、G（Gustaf Arrhenius）　11, 26, 30, 35, 40, 42, 47, 52, 53, 63, 77–80, 85, 92, 210
ヴィクセル、K（Knut Wicksell）　14
ヴェイユ、S（Simone Weil）　146
ウェルマン、C（Christopher Heath Wellman）　21, 153, 154, 157, 159, 164–166
ウォルツァー、M（Michael Walzer）　21, 149, 165
海野幸徳　115
エーコ、U（Umberto Eco）　146
エジソン、T（Thomas Edison）　196
エストランド、D（David Estlund）　165
エッジワース、F（Francis Edgeworth）　14
エーリック、P（Paul Ehrich）　5
オーヴァーオール、C（Christine Overall）　94, 99, 143, 146
小ヶ谷千穂　176, 183–185

か行

カヴカ、G（Gregory Kavka）　41, 131, 132, 145
カリクレス（Charicles）　141
カレンズ、J（Joseph H. Carens）　21, 22, 27, 149–152, 154, 155, 163, 164, 169
カント、I（Immanuel Kant）　145, 205, 213
キテイ、E（Eva Kittay）　169, 175, 178, 184
ギデンズ、A（Anthony Giddens）　172, 184
ギハウス、A（Anca Gheaus）　17, 18, 176, 178, 180
キャナン、E（Edwin Cannan）　14
クカサス、C（Chandran Kukathas）　21
ケイサル、P（Paula Casal）　55, 56
ケインズ、J・M（John Maynard Keynes）　4
ゴスリ、A（Axel Gosseries）　27, 215–222, 225, 226
ゴティエ、D（David Gauthier）　213, 214, 223–226, 228
ゴドウィン、W（William Godwin）　3

さ行

シェフラー、S（Samuel Scheffler）　226–228
シジウィック、H（Henry Sidgwick）　8, 14, 15
シールズ、L（Liam Shields）　56–60, 62
シンガー、P（Peter Singer）　6, 9, 131, 133, 143, 144
杉田菜穂　114, 115
スキャンロン、T（Thomas M. Scanlon）　66, 67, 213, 215
スティルツ、A（Anna Stilz）　151, 153, 154, 166, 169
ズュベール、S（Stéphane Zuber）　76, 78, 79, 81, 82, 85, 86, 91
セン、A（Amartya Sen）　104, 107, 108
ソクラテス（Socrates）　141

た行

高田保馬　114
ダスグプタ、P（Partha Dasgupta）　15, 73, 82, 86, 87
ドナルドソン、D（David Donaldson）　48, 75, 76, 78, 81, 92, 200
トムソン、J（Judith Jarvis Thomson）　158

福原 正人（ふくはら　まさと）

東京大学大学院総合文化研究科国際社会科学専攻博士課程。高崎経済大学経済学部非常勤講師。

「領有権の正当化理論——国家は何をもって領土支配を確立するのか」『法と哲学』第3号、「民主主義の境界画定——正当性と正統性」『年報政治学』2018—II号など。

岸見 太一（きしみ　たいち）

早稲田大学政治経済学術院助教。博士（政治学）。

「移民選別とデモクラシー——法的強制を基準とする境界画定論の検討」『年報政治学』2013—II号、「J. H. カレンズの移民の倫理学——政治理論における理想と現実の統合の一方法」『早稲田政治公法研究』第105号など。

宇佐美　誠（うさみ　まこと）

京都大学大学院地球環境学堂教授。博士（法学）。

『法哲学』（共著、有斐閣、2014年）、『グローバルな正義』（編著、勁草書房、2014年）、『法思想史の新たな水脈——私法の源流へ』（共編著、昭和堂、2013年）など。

森村　進（もりむら　すすむ）

一橋大学大学院法学研究科教授。博士（法学）。日本法哲学会理事長。

『自由はどこまで可能か』（講談社現代新書、2001年）、『リバタリアンはこう考える』（信山社、2013年）、『幸福とは何か』（ちくまプリマー新書、2018年）など。

執 筆 者 紹 介（執筆順　＊は編者）

＊松元 雅和（まつもと　まさかず）

日本大学法学部准教授。博士（法学）。
『平和主義とは何か』（新書、2013年）、『応用政治哲学』（風行社、2015年）、『ここから始める政治理論』（共著、有斐閣、2017年）など。

鈴木　真（すずき　まこと）

名古屋大学大学院人文学研究科准教授。Ph.D.（Philosophy）。
"Arrhenius' Population Ethics," *Ars Vivendi Journal* 8–9、「自然主義的功利主義と幸福の測定」『社会と倫理』第30号、「帰結主義の必要条件とその根拠」『倫理学研究』第41号など。

＊井上　彰（いのうえ　あきら）

東京大学大学院総合文化研究科国際社会科学専攻准教授。Ph.D.（Philosophy）。
『正義・平等・責任』（岩波書店、2017年）、『ロールズを読む』（編著、ナカニシヤ出版、2018年）、『政治理論とは何か』（共編著、風行社、2014年）など。

釜賀 浩平（かまが　こうへい）

上智大学経済学部准教授。博士（経済学）。
"When Do Utilitarianism and Egalitarianism Agree on Evaluation? An Intersection Approach," *Mathematical Social Sciences* 94, "Infinite–horizon Social Evaluation with Variable Population Size," *Social Choice and Welfare* 47 など。

野崎 亜紀子（のざき　あきこ）

京都薬科大学薬学部教授。博士（法学）。
「規範的関係論・序説」『千葉大学法学論集』第29巻1・2号、「ケアの倫理と関係性――ケア関係を構築するもの」『法の理論　32』（成文堂、2013年）、「法は人の生lifeを如何に把握すべきか――Martha Minowの関係性の権利論を手がかりとして」『千葉大学法学論集』第21巻第1号、同第2号、同第3号、同第4号など。

鶴田 尚美（つるた　なおみ）

関西大学非常勤講師。修士（文学）。
「夭折はなぜ不幸なのか」『実践哲学研究』第38号、『シンガーの実践倫理を読み解く――地球時代の生き方』（共著、昭和堂、2008年）など。

人口問題の正義論

2019年1月30日　第1刷発行　　定価はカバーに
表示しています

編　者　松　元　雅　和
　　　　井　上　　　彰

発行者　上　原　寿　明

世界思想社

京都市左京区岩倉南桑原町56　〒606-0031
電話 075(721)6500
振替 01000-6-2908
http://sekaishisosha.jp/

Printed in Japan
（印刷・製本　太洋社）

落丁・乱丁本はお取替えいたします。

ISBN978-4-7907-1725-6